AF199491

INHALTSVERZEICHNIS

1

EINLADUNG

„Ich lehre euch nicht zu geben, sondern zu empfangen,

nicht Verzicht, sondern Erfüllung,

nicht nachgeben, sondern Verstehen,

mit einem Lächeln auf den Lippen!"

(Khalil Gibran)

Ja, ich habe bewusst das Wort Einladung statt Einleitung gewählt. Weil ich euch nicht leiten möchte, sondern einladen. Einladen auf eine Reise mit mir, meine eigene.

Der Weg, der hinter mir liegt, schien anfangs unbegehbar. Im Grunde konnte ich ihn nicht einmal sehen, sondern verbrachte viele Jahre mit der Suche danach. Bis ich beschloss, einfach den ersten Schritt zu tun. Einmal in Bewegung, tat sich alles, was notwendig war, vor mir auf. Es hatte nur den Mut zu diesem ersten Schritt gebraucht!

Was ich erlebt habe, hat sich lange Zeit wie die Hölle auf Erden angefühlt. Bis ich wirklich JA zu meinem Leben sagte und zwar auch zu den Dingen, die ich hatte verdrängen und vergessen wollen. Mir ist klar, dass das Folgende für viele Leser ungeheuerlich klingen mag, so war es auch lange Zeit für mich. Doch um wahrhaftig heil zu werden, brauchte es auch mein JA zu dem Missbrauch (ich verwende dieses Wort nur der Einfachheit halber hier, da man Kinder im Umkehrschluss ja auch nicht GEbraucht!), zu der Gewalt und der Lieblosigkeit, die ich erfahren hatte. Es ist sehr heikel, dies so hier zu schreiben, doch gerade deshalb lade ich euch ein, euch die Bedeutung und den Zusammenhang dieser Worte näher bringen zu lassen.

Mein Anliegen, als ich dieses Buch schrieb, war es, anderen Menschen Mut zu machen, etwas von mir zu teilen. Den Weg aus dem Opferdasein zurück in unser Schöpferbewusstsein. Und diesen Weg können wir nur gehen, wenn wir aufhören, anderen Menschen und Umständen die Schuld an dem zu geben, was wir durchlebt haben. Stattdessen müssen wir uns der Verantwortung für diese Ereignisse stellen. Dies bedeutet nicht und in keinster Weise, dass es auch nur annähernd in Ordnung wäre, anderen Menschen Gewalt in jeglicher Form anzutun. Auch diese Menschen müssen sich natürlich ihrer Verantwortung stellen, was sie aber in den meisten Fällen nicht wollen oder können. Denn wären sie „bei Bewusstsein", hätten sie schließlich einen anderen Weg gewählt als den, ihre eigenen Verletzungen gewalttätig an ihre Mitmenschen weiterzugeben.

Der Weg in die Heilung gelingt dann, wenn wir uns selbst an die Hand nehmen und darum kümmern, dass unsere verletzten Anteile versorgt werden. Wir sind von der Schöpfung dazu mit allen Fähigkeiten, die es braucht, ausgestattet worden. Finden wir diese Quelle, die tief in uns darauf wartet, wiederentdeckt zu werden, beginnen wir zu verstehen, dass wir mehr sind als der Körper, den wir bewohnen. Wir dürfen dann erfahren, dass wir diese Quelle sind und damit nie zerstört werden können. Verletzt, ja. Gekränkt, ja. Doch das sind nur Anteile aus unserer Vergangenheit, die uns nicht wirklich ausmachen. In Wahrheit sind wir Teil einer göttlichen Liebe und

Präsenz, die uns unerschütterlich in die Heilung führen will. Im Verlauf dieses Buches werde ich aufzeigen, warum diese Aussage weder esoterisch noch religiös ist. Sondern reine Physik! Wir alle sind aus Sternenstaub und die göttliche Energie liebt uns! Wir müssen nicht einmal daran glauben….

Dazu lade ich euch ein. Von ganzem Herzen!

Marina

PHÖNIXHERZ

HORIZONT IN SICHT

„Eine Reise ist ein Trunk aus der Quelle des Lebens.“

(Christian Friedrich Hebbel)

Meine Reise begann im Morgengrauen eines regnerischen und kalten Sommertages in Deutschland!

Im Grunde jedoch war dies eher der Höhepunkt einer vor vielen Jahren begonnenen Reise zum Kern meines Seins, in das Zentrum meiner Existenz. Nur war ich mir dessen nicht bewusst gewesen, sondern hatte eher das Gefühl, in einem Sumpf einem Irrlicht zu folgen. Ich suchte das erlösende, heilbringende Licht bereits so lange und vergeblich, dass ich fast aufgegeben hatte. Der Sumpf, in dem ich steckte, war meine Vergangenheit. Meine schmerzhafte und traumatisierende Kindheit, die ich erst verleugnet, dann akzeptiert und verdammt hatte. Ich wollte kein Opfer sein und auf der Suche nach dem Weg ins Schöpferdasein nahm ich scheinbar jede Gelegenheit wahr, um mir einmal mehr zu beweisen, dass ich für immer das Lamm bleiben würde.

Ein langer Weg durch den Therapiedschungel lag bereits hinter mir, als ich den letzten Anlauf nahm und eine Traumatherapie begann. Diese sollte die Grundlage zu einer kompletten Kehrtwende in meinem Leben mit der Diagnose „komplexe posttraumatische Belastungsstörung" werden. Doch bis zu meinem wirklich offiziellen Aufbruch an diesem Morgen brauchte es einen weiteren Schicksalsschlag, der mir endgültig die Augen und am Ende sogar das Herz öffnete.

Mit einem lachenden und einem weinenden Auge mache ich mich in meinem kleinen Auto auf den knapp 1800 km langen Weg auf eine Insel, die mein Herz einige Wochen zuvor im Sturm erobert hat: Korfu!

Etwas mulmig war mir schon, als sich mein Wagen in Richtung Autobahn in Bewegung setzte. Die Ereignisse in meinem Leben haben sich in den letzten Wochen nahezu überschlagen. Längst fällige Entscheidungen hatte ich endlich getroffen, Entscheidungen, die mir sehr schwer gefallen sind und die ich deshalb viel zu lange vor mir her getragen hatte. In diesem Augenblick allerdings, ergab alles einen Sinn und mir wurde einmal mehr bewusst, dass alles seine Zeit und sein eigenes Tempo hatte. Meine Gedanken schweiften um einen Monat zurück zu dem Tag, an dem ich intuitiv spürte, dass die Veränderung, die so lange angestanden hatte, nicht mehr aufzuhalten war.

WEHENSCHMERZ

„Die zwei wichtigsten Tage in unserem Leben sind der, an dem wir geboren werden und der, an dem wir herausfinden, wofür!"

(Mark Twain)

Schon lange fühlte ich diesen inneren Aufbruch, die bevorstehende Veränderung. Sie lag in meiner Magengegend, in Herzenshöhe. Ganz so, als wären die zwei Verbündete im Prozess meiner Heilung.

Wann immer ich dort ein Ziehen verspürte, war ich mir bewusst, dass ein Aufbruch anstand, ein Neubeginn. Der innere Geburtsprozess, der so lange stagniert hatte, stand kurz bevor. Doch hatte ich nicht die leiseste Ahnung, wie ich diesen unterstützen konnte. Ich trat auf der Stelle, fühlte mich leer, Mut-und kraftlos. Das Gefühl, einfach alles falsch gemacht und wertvolle Jahre verschwendet zu haben, begleitete mich Tag und Nacht. Zu oft hatte ich von vorn begonnen, in der Hoffnung, dass nun alles besser würde, ich meine Vergangenheit endlich hinter mir lassen könnte.

Meine derzeitige Lebenssituation schien nach außen einfach traumhaft zu sein. Ich lebte seit einigen Jahren mit meinem damaligen Lebensgefährten in dessen Haus. Wir fuhren im Sommer fast jedes Wochenende an die See zum Segeln, machten einmal im Jahr Urlaub in der Ferne. Viele beneideten mich.

Doch da gab es nichts zu beneiden. Nichts davon war ich. Die Wahrheit war, ich wusste nicht, wer oder was ich bin.

Ich wusste nur, dass ich mich verraten hatte. Dass ich nicht in meinem Leben war. Ich wusste nicht, was genau mein Leben war, was ich eigentlich wollte. Doch mir war klar, es hatte Augenblicke gegeben, in denen ich ganz bei mir war. Ich versuchte, gedanklich in diese zurück zu gehen. Und plötzlich fühlte ich mich. Nur kurz und sehr zart. Doch sehr deutlich!

Es war meine spirituelle Natur, mein Glaube, mein Interesse an den Dingen, die wir nicht sehen, die wir nur fühlen können. Rückblickend war der Aufruf zu diesem Weg immer wieder da. Durch Lebensumstände, Menschen, Ereignisse. Und wann immer ich mich kurz damit beschäftigte, blühte ich auf, war ich ganz bei mir. Doch ich hatte einfach nicht genug Selbst-VERTRAUEN, um diesem Aufruf zu folgen. Bis jetzt hatte ich jedes Buch über die geistige Welt, über unsere Seele, den Kern unseres Seins, dass mir in die Hände fiel, gelesen. Und damit einiges in mir bewegt. Doch mit meinem Interesse, mit meinen spirituellen Erfahrungen mein Leben in die Hand zu nehmen, dazu hatte mir bisher der Mut gefehlt.

Ich befand mich zu der Zeit in einer Therapie, um meine vielfältigen Traumata aus der Kindheit aufzulösen, mit einer für mich grandiosen Psychologin. Ihre Arbeit war fantastisch und sehr spirituell. In einer unserer Sitzungen sagte sie mir, dass irgendwann der Tag käme, an dem ich mich entscheiden müsste, ein Lichtarbeiter zu sein oder mein Leben wie bisher weiterzuführen. Und dass, wenn ich mich für den Lichtarbeiterweg entschied, es keine Umkehr geben würde.

Mir wurde schlagartig klar, dass dies der Grund für mein Leiden war. Ich war diesem Weg bisher nicht gefolgt, weil ich Angst hatte. Angst vor dem Blick auf mich selbst, meiner Vergangenheit, die transformiert werden musste und meinem inneren Licht, vor meiner eigenen Größe, vor meinen Fähigkeiten. Und auch Angst vor dem Verlust meines sozialen Umfeldes. Denn niemand außer meinen Kindern würde verstehen, wovon ich sprach oder was ich fühlte. Es wäre ein Abschied aus meinem bisherigen Leben, von vielen meiner Freunde und vom Rest meiner Familie.

So ging ich einige Tage schwanger mit der bevorstehenden Entscheidung und versuchte, alles zu durchdenken, genau abzuwägen. Erfolglos. Ich war nur noch verwirrter.

Eines Abends lag ich in meinem Bett und fing in meiner Verzweiflung einfach an, mit Jesus zu sprechen. Ich hatte das als Kind oft getan, wenn ich Angst hatte. Und so plapperte ich einfach ebenso kindlich wieder drauf los, flehte ihn an, mir zu zeigen, was ich zu tun hätte, mir zu helfen. Nichts geschah. Erschöpft und einsam schlief ich ein.

Am nächsten Tag stieß ich auf die Ankündigung einer Praxiseröffnung für Körper- und Energiearbeit in unserer Stadt. Ich kannte die Frau, da ich Jahre zuvor einmal eine Lomimassage bei ihr gebucht hatte. Kurzerhand beschloss ich, einfach dort hinzugehen und sie auf mein Problem anzusprechen.

Bei dem Gedanken daran konnte ich wieder deutlich „meine Wehen" in der Magen-und Herzgegend spüren und vertraute einfach darauf, dass es ein sicheres Zeichen für den richtigen Weg war!

NEUE WEGE

„Man erwirbt keine Freunde, man erkennt sie."

(Wilhelm Busch)

Ich traf Sarah bei ihrer Praxiseröffnung zum ersten Mal nach fast 7 Jahren wieder. Damals hatte ich unter Angststörungen gelitten und sie war eine meiner Anlaufstellen auf der Suche nach Heilung. Als ich nun ihre neue Praxis betrat fiel mir diese Behandlung wieder ein. Bei unserer ersten Begegnung hatte sie mir abschließend gesagt, dass meine Angst unter anderem aus einer schweren Verletzung durch meine Mutter heraus entstanden sei. Heute weiß ich, dass sie damit vollkommen richtig lag. Zu dem damaligen Zeitpunkt jedoch wollte mein Unterbewusstsein diese Ereignisse noch nicht freigeben.

Als ich in die Praxis kam, wuselten viele Menschen umher, es wurde gelacht und angeregt diskutiert. Ich kam mir etwas verloren vor, so alleine. Alle schienen sich zu kennen. Was wollte ich eigentlich hier? Vielleicht konnte Sarah sich nicht einmal mehr an mich erinnern und fände mein Anliegen völlig unangebracht? Mein innerer Kritiker quasselte ununterbrochen vor sich hin. Fast wäre ich wieder gegangen.

Doch dann traf ich auf sie und wir sahen uns erstaunt in die Augen. Und erkannten uns. Nicht aus diesem Leben, sondern aus vielen davor. Es war so offensichtlich, so klar, dass selbst mein innerer Kritiker plötzlich schwieg. Sarah nahm sich ein paar Minuten, obgleich sie wirklich sehr eingespannt war und ich schilderte ihr kurz, dass ich das Gefühl hätte, im Aufbruch zu sein und mein Talent endlich leben zu wollen. Ich erzählte ihr von den verschiedenen Momenten in meinem Leben, in denen ich hellgefühlt oder –gesehen und dass ich dies aus Angst immer wieder verdrängt oder verleugnet hatte. Sarah konnte mich sehr gut verstehen, denn auch ihr Weg hatte mit diesen „Symptomen" begonnen.

Nach wenigen Minuten war mir bewusst, was ich als nächstes tun würde. Sarah hatte gerade eine neue Behandlungsform entwickelt, in der man sich morphogenetisch mit der heilenden Energie der Delfine verbinden konnte. Sie fragte mich, ob ich eine Verbindung zu Delfinen hätte.

Ich erzählte ihr von meiner Begegnung mit Delfinen ein halbes Jahr zuvor während einer Bootstour vor den kanarischen Inseln. Es war an meinem Geburtstag und ich hatte nur einen Wunsch an diesem Tag: einmal einen freilebenden Delfin sehen! Also buchten wir die Fahrt und es verging über eine Stunde, in der kein einziger Delfin zu sehen war. Ich war etwas enttäuscht und ging in den hinteren Bereich des Bootes, weg von der Menschentraube. Gerade, als ich akzeptierte, dass man Tiere in Freiheit nun mal nicht zwingen konnte, zu erscheinen, sprang ein prächtiger Delfin einige Meter vor mir aus dem Meer, drehte eine Schraube und war wieder verschwunden, bevor ich meine Tochter, die im vorderen Teil mit den restlichen Passagieren in die andere Richtung Ausschau hielt, herbeirufen konnte. Nur der Kapitän hatte ihn ebenfalls gesehen und nach seiner Ansage, wo nun einer aufgetaucht war, umringten mich die Mitreisenden in Sekunden. Doch er ließ sich nicht wieder blicken. Er hatte mir ein Geschenk gemacht. In seiner ganzen Schönheit.

Der Kapitän steuerte das Boot zum Hafen zurück und jeder bekam ein Freiticket für einen erneuten Versuch am nächsten Tag. Ich freute mich, denn ich hatte noch einmal die Möglichkeit, die Engel der Meere zu sehen, obgleich ich mich schon heute gesegnet fühlte.

Tags darauf stießen wir nach kurzer Fahrt in eine Heerschar von Delfinen. In allen Größen umschwammen sie das Boot, sprangen unermüdlich umher. Ich setzte mich an die Reling und sah ihnen glücklich zu. Es waren auch kleine Junge dabei, die fürsorglich von den älteren in die Mitte genommen wurden. Ich dachte, meine Freude könnte nicht größer sein. Bis sich einer dieser Engel, der direkt am Bug schwamm, auf die Seite drehte und mir direkt in die Augen blickte. Und ich ihm. **Für nur ein paar Sekunden, die sich wie eine Ewigkeit anfühlten, konnte ich in eine Tiefe sehen, die neu und doch vertraut war. Ich hatte das Gefühl, er tauche mit seinem Blick direkt in meine Seele, direkt auf den Grund meines Herzens.** Nie werde ich diesen Augenblick vergessen! Mein Körper bebte und dicke Tränen rannen mir übers Gesicht. Er hatte die Dunkelkammer in meinem Herzensraum geöffnet und ich konnte einen Teil meines Schmerzes loslassen. Ich fühlte wahrhaftig, wie er aus mir herausfuhr und mein Herz von Leichtigkeit erfüllt wurde.

Nichts um mich herum nahm ich wahr, nur ihn und mich. Dann drehte er sich wieder um und schwamm mit seiner Familie weiter.

Meine Tochter sagte leise: "Mama, die Leute gucken schon, warum weinst du denn so?" Ich erklärte ihr diesen Augenblick und ebenso, dass es mir gleich sei, was die anderen Passagiere dachten.

Tatsächlich weinte niemand außer mir. Als ich mich umsah, hatten alle ihre Kameras in der Hand und ich hörte viele AHs und OHs. Ich lächelte still vor mich hin und bedankte mich innerlich bei „meinem" Delfin für dieses wunderbare Geschenk der Heilung.

Während ich Sarah von diesem Erlebnis, dass ich lange nicht mehr erinnert hatte, erzählte, fielen mir zwei Träume ein, die ich wenige Wochen zuvor hatte:

In einem dieser Träume stand ich weinend an einem Strand, mit den Füßen im Wasser und sah hinaus aufs Meer, als plötzlich ein Delfin vor mir auftauchte und mich telepathisch aufforderte, mit ihm zu spielen. Ich sagte ihm, dass ich nicht könne, weil ich doch ein Mensch sei und im Meer ertrinken würde. Doch dieses wunderschöne Lebewesen versicherte mir, dass mir nichts geschehen könne und er mich wohlbehalten wieder an den Strand zurückbringen würde. So schwamm ich mit ihm und er trug mich in die Tiefe des Meeres hinab, während ich mich an ihm festhielt. Wir spielten mit Fischen, durchschwammen Pflanzen und drehten uns um die eigene Achse. Es war einfach wunderbar!

Als er mich zurück zum Strand brachte, übermittelte er mir zum Abschied, dass nun alles gut sei und ich mich sicher in der Welt bewegen könne. Meine Traurigkeit hätte bald ein Ende.

Ich weiß noch, dass ich nach diesem Traum erfrischt, getröstet und mit einem tiefen Geborgenheitsgefühl aufgewacht bin. Gleich in der nächsten Nacht folgte ein ähnlicher Traum:

Diesmal fand ich mich an einem Hafen stehend, wieder nah am Wasser. Und wieder kam „mein" Delfin, um mich zum Spielen aufzufordern. Ich schwamm ich bereitwillig mit und genoss einfach seine Gegenwart. Plötzlich tauchte neben uns ein riesiger Orca auf. Er war gewaltig in seiner Größe, die Schiffe im Hafen wurden zu kleinen

Nussschalen neben ihm. Ich bekam Angst und klammerte mich verzweifelt an der Rückenflosse meines Freundes fest, als dieser mir übermittelte, dass der Orca ein Freund sei und es nichts zu fürchten gäbe. Wir schwammen sehr nah heran und mein Herz schien still zu stehen. Und dann sah mir dieser Meeresriese in die Augen. Ich hörte meinen dumpfen Herzschlag unter Wasser und fühlte...Liebe! Alle Angst löste sich in dieser Sekunde auf und ich empfand pure Freude über diese Begegnung.

Mein Meeresengel brachte mich zurück ans Ufer und übermittelte mir, dass auch die größten Ungeheuer bei näherem Hinsehen reine Liebe seien.

Sarah nickte wissend und sagte, die Verbindung sei bereits da. Bereits in der übernächsten Woche bot sie eine Ausbildung in der Dolphin-Connection an und ich sagte spontan meine Teilnahme zu. Ich befand mich im Fluss meines Lebens.

WAHR-NEHMEN

„Damit ein Stern geboren wird, muss zunächst eine Sache geschehen:

Ein Nebel muss kollabieren. Also kollabiere! Zerbröckele!

Dies ist nicht Deine Zerstörung,

Dies ist Deine Geburt!"

Seit etwa einem Jahr stagnierte mein Leben, ich trat auf der Stelle, drehte mich im Kreis. Ich fühlte mich wie kurz vor einem großen inneren Schritt, einer Weiterentwicklung. Allerdings wusste ich nicht, in welche Richtung es gehen sollte oder was ich mit meinem Leben zukünftig überhaupt anfangen wollte. Im letzten Jahr war mein Vater gestorben und ich hatte mich nicht wirklich davon erholt. Eher kam es mir vor, als würde sich der Sumpf meiner traumatischen und jahrelang therapierten Kindheit erneut vor mir auftun. Mein Herz war mehr als gebrochen, es war zersplittert.

Allerdings wusste ich nicht, in welche Richtung es gehen sollte oder was ich mit meinem Leben zukünftig überhaupt anfangen wollte. Im letzten Jahr war mein Vater gestorben und ich hatte mich nicht wirklich davon erholt. Eher kam es mir vor, als würde sich der Sumpf meiner traumatischen und jahrelang therapierten Kindheit erneut vor mir auftun. Mein Herz war mehr als gebrochen, es war zersplittert.

Und doch konnte ich hin und wieder diese kleine Flamme in mir wahrnehmen, die mich schließlich auch durch meine Kindheit gerettet hatte und so buchte ich kurzentschlossen die Fortbildung bei Sarah.

An dem besagten Wochenende stand ich noch einmal kurz zögernd vor der Eingangstür, mit meinem inneren Saboteur kämpfend, der mir weismachen wollte, dass ich doch eh nichts könne und besser wieder gehen sollte. Zum Glück habe ich nicht auf ihn gehört.

Ich traf auf lauter liebe gleichgesinnte Frauen und das Wochenende war eine Transformation. Ganz ohne Dogmen kommt diese tiefgreifende, leicht zu erlernende und hochfrequente Methode daher und zeigt, dass Heilung und Ganzwerdung keine Magie sondern eine Wissenschaft ist. Praktisch sofort setzte nach kurzer Arbeit am Kronenchakra die Herzöffnung ein. Ich hatte während der ca. 80minütigen Behandlung das Gefühl, dass viele meiner zerbrochenen Anteile sich narbenfrei in mir zusammensetzten. Die meiste Zeit befand ich mich dabei in einem Zustand des Nichts, was nach jahrelangem Üben mit dieser Methode einfach ohne mein Zutun geschah. Ohne jegliche Anstrengung! Ich ließ mich in dieses Nichts fallen , treiben, schwebte in einer Raum- und Zeitlosigkeit. Bilder, die aufkamen, nahm ich zwar wahr, sie zogen jedoch ohne Anhaftung vorüber.

Alles, was ich fühlen konnte, waren reine Liebe und reines Gewahrsein! Selbst die lunare Atmung, die mir am Anfang schwer erschienen war, floss ohne mein Zutun durch meinen Körper, ganz so, als hätte ich nie anders geatmet.

Auch, als ich die „Gebende" war, erfuhr ich selbst noch viel Heilung. Bewertungsfreie Tränen liefen mir dabei über das Gesicht und ich hatte ein absolutes Gefühl dafür, dass nun alles gut sei. Die Verbindung beim Arbeiten am Klienten mit „meinem" Delphin war kinderleicht und er ist seither immer an meiner Seite. Zu jeder Zeit habe ich die Möglichkeit, mich mit ihm zu verbinden und hin und wieder taucht er spontan auf, während ich im Gespräch mit anderen Menschen bin, um mir zu zeigen, wo dieser in seinem Feld „Flecken" aufweist und Energie gebrauchen könnte.

Nach diesem Wochenende veränderte sich mein Leben auf radikale, heilsame Weise, ohne dass ich irgendetwas tun oder weiterhin grübeln musste. Dazu kam ich auch gar nicht mehr, denn ich war absolut damit beschäftigt, auf diesen rasenden Zug aufzuspringen und mich festzuhalten. Ich beobachtete nur noch, wie sich die Dinge fügten.

Angespornt von so viel positiver Energie und mit meiner neuen Lebensfreude im Herzen beschloss ich, zum ersten Mal in meinem Leben alleine Urlaub zu machen und mich selbst zu genießen. Denn auch das war neu: ich hatte plötzlich große Freude daran, mit mir allein zu sein. Wissend, dass ich nie alleine gewesen war oder sein werde. Denn wir alle haben diesen Zugang zu unserer inneren Quelle. Nur sind wir uns dessen oftmals nicht bewusst.

Von nun an fiel mir alles nur noch zu. „Zufällig" gab es im Reisebüro keinen Platz mehr in Kroatien, wo ich eigentlich hinwollte, sondern nur noch Korfu. Zögernd nahm ich an, denn in Griechenland war ich zuvor noch nie gewesen. Die atemberaubenden „Kleinigkeiten", die einfach so passierten, muss ich hier aus Platzmangel auslassen. Es war ein einziges riesiges Uhrwerk, das perfekt zusamme spielte. Wie ein Orchester kommt mir mein Leben seither vor, in dem jeder einzelne auf seinen Einsatz wartet und dann einen glänzenden Auftritt darbietet.

Am zweiten Tag auf Korfu, dieser wunderschönen, heilbringenden Insel, war mir absolut klar, dass ich Zuhause war. Ich stand in den Wellen des Meeres, mit "meinem" Delphin an meiner Seite und nahm unter all meinen Zwiebelschichten mein eigentliches Wesen wahr, meinen Kern. „Das bin ich? Wenn alles von mir abfällt, dann ist dies mein wahres Sein?" Und ich staunte. Und lachte. Und weinte. Weder konnte ich es mir selbst erklären, noch irgendjemandem sonst. Aber das schöne war, ich hatte auch überhaupt nicht mehr das Gefühl, es erklären zu müssen. Ich war im totalen Vertrauen ins Leben angekommen und dieses hält bis jetzt an! In jener Nacht hatte ich einen Traum von Jesus, den ich hier nicht näher erläutern möchte, da er vielleicht befremdlich anmutet. Dieser Traum machte mir jedoch klar, dass ich mit meiner Quelle rückverbunden war durch die Herzensöffnung der Dolphin-Connection. Ich spürte unglaubliche Dankbarkeit in mir aufsteigen!

 An meinem Abreisetag traf ich einen Mann, der mich mit dem folgenden Satz ansprach:" Du bist die schönste Frau, die ich in meinem Leben bisher gesehen habe, denn Du hast ein inneres Licht, das weit über Dich hinaus strahlt." Es war kein Anbändeln, denn wir hatten gar keine Zeit dazu. Ich war am Abreisen und er musste arbeiten. Darum ging es auch nicht. Dieser Satz über mein inneres Licht war das schönste Kompliment, das ich bisher gehört hatte.

Ich flog schweren Herzens nach Hause zurück, wo ich eigentlich noch in einer Beziehung feststeckte, die mir schon lange nicht mehr gut tat. Ich sah mich dort um und wusste, dass auch das zu meiner Vergangenheit gehörte. Allerdings zum ersten Mal ohne großen

Schmerz sondern mit einer Dankbarkeit über meine Lernerfolge während dieser Verbindung.

Meine zwei Töchter wären nun noch ein Grund gewesen, dem Ruf nach Korfu nicht zu folgen. Doch auch hier fügte sich alles von selbst, denn meine beiden sehr taffen Nachkommen fragten mich von sich aus, ob ich nicht für längere Zeit nach Korfu wolle, denn sie hatten mich noch nie so glücklich und entspannt erlebt. Sie lebten ohnehin bereits ihr eigenes Leben.

So packte ich innerhalb von zwei Wochen meine Habseligkeiten zusammen, löste meinen Anteil des Haushaltes auf und war schneller als geplant unterwegs mit meinem kleinen Auto nach Italien, um die Fähre nach Korfu zu nehmen. Mein klares Ziel war es, eine Reise zu mir selbst zu machen, Vertrauen in den Fluss des Lebens zu haben. Denn aufgrund meiner Gewalterfahrungen hatte ich nie ein Urvertrauen erworben und ich wusste, dass dies der Stolperstein in meinem Leben war. Je misstrauischer ich war, desto mehr spiegelte mir das Leben genau diese Einstellung. Ich wollte diesen Stolperstein endgültig aus dem Weg räumen und wusste, dass ich das nur ganz mit mir alleine schaffen würde.

Nicht ein einziges Mal gab es Schwierigkeiten. Mit jedem Tag wurde mir gezeigt, dass ich genau auf dem richtigen Weg war und mit jedem Tag war ich glücklicher. Ich hatte absolut keine Ahnung von dieser Insel, sprach die Sprache nicht und kannte niemanden. Und doch wusste ich, ich fuhr nach Hause! Zu mir!

Ich denke gerne an das Wochenende bei Sarah zurück, das mein Leben in den Fluss und mich in die tiefe Liebe des Gewahrseins gebracht hat!! Das alles ist nur wenige Monate her und kommt mir vor wie ein anderes, fernes Leben!

Danke, Sarah! Ich liebe Dich von Herz zu Herz, von Delphin zu Delphin!!!

~Mittlerweile fuhr ich seit gute einer Stunde auf der Autobahn und es wurde langsam hell. Ich fragte mich, ob ich wirklich wusste, was ich hier tat, denn ich war noch nie so weit alleine gefahren. Viele hatten mich dafür bewundert, fanden es mutig, diesen Schritt zu gehen und mir meinen Traum zu erfüllen. Doch ich selbst konnte nicht wirklich sagen, ob es Mut oder all die tiefen Verletzungen waren, was mich antrieb. Denn mit der Hingabe an meine Fähigkeiten hatte ich etwas anderes aufgeben müssen: meine langjährige Partnerschaft und ein materiell sorgenfreies Leben. Nach außen schien mein Leben perfekt zu sein, doch innerlich fühlte ich mich leer. Und so sehr ich auch wusste, dass es richtig gewesen und lange überfällig war, zu gehen, so sehr schmerzte doch der Gedanke, diese Verbindung aufgegeben zu haben. Wie so oft zuvor war ich mir absolut sicher gewesen, den richtigen Partner an meiner Seite zu haben. Doch am Ende waren unsere Träume nicht die gleichen und ein Jahr zuvor, als mein geliebter Vater dieses Leben verlassen musste und ich wahrhaftig dachte, ich würde es nicht überstehen, war mir klar geworden, dass dieser Mann an meiner Seite nicht durch die dunklen Tage des Lebens mit mir gehen würde. Wieder einmal war ich auf mich allein gestellt. Doch gerade diese Tatsache führte letztendlich auf dem direkten Weg zur Heilung.

GEBROCHENE HERZEN

„Nicht, was wir erleben, sondern wie wir empfinden, was wir erleben, macht unser Schicksal aus.“

(Marie von Ebner-Eschenbach)

Es gab viele dunkle Tage in meinem Leben, doch der, an dem mein Vater starb, riss mich in einen schwarzen Abgrund, aus dem ich lange kein Entkommen sah. Ich habe viele Therapien gemacht, um die Erlebnisse meiner Kindheit besser zu verstehen und ein einigermaßen normales Leben führen zu können. (Obgleich ich heute weiß, dass der Begriff „normal“ so dehnbar wie ein Gummiband ist.) Nun war ich jedoch der festen Überzeugung, mich emotional von meinem Vater abgelöst zu haben, da er seine Rolle niemals wirklich hatte einnehmen können. Wie weit ich hiermit danebenlag, erfuhr ich in den letzten Tagen seines Lebens.

Seine Odyssee dauerte, Gott sei Dank, nur einige Wochen und begann mit einer vermeintlichen Bauchspeicheldrüsenentzündung, die sich per Zufallsbefund als Krebserkrankung herausstellte, die bereits viele seiner Organe befallen hatte. Nach außen jedoch schien mein Vater kerngesund und stark wie immer. Es fiel mir und auch den Ärzten schwer zu glauben, dass er derart krank und dem Tode geweiht war. Denn eine Operation kam nicht infrage, da er ein Jahr zuvor nach einem Herzstillstand einen Defillibrator eingesetzt bekommen hatte, der sein Herz per Stromschlag wieder in Gang setzte, wenn es noch einmal stehen blieb.

Als ich ihn nun zu Ärzten, Untersuchungen und Krankenhausaufenthalten begleitete, beobachtete ich ihn oft still, wenn er schlief oder tagträumte. Er schien so unendlich traurig und diese Traurigkeit ergriff auch mein Herz. Er war 65 Jahre alt und einfach zu jung zum Sterben. Und ich wollte ihn nicht verlieren. Nie hatte ich die Hoffnung aufgegeben, noch irgendwann die Beziehung zu ihm aufbauen zu können, nach dem ich mich mein Leben lang gesehnt hatte. Ich liebte meinen Vater so sehr, dass es immer wehgetan hatte. Heute weiß ich, dass ich eine Mutterrolle eingenommen und immer versucht hatte, ihn zu beschützen. Dabei war ich es gewesen, die so dringend Schutz gebraucht hätte. Doch auch jetzt in seinem Sterbeprozess konnte ich diese Rolle nicht aufgeben, wissend, dass ich mir damit abermals großen Schaden zufügte und meine letzten Energiereserven aufbrauchte. Doch es kam für mich nicht infrage, diesen großen, starken Mann, der im Grund immer ein kleiner Junge geblieben war, allein zu lassen.

Die letzten Wochen meines Vaters waren mit erneuten Streitigkeiten innerhalb der Familie erfüllt. Die Verstrickungen, in denen alle seit Jahrzehnten lebten, kamen einmal mehr mit aller Gewalt an die Oberfläche. Ich versuchte, alles mit dem Abstand zu betrachten, den ich mir Jahre zuvor durch einen Wohnortwechsel verschafft hatte. Jedoch merkte ich sehr deutlich, dass all meine Mauern zusammenbrachen. Eingerissen von den Schmerzen, die ich noch in mir trug und die wie Feuer in mir brannten unter dem drohenden

Verlust. So vieles hätte noch geklärt werden müssen zwischen uns. Millionen Fragen brannten in meiner Seele und suchten nach Antworten, die mir nun nie wieder jemand würde geben können.

In den letzten Tagen vor dem Abschied war ich allein. Mein Lebensgefährte machte sich zu einem Urlaub mit Freunden auf, den er nicht absagen wollte, um in meiner Nähe zu sein. Es brach mir beinahe das Herz. Alpträume plagten mich, alte Bilder aus meiner Kindheit, die ich längst vergessen hatte, tauchten Nacht für Nacht auf und ich spürte einen Sog, der mich um Jahre zurück riss. Zurück in die Hilflosigkeit eines Kindes, in das Ausgeliefert sein, in die unerträgliche Angst und Einsamkeit. Ausgerechnet dieser Mann, dem ich mich völlig geöffnet hatte, der all die unaussprechlichen Dinge, die ich erlebt hatte, aus meinem Mund gehört hatte, dieser Mann ließ mich in meinen dunklen Stunden für einen Erlebnisurlaub zurück.

Ich wusste, dies war das Ende unserer Liebe. Und ich wusste auch, dass ich einmal mehr einen Mann gewählt hatte, der mir meine unerlösten Anteile spiegelte. Obgleich ich bei Beginn dieser Beziehung wie ein Luchs darauf geachtet hatte, ob er Ähnlichkeiten zu meinem Vater aufwies, war ich erneut an diesem Punkt angekommen. Denn auch mein Vater hatte mich immer wieder im Stich gelassen. Er hatte weggesehen, war in den Alkohol geflüchtet, als ich täglich unbeschreiblichen Dingen ausgeliefert gewesen war.

Heute weiß ich, dass er nicht anders hatte handeln können. Er war selbst ein Gefangener seiner Kindheit so, wie all die anderen Mitglieder meiner Familie, die bis heute in der Verdrängung leben. Und ebenso verhielt es sich mit meinem Partner. Er war kein Unmensch. Er konnte nur nicht bei mir bleiben. Denn mein Schmerz, den ich erlebte, kratzte an seinem eigenen, den er nicht ansehen wollte. All diese Erkenntnisse waren zwar hilfreich, trösteten mich jedoch in keinster Weise darüber hinweg, dass ich wieder allein war. Im Gegenteil, ich verfluchte in diesen Tagen das Verständnis, dass ich allem und jedem versuchte entgegenzubringen. Ich verspürte den starken Wunsch, einfach blind zu sein und meine Emotionen wild ausleben zu können, zu toben und zu schreien. Doch etwas in mir hielt mich noch davon ab.

Stattdessen kam ich auch noch den Pflichten der Patientenverfügungen nach, die mein Vater auf mich übertragen hatte. Ich war vollkommen überfordert. Dann, an einem Sonntagmorgen, kam der Anruf. Mein Vater war im Krankenhaus mit einem erneuten Herzstillstand nach einer Chemotherapie. Der Arzt versicherte mir, dass mein Vater die Nacht nicht überleben würde und riet dazu, die Familie zum Abschied nehmen herzubestellen. Ich war wie betäubt, als ich ihn am Beatmungsgerät erblickte. Ich war noch nicht so weit. Und doch wusste ich, dass ich ihn gehen lassen musste. Nach und nach versammelte sich die Familie an seinem Bett. Da saßen sie nun. Opfer und Täter, ging es mir durch den Kopf. Heuchlerisch kamen sie mir vor, jedoch mahnte mich eine innere Stimme zur Vernunft. Ihre Trauer war echt! Mit vielen von ihnen hatte ich lange nicht gesprochen und die Situation war irreal. Meine Großmutter weinte laut und wiederholte stets den einen Satz:"Verlass mich nicht, du darfst mich nicht verlassen. Was soll ich ohne dich denn machen?" Mein Vater war ihr Liebling gewesen und mit einer Mischung aus Liebe und Abscheu sah ich sie an. Dass er hier lag, so jung und mit gebrochenem Herzen, daran hatte auch sie ihren Anteil!

-Tränen rannen mir über das Gesicht bei der Erinnerung an das langsame Sterben meines Vaters. Er fehlte mir so sehr. Oft hatte ich das Gefühl, diese Trauer würde niemals enden. Mittlerweile bewegte ich mich seit mehreren hundert Kilometern Richtung Süden. Ich weinte laut und hemmungslos all meine Trauer heraus, die sich hier gerade so unverhofft zeigte. Ich wollte sie nicht mehr in mir haben, wollte mich an den wenigen schönen Erinnerungen mit meinem Vater festhalten. Doch das Ventil war geöffnet und ich steuerte die nächste Raststätte an, außerstande, umsichtig weiterzufahren. Dort suchte ich mir einen ruhigen Platz und ließ die Bilder hochkommen, die von innen so sehr drückten! Ich war bereit, noch einmal all den Schmerz zu fühlen, ihn anzunehmen und hoffte, ihn dann gehen lassen zu können!-

Eigentlich liebte ich meine Großmutter. Als ich klein war, hatte sie manchmal tolle Buden mit mir gebaut, in den wir dann lagen, während sie mir vorlas und ich selbstgebackene Plätzchen vertilgte. In diesen Stunden gab es einen Hauch von Normalität in einer Familientragödie, deren ganzes Ausmaß ich erst vor wenigen Jahren begriff.

Von klein auf hörte und sah ich Dinge, die ich nicht weder verstehen noch glauben konnte. Wie eine wabernde dunkle Wolke lag ein

Geheimnis über der Familie, das jeder mit ganzer Kraft zu wahren versuchte. Ich kann mich gut an merkwürdige Verhaltensweisen meines Vaters und seiner Schwestern und meiner Großeltern erinnern, die ich feinfühlig aufnahm, als ich noch nicht einmal über den Tisch sehen konnte. Sie machten mir bereits damals das Herz schwer und die einzige, die hin und wieder darüber sprach, war meine Mutter. Doch für die Dinge, die sie mir erzählte, war ich noch viel zu jung und mit den Jahren wurde es paradox, da sie ähnliche Dinge tat wie die, die sie meinen Großeltern vorwarf.

Ebenso schizophren erschien es mir lange Zeit, dass mich meine Eltern überhaupt zu diesen Menschen ließen. Alle wussten, dass mein Großvater ein Monster mit abnormen Neigungen war. Jeder hasste ihn. Nach seinem Tod hörte ich von meinem Vater und seinen beiden Schwestern dieselben Worte: „Endlich ist das Schwein tot"! Und mich ließen sie in aller Regelmäßigkeit allein dorthin. Eine Erklärung habe ich dafür nicht bekommen. Die erhielt ich Jahre später in einer meiner Therapiesitzungen: Verdrängung! Und tatsächlich habe ich nicht anders gehandelt, nachdem ich mich in der Reihe der Opfer dieses Mannes wiederfand: die Flüster-und Verdrängungsmethode meiner Familie griff auch bei mir. Ich tat, als wäre nichts geschehen. Wem aber hätte ich mich auch anvertrauen können? Schon damals fühlte ich mich meinem Vater gegenüber in der Beschützerrolle und wusste, es hätte ihn zu sehr verletzt, wenn ich mit der Wahrheit herausgerückt wäre. Jahre später fragte ich ihn einmal, ob er gewusst hätte, dass auch ich meinem Großvater in die Hände gefallen war. Denn in meiner Erinnerung hatte ich mitten in der Nacht meine Eltern aus einer Telefonzelle angerufen, nachdem ich aus der Wohnung meiner Großeltern geflüchtet war und diese kamen, um mich abzuholen. Doch er sagte, er könne sich daran nicht erinnern.

Eine lange Zeit war ich wütend auf meine Familie, weil sie mich nicht beschützt hatte . Heute weiß ich, wie sehr sie selbst gelitten haben und kann verstehen, dass sie ihre eigenen Wunden nicht wieder aufreißen lassen wollten. Doch zu diesem Verständnis war es ein langer und beschwerlicher Weg.

Auch meinem Großvater habe ich heute vergeben. Seine Wunden hat er aus dem Krieg mitgebracht, innen ebenso wie außen. Nie hat er darüber gesprochen, war er erlebt und gesehen hat. Nur einmal berichtete er meiner Großmutter über die Vergewaltigungen an Frauen im Gefangenenlager nach Kriegsende. Als sie mir dies nach dem Tod meines Vaters erzählte, schlug mir der nächste Widerspruch ins Gesicht. Denn mein Großvater hatte sich seit seiner Rückkehr aus dem Krieg einen Namen als Zuhälter gemacht. Zum Verkauf stand meine Großmutter!

Über die Jahre hatte ich meine Puzzleteile zusammengesucht. Immer wieder hörte man hier und da Hinweise auf die traurige Wahrheit. So hatten meine Großeltern auch ihr Heimatdorf aufgrund dieser Tatsache verlassen. Denn mein Vater hatte irgendwann in größter Not angefangen, Brände zu legen. Und war dafür in Jugendhaft gegangen. Natürlich war jedem im Dorf damals klar, warum mein Vater sich nicht mehr anders zu helfen gewusst hatte. Und gelinde gesagt waren sie dort einfach nicht mehr erwünscht. Meine Großmutter erzählte mir nach dem Tod meines Vaters, dass sie gewusst habe, wenn er fortging, um Brände zu legen. Verzweifelt hatte sie mich angesehen und mich gefragt, was sie denn hätte machen sollen und immerhin habe sie ihm zu seinem 18. Geburtstag in der Haftanstalt einen Kuchen gebracht. Mein Herz zersprang dabei in tausend Splitter. Sie hatte es gewusst und nichts getan. Mir war vollkommen klar, dass sie in einer Opferrolle gefangen war, so wie alle anderen in dieser Familie auch. Doch ich fühlte so sehr mit meinem Vater, der nicht nur den Gewalttaten seines Vaters hilflos ausgeliefert gewesen, sondern von seiner Mutter immer wieder im Stich gelassen worden war. Denn noch viele Jahre später half er ihr, wenn sie blutüberströmt vor seiner Tür stand oder anrief, weil sie zusammengeschlagen worden war. Und immer wieder ging sie zu diesem Mann zurück. Wie sehr muss mein Vater daran zerbrochen sein!

Leider beendete mein Großvater seine Greueltaten in der neuen Heimat nicht und so bekam ich auch im Außen immer wieder Hiebe bezüglich meiner Herkunft. Der schmerzhafteste davon war ein Satz meiner damaligen Schwiegermutter direkt nach der Trauung vor dem Standesamt: "Na, hoffentlich machst du die Beine nicht so breit wie deine Oma!" Es traf mich damals wie ein Faustschlag und mein Hochzeitstag, der einer der schönsten Tage meines Lebens werden sollte, fand für mich ein abruptes Ende. Ich schämte mich so sehr und wollte einfach nur, dass all das endlich ein Ende hatte.

-Da saß ich nun auf diesem Rastplatz und all das schien so lange her, so weit weg. Und doch zeigten mir meine Tränen, dass ich diesen Erinnerungen unbewusst einen Platz in meinem Inneren eingeräumt hatte, von wo aus sie konstant meinen Versuch, aus der Opferrolle herauszukommen, boykottiert hatten. Zum ersten Mal war ich nicht mehr wütend darüber, gab mir nicht mehr selbst die Schuld an allem, was vermeintlich in meinem Leben schief gelaufen war. Denn mir wurde klar, dass ich noch weitere Jahre irgendeine

Therapie hätte machen können, ohne auch nur einen Zentimeter meinen Kopf aus diesem Sumpf zu bekommen! Ich hatte völlig außer Acht gelassen, dass ich diese Schmerzen einfach nie zugelassen hatte. Nie hatte ich mir erlaubt, diese Bilder anzusehen und wirklich zu beweinen. In mir schrie mein inneres Kind seit Jahren um Erlösung und alles, was ich tat, war, es auf sein Zimmer zu schicken. So, wie meine Familie es mir beigebracht hatte!

Doch jetzt sah ich dieses Kind deutlich vor mir. So klein und dünn. Und so zerbrechlich! Ich nahm es an die Hand und sprach beruhigende Worte. Ich sagte, dass ich es jetzt sehen könnte und es sich ausruhen darf! Die Zeit der Angst war vorbei, die Zeit der Monster ebenso. Jetzt war ich Erwachsen und dieses Kind musste nichts weiter tun, als endlich Kind zu sein!

Erneut kamen mir die Tränen und ich beweinte das kleine Mädchen, das ich einmal gewesen war! Diese Arbeit hatte ich während des letzten Jahres bei einer Psychologin kennengelernt und war so unglaublich wertvoll für mich! Anfangs war ich noch etwas beschämt, mit meinem imaginären Kind zu sprechen. Doch ich merkte schnell, was für eine wunderbare Technik ich hier an die Hand bekommen hatte und so unwirklich kam mir die Kleine gar nicht mehr vor. Im Gegenteil. Immer wieder stellte ich fest, wie lebendig sie in meinem Inneren geblieben war. Mit all ihrer Angst, ihrer Hilflosigkeit und auch ihrer Wut!

Die Emotionen, die ich bei all diesen schrecklichen Erlebnissen vor Jahren empfunden hatte, waren all die Jahre eingesperrt gewesen in meinem Inneren. Zusammen mit dem Kind von damals, das keine Gelegenheit gehabt hatte, diese feststeckende, zerstörerische Energie in Kraft umzuwandeln. Im Gegenteil, durch das Eingesperrt sein hatte ich all die Jahre nur einen Bruchteil meiner Lebensenergie zur Verfügung gehabt. Denn in mir tobte ein Orkan, den ich weder bewusst wahr nahm, noch dauerhaft besänftigen konnte. Er wütete in mir, verschloss mir das Herz, ließ meinen Körper ständig auf Hochtouren laufen und bescherte mir psychische sowie physische Symptome, die mich viele Krankenhausaufenthalte und ärztliche Untersuchungen gekostet hatten, bis irgendwann jemand erkannte, dass ich an den Folgen der traumatischen Ereignisse litt. Ich war überhaupt nicht körperlich krank, mein System versuchte nur, mich auf das Toben in meinem Unterbewusstsein aufmerksam zu machen, damit ich die Tore öffnen und diesen Wirbelsturm freisetzen konnte. Doch bis ich dazu die richtigen Techniken an die Hand bekam, lief ich abermals im Kreis. Diesmal auf der Suche nach einer geeigneten Therapieform. Als ich auch hier bereits kurz vorm Aufgeben war, stellte mir der Himmel diese wundervolle Frau zur Verfügung, die mir

31

half, sehr sorgsam mein Herz zu öffnen und in den Wirbelsturm einzutauchen, um ihm von innen heraus die brachiale Gewalt zu nehmen, mit der er tobte.

Mit ihr machte ich die ersten unbeholfenen, kindlichen Schritte aus dem Dilemma heraus. Sie war die beste Kindergärtnerin für mein inneres Kind, die ich mir hätte wünschen können!

Ich trocknete mir das Gesicht und legte meine Lieblingsmusik ein, bevor ich meinen Wagen wieder auf die Straße brachte. Chris de Burgh-eigentlich hörte ich nie etwas Anderes. Erinnerungen an einen besonderen Abend mit ihm legten sich wie Balsam auf die Bilder der Vergangenheit. Ein Lächeln huschte über mein Gesicht und ich dachte daran, wie oft im Leben mir die richtigen Menschen zur richtigen Zeit begegnet waren! ~

CHRIS

„So come with me,
And you will see
The light that shines for eternity,
Be strong and learn to say
The words "I love you!"

(Chris de Burgh: Road to freedom)

Von jeher liebte ich die heilsame Musik dieses irischen Barden und oft genug lag ich verwundet an Leib und Seele auf meinem Bett und lauschte seinen einfühlsamen Texten, die immer eine Botschaft für mich zu enthalten schienen.

Es war ein halbes Jahr bevor mein Vater starb, als Chris in meiner Heimatstadt ein Konzert gab. Damals war ich noch Alleinerziehend und eine Eintrittskarte unerschwinglich. Ich beschloss, außen vor dem Gebäude zumindest leise ein wenig mitzuhören. Auf dem Weg in die Stadt traf ich eine Bekannte, die ein Restaurant besitzt und wir unterhielten uns ein wenig. Ich erzählte ihr von meinem Plan und sie sagte, dass Chris für gewöhnlich nach den Konzerten bei ihnen einkehrte. Diesmal jedoch habe er keinen Tisch reserviert. Ich sagte mir, dass es dann wohl nicht sein sollte und verbrachte noch einige Stunden bis zum Konzert bei einem Kaffee. Nicht lange darauf kam meine Bekannte erneut die kleine Gasse entlang und strahlte freudig. „Schätzchen, rate, wer gerade einen Tisch reserviert hat. Sei um 22.30h dort und setz dich ein wenig entfernt ins Restaurant. Dann hast du zumindest die Gelegenheit, ihn zu sehen.", sagte sie fröhlich.

Ich war aufgeregt wie ein kleines Kind! Ein einziges Mal hatte ich ihn aus der Nähe gesehen und damals kein Wort herausgebracht. Vor Freude hüpfte mein Herz mir fast aus der Brust. Ich schalt mich, nicht zu albern zu sein und fragte mich, was ich mir eigentlich davon versprach, ihn beim Essen zu beobachten? Ich wollte nicht zu den fanatischen Stalkern gehören, dafür war mir dass, was seine Musik mir über die Jahre gegeben hatte, zu wertvoll. Also beschloss ich, ihm einen Brief zu schreiben. Ein Dankeschön für die Heilung, die ich durch seine vertonten Worte immer wieder erhalten hatte. Auch wenn ich nur eine von vielen war und dieser Brief wahrscheinlich im Papierkorb seines Hotelzimmers landete, mir war es ein Anliegen und diesem Bauchgefühl folgte ich.

Von meinem wenigen Geld kaufte ich besonderes Papier und ließ mir viel Zeit, all meine Gefühle auszudrücken. Allein das Niederschreiben dieser vergangenen Momente verlieh mir Flügel. Dann setzte ich mich in das Restaurant meiner Freundin, nachdem ich enttäuscht festgestellt hatte, dass man außerhalb der Konzerthalle nicht einen Ton vernehmen konnte und wartete. Noch immer kam ich mir etwas dämlich vor, wie ein Teenager auf mein Idol zu warten. Doch als ich tatsächlich ein Teenager war, hatte ich dazu schließlich keine Gelegenheit gehabt. Konzerte waren verboten.

„Was soll`s", dachte ich bei mir, „zu verlieren habe ich schließlich nichts und es wird mich nicht töten, wenn ich mich blamiere." Außerdem waren neben mir nur zwei Kellner im gesamten Restaurant, was an der Uhrzeit und dem Wochentag lag. Und die hatten sich bereits über mich kaputtgelacht, weil sie ihn für einen irischen Roland Kaiser hielten.

Dann kam der ersehnte Moment. Zwei große Männer betraten den Raum, musterten mich streng und dann sah ich hinter ihnen Chris. Er sah mich an und lächelte. Das liebevollste Lächeln, dass ich seit langem gesehen hatte. Ich musste mein Glas abstellen, denn meine Hände gehörten plötzlich nicht mehr zu mir. Da saß er nun, wenige Meter entfernt. Der Mann, der Worte für meine Seele geschrieben hatte. Und was tat ich? Na, natürlich blamieren. Wie ein Teenager fing ich unkontrolliert an zu kichern. Ich nahm die Hände vor mein Gesicht, da ich zehnmal mehr Sauerstoff aufnahm, als mir in diesem Moment gut tat.

Bodyguard und Manager traten sogleich in Aktion und forderten mich barsch auf, ruhig zu sein, da Mr. De Burgh privat hier sei und Ruhe wollte. Ich nickte und-kicherte enthemmt weiter. Kontrollverlust de Luxe! Ich entschuldigte mich mehrfach und dies nahm Chris anscheinend zum Anlass, aufzustehen und mit ausgebreiteten Armen auf mich zuzukommen! „Come into my arms", sagte er und ich hörte nur ein helles Klingeln in meinen Ohren. Das waren entweder die Engel, da sich für mich gerade der Himmel öffnete oder ein Alarmton, der das Ausschalten meines Verstandes ankündigte. Egal. Ich tat, wie mir geheißen und ließ mich auf den blauen Kashmirpullover dieses wunderbaren Mannes sinken. Mein Puls raste wie ein Kolibri und als er mich fragte, was ich denn hier machte, stammelte ich japsend, dass ich ihm nur einen Brief überreichen wollte und dann sofort verschwinden würde. Ich entschuldigte mich für mein Geplapper und Gekicher und schaffte es tatsächlich, den Brief aus meiner Handtasche zu ziehen. Er nahm ihn dankend entgegen und versprach, ihn später zu lesen. Es war mir eigentlich völlig egal. Ich hatte bereits mehr, als ich mir je zu träumen gewagt hätte. Einmal in der Aura dieses Mannes baden hatte mir bereits genug gegeben!

Ich zog mich zurück in den Nebenraum und nahm an der Bar einen Sekt zur Feier des Tages. Die Kellner schmunzelten, weil ich kaum in der Lage war, das Glas zu halten. Es muss ein Bild für die Götter gewesen sein.

Kurz darauf kam eine Frau mit Konzerttickets herein und ließ sich hemmungslos ein Autogramm geben. Ich beschloss daraufhin, dass ich, einmal so nah an der Quelle ja auch eins mitnehmen könnte. Als Erinnerung an meinen Beinahe-Infarkt! So wartete ich ab, bis das Essen vorüber war und lugte vorsichtig um die Ecke, nach einem Autogramm fragend.

„Oh Marina, come over here, I want to talk to you", antwortete Chris mit einer einladenden Geste. Seine Begleiter erhoben sich und gingen zur Bar. Ich stand da, wie vom Donner gerührt. Ich? Er wollte mit mir sprechen? Er rückte auf der gemütlichen Eckbank ein wenig zur Seite und klopfte auf den freien Platz neben sich. Sprachlos setzte ich mich.

„I want to talk to you about your letter", sprach er und ich klappte den Mund auf und wieder zu. „My letter", fragte ich ungläubig, „you read it?" „Yes, I said I would read it later and now was later!", antwortete er amüsiert. "Please tell me, what happened in you childhood?"

Ich verstand erst nicht, auf was er hinauswollte und mir war nach Feiern zumute und nicht nach traurigen Geschichten. Doch er ließ sich nicht beirren und ich erzählte ein paar unwesentliche Geschehnisse. Er hielt meine Hand und sah mir fest in die Augen, als er direkt mit einigen Mutmaßungen ins Schwarze traf. Er war wirklich an meiner Geschichte interessiert und plötzlich veränderte sich etwas an diesem Tisch. Ich wurde vollkommen ruhig, war kein Fan mehr, der mit seinem Star hier saß.

Hier waren zwei Seelen, mit ähnlicher Biografie, die sich vielleicht genau für diesen Moment verabredet hatten, um einander zu erkennen und in diesem Fall mir eine Kraft zu geben, die eine entscheidende Wende in der Beziehung zu meinem Vater darstellen sollte. Aus Respekt vor Chris und auch, um mir den Kern des Gesprächs heilig zu halten, verzichte ich bewusst auf Details, die heischend wirken würden. Mir offenbarte sich hier ein Mensch, der deshalb mit seiner Musik so sehr mein Herz berührt und geheilt hatte, weil wir in Resonanz waren.

Als mir dies bewusst wurde, erfüllte eine Ruhe mein Inneres, die ich lange nicht erlebt hatte und ich dankte dem Himmel für dieses Wunder, das mir heute zuteil geworden war. Die Umstände und Fügungen ließen keine andere Sicht zu als die auf ein großes Ganzes, das uns lenkt und führt.

Chris riet mir, alles aufzuschreiben, um es aus mir herauszubekommen und erzählte mir von den Hintergründen einiger seiner biographischen Lieder. Und er berichtete mir von einem Erlebnis, das ich mir als Beispiel für etwas nahm, dass ich schon seit Jahren hatte tun wollen und kurz darauf in die Tat umsetzte: meinem Vater sagen, dass ich ihn liebte. Und zwar, ohne etwas zurück zu erwarten oder ohne mir dumm vorzukommen, weil Gefühle in unserer Familie nie erwünscht waren.

Nachdem wir eine Weile gesprochen hatten umarmte mich Chris noch einmal und dann kamen seine Begleiter und die Kellner zum Tisch. Zusammen tranken wir noch etwas, bevor ich mich herzlich bedankte und verabschiedete. Ich hatte so viel gewonnen an diesem Abend, es erfüllte jede meiner Zellen mit purer Liebe zum Schöpfer und dem gesamten Universum! Was für eine wundervolle Seele war dieser Mann und wie dankbar war ich dafür, dass er mir einen Einblick darin gewährt hatte!

Als wir uns zum Abschied umarmten, flüsterte er mir auch seinen Dank für meine Geschichte zu und bat mich, auf mich Acht zu geben! Ich spürte, dass er jedes Wort genau so meinte!

Zwei Wochen darauf besuchte ich meinen Vater und wir hatten ausnahmsweise einige Stunden für uns alleine. Ich dachte an Chris` Worte und das, was ich mir vorgenommen hatte. Es kostete mich noch einige Überwindung, doch ich wollte diesen wertvollen Wink des Himmels nicht ungenutzt verstreichen lassen.

Wir plauderten über die üblichen Dinge und dann fragte ich meinen Vater, ob er mir über einige Familiengeheimnisse Auskunft geben würde. Zum Beispiel seine Brandstiftung und den Aufenthalt in der Jugendhaftanstalt. Ich hatte schon früher danach gefragt, doch er war immer ausgewichen. Ich wusste, er erlaubte sich nicht, emotional zu werden. Doch ich hatte diese dringende Bitte, einmal seine Seite der Geschehnisse zu hören. Mit ihm über mein eigenes Erleben zu sprechen. Diesmal wich er nicht aus. Ich sah, wie schwer es ihm fiel, doch er berichtete über all das Schreckliche, dass ich bisher nur ansatzweise von Fremden gehört hatte.

Wie sehr er gelitten hatte unter seinem Vater und den Dingen, die dieser der gesamten Familie angetan hatte. Von der Brutalität und Gefühlskälte, in der er aufgewachsen war. Und von der Hilflosigkeit, der er sich ausgesetzt fühlte. Wir sprachen, wie niemals zuvor und ich stellte mit Erstaunen fest, dass mein Vater viele Zusammenhänge ganz klar erkannte. Die Ignoranz, die ich immer empfunden hatte, war nur ein Schutz gewesen. Er konnte sich nicht damit auseinandersetzen, sagte er mir, da er keinen Weg zur Heilung gesehen hatte. Traurig und beschämt sagte er mir, dass er die Jahre bereute, in denen er seine Angst im Alkohol ertränkt und mich im Stich gelassen hatte. Dass er sich von meiner Mutter hätte trennen müssen, er aber einfach nicht die Kraft dazu hatte aufbringen können. Er habe in einer Art Nebel gelebt, erklärte er, und erst sein schwerer Herzinfarkt nach dem gewaltsamen Tod meiner Mutter, habe ihm die Augen geöffnet.

„Es ist für mich zu spät, ich weiß, dass ich nicht alt werde", war der Satz von ihm, der mich bis ins Mark erschütterte. Er hatte zu diesem Zeitpunkt bereits einen eingesetzten Defiblirator, doch die Ärzte versicherten ihm immer wieder, dass er damit noch sehr lange leben könnte. Heute weiß ich, dass er zu diesem Zeitpunkt, ein halbes Jahr vor seinem Tod, bereits sehr genau spürte, was auf ihn zukam. Doch in dem Moment tat ich es ab und bat ihn, bei mir zu bleiben.

„Papa, du kannst mit dem Gerät hundert werden. Bitte gib dich nicht auf", antwortete ich bereits mit Tränen in den Augen. Er sah mich traurig an. Ich begann zu weinen und wagte endlich die Frage zu stellen, die mir seit meiner Kindheit auf der Seele lag: "Wenn du wirklich einmal gehen musst, dann bitte, sag mir, ob du mich liebst. Lass mich nicht so zurück wie Mama, mit all den unbeantworteten Fragen und all dem Hass." Ich brachte die Worte nur stockend heraus. Mein Vater sagte nichts, sondern saß mit zusammengefalteten Händen neben mir und starrte in die Ferne. Dann, sehr leise, kam die Antwort: "Du weißt doch, dass ich das nicht sagen kann. Ich hab es nie gelernt. Es geht einfach nicht." Ich schluckte schwer, doch ich fühlte auch genau, dass es für ihn ebenso schwierig war, dieses Gespräch zu führen. „Glaubst du, dass Mama mich geliebt hat", fragte ich immer noch weinend. Er sah mir fest in die Augen als er traurig antwortete: "Ich weiß es nicht. Vielleicht hat sie dich nie wirklich geliebt. Aber es lag nicht an dir. Sie hat niemanden wirklich geliebt und ich hätte dich vor ihr beschützen müssen. Doch was geschehen ist, ist geschehen."

Damit schien das Gespräch beendet. Er lenkte abrupt um auf das Tagesgeschehen und ich wusste, er würde mir keine Fragen mehr beantworten. Ich dachte an Chris und seine Worte und wenn ich auch nicht die wichtigste Antwort erhalten hatte, nach der ich mich sehnte, so hatte ich doch zum ersten und einzigen Mal ein Gespräch auf der Herzebene mit meinem Vater geführt. Ein wenig Heilung würde ich auf jeden Fall mitnehmen.

Nachdem ich einige Zeit so dagesessen und über alles nachgedacht hatte, spürte ich plötzlich, wie mein Vater seine Arme von hinten um mich legte. Ich hatte ihn gar nicht kommen hören. Seit über zwanzig Jahren hatte er mich nicht mehr umarmt und ich legte dankbar mit geschlossenen Augen meine Hände auf die seinen. Dann sagte er völlig unvermittelt und schüchtern: "Du weißt doch, dass du meine beste bist. Du warst immer das Wichtigste in meinem Leben. Was auch geschieht, davon bringt mich nie jemand ab." Es waren unbeholfene Worte, doch sie gehören zu den bedeutendsten, die ich je gehört habe. Alle meine mühsam bewahrte Fassung brach augenblicklich zusammen und ich begann hemmungslos zu weinen. Doch es waren Tränen der Heilung. Es war ein Augenblick elterlicher Liebe, die ich immer hatte entbehren müssen und ich wusste diesen Moment zu schätzen.

Dass ich nur ein halbes Jahr später daran zurückdenken würde, während mein Vater in meinen Armen starb, hatte ich nicht erwartet. Doch erneut erkannte ich die Gnade, mit der wir durch dieses Leben begleitet werden. So schwer auch die Tatsache für mich ist, dass ich meinen Vater verloren habe, ohne auf alles eine Antwort erhalten zu dürfen, so einzigartig ist doch die Erinnerung an die glückliche Fügung des Universums des Zusammentreffens mit Chris und des sich daraus ergebenden Herzgespräches mit meinem Vater. Ohne dieses wäre zu meiner Trauer noch eine weitere Ohnmacht hinzugekommen, die ich vielleicht nicht überstanden hätte.

Danke an Chris, Danke an Papa, Danke an meine göttliche Führung und ja, auch Danke an mich, für meinen Mut und meinen Glauben!

-Laut begann ich die Lieder aus meinen Boxen im Auto mitzusingen, mit einem wunderbaren Gefühl, gesegnet zu sein. Trotz all der Ohnmacht, die ich erlebt hatte, fühlte ich mich immer wieder beschützt von etwas, dass größer ist, als wir. Niemand in unserer Familie war gläubig gewesen und wann immer ich auf dieses Thema kam, wurde laut gelacht. Nein, meinen Glauben musste ich bereits in dieses Leben mitgebracht haben, gelehrt hatte ihn mich keiner. Ich überlegte, wie weit ich in meiner Erinnerung eigentlich zurückgehen konnte, wann genau ich anfing, dieses nicht sichtbare „etwas" zu spüren und mit ihm zu kommunizieren. Mir fielen augenblicklich die schlimmsten Bilder meiner Kindheit ein, als ich so erschüttert über die Handlungen und Veränderungen meiner Mutter gewesen war, dass ich dachte, ich müsste sterben. In diesen Stunden hatte ich zum ersten Mal die Präsenz von etwas Beschützendem gespürt, dass ich in dem Alter weder erklären, noch irgendwie bewusst wahrnehmen konnte. Doch es war da und gab mir Trost.

Mittlerweile war ich kurz vor München und lag gut in der Zeit. Also beschloss ich, mir ein gemütliches Plätzchen zu suchen und meinen Gedanken bei einer Tasse Kaffee freien Lauf zu lassen! Ich fuhr von der Autobahn ab und fand bald ein nettes kleines Cafe'. Die Sonne schien mir ins Gesicht und ich lehnte mich auf meinem Stuhl zurück, um ein wenig die Augen zu schließen! Bald waren die ersten Erinnerungen so deutlich, dass ich in der Zeit zurückzureisen schien!-

MUMMILEIN

„O Mutter, du weißt nicht, wie nötig ich dich habe; keine Weisheit, die auf Erden gelehrt werden kann, kann uns das geben, was ein Wort und ein Blick der Mutter uns gibt...“

(Wilhelm Raabe)

Als ich noch sehr klein war, hatten meine Mutter und ich Kosenamen füreinander. Ich nannte sie Mummilein und sie mich Rehlein. Soweit ich mich erinnern kann, gab sie mir diesen Namen, nachdem wir zusammen „Bambi" im Kino gesehen hatten. Als der Film endete und sie mit mir zum Auto ging, sagte sie:"Du bist auch so ein Rehlein. Sei froh, dass du deine Mama noch hast, wer weiß, ob ich nicht auch früh sterbe." Ich fühlte damals sofort Panik in mir aufsteigen. Ohne meine

Mama konnte ich doch gar nicht sein? Als wir abends ins Bett gingen und ich wie selbstverständlich bei ihr schlief, hatte ich noch immer große Angst und kuschelte mich eng an sie. „Mummilein", sagte ich leise, „du bist meine Mummilein!"

In dieser Nacht wachte ich mehrfach auf und vergewisserte mich, dass meine Mutter noch neben mir lag. Und es ist meine früheste Erinnerung an ein Gebet, wenngleich ich mir dessen auch nicht bewusst war. „Lieber Gott, mach, dass meine Mama für immer bei mir bleibt und ihr nichts geschieht. Ich werde auch brav sein und alles machen, was du willst", flehte ich innerlich an eine Adresse, die ich nur fühlte, jedoch nicht benennen konnte. Und es kam Ruhe über mich. Ich fühlte mich seltsam getröstet und während ich dem gleichmäßigen Atem meiner Mutter neben mir lauschte, fiel ich endlich in einen tiefen Schlaf.

Mir war damals aufgrund meines Alters natürlich nicht klar, dass sie bereits erste Anzeichen einer schweren Erkrankung namens manische Depression zeigte. Ich bin mir auch sicher, dass dies niemand hätte diagnostizieren oder gar aufhalten können. Noch weniger vermutete ich, dass sie mir jemals Schmerzen in einem Ausmaß zufügen würde, die mir fast den Lebenswillen geraubt hätten!

Ungefähr bis zum Schulalter bekam ich die Auswirkungen dieser Erkrankung nur passiv zu spüren, wenn meine Eltern sich, meistens nachts, wortstark und lauthals stritten. Da ich es gar nicht anders kannte, hielt ich diese Vorkommnisse für normal und mein Empfinden dazu als unnormal. Die Angst, die ich jedes Mal verspürte, wenn meine Mutter so laut schrie, dass ich aufwachte, bewältigte ich damit, dass ich mir die Bettdecke über den Kopf zog und immer wieder mit Gott sprach, wen auch immer ich damals dafü hielt. Nach einigen Jahren jedoch begann meine Mutter, mich in diese Streitigkeiten mit einzubeziehen. Dann kam es vor, dass ich nachts geweckt wurde, um mich zwischen meine Eltern zu stellen und bekannt zu geben, wen ich lieber hätte. Ich fühle noch heute deutlich, wie sehr mein ganzer Körper dabei zitterte und ich blieb die Antwort schuldig. Denn ich liebte natürlich beide. Diese Ereignisse fanden nur an den Wochenenden statt, da mein Vater auswärts arbeitete. So hatte ich Gelegenheit, einige Nächte ruhig zu schlafen. Bis sich meine Mutter irgendwann beängstigend veränderte.

Es begann mit alltäglichen Hausaufgaben, die ich nicht verstand. Sie erklärte es mir mehrfach und ich hatte keine Ahnung, worum es ging. Nach geraumer Zeit verließ sie die Küche und kam kurz darauf wutentbrand zurück und noch ehe ich begriff, was geschehen würde, hatte ich einen Schlag erhalten, der mich vom Stuhl warf. Erschrocken und mit einem schmerzenden Gesicht stand ich auf. Ich wagte nicht, sie anzusehen. Mein Kopf dröhnte und ich hörte aus weiter Ferne ihre gellende Stimme: "Du bist so unglaublich dumm! Nicht mal die einfachste Aufgabe schaffst du, aus dir wird nichts", hallte es zu mir herüber. Tränen liefen mir über das Gesicht. Ich wusste nicht, was ich jetzt tun sollte. Sie setzte mich unsanft auf den Stuhl zurück, legte einen Holzlöffel neben mein Aufgabenheft und verließ die Küche mit den Worten: "Und wenn du bis heute Abend hier sitzt, du wirst das fertigmachen, sonst Gnade dir Gott." Ich saß tatsächlich ewig an diesem Küchentisch und er erschien mir wie ein Gefängnis. Draußen hörte ich meine Freunde auf der Wiese spielen und ich fühlte mich unerreichbar weit entfernt von ihnen. Irgendwann durfte ich aufstehen, die Lösung der Aufgabe brüllte mir meine Mutter entgegen.

Das war in meinem ersten Schuljahr. Ich muss nicht erwähnen, wie sehr ich es von Anfang an hasste, Hausaufgaben zu erledigen. Dieses erste Ereignis wiederholte sich bald wegen anderen Kleinigkeiten. Egal, ob ich vergessen hatte, mich nach der Schule umzuziehen oder ob ich nicht aufgegessen hatte, immer gab es einen Grund, mich anzuschreien und körperlich auf mich einzuwirken. Bald sprach ich kaum noch und alles, was mir in diesen Momenten blieb, war, innerlich zu diesem unsichtbaren Etwas Kontakt aufzunehmen. Heute weiß ich, dass ich tatsächlich mit einer Quelle verbunden war und diese mich durch die schlimmsten Stunden meines Lebens getragen hat.

Die Veränderungen meiner Mutter waren nach Aussen nicht sichtbar. Sie war beliebt, jeder nannte sie die Kölsche Frohnatur und alle feierten gern mit ihr. Tatsächlich war sie dann ein komplett anderer Mensch, den ich Zuhause leider nicht kannte. Immer wieder werde ich gefragt, warum ich niemandem davon erzählte. Dafür gibt es viele Gründe. Einer ist, dass Kinder ihre Eltern schützen. Manchmal um jeden Preis. Denn sie lieben trotz allem unbeirrt und aufrichtig. Zum anderen gab es Familienmitglieder, die wussten, was ich erlebte und zumindest versuchten, mich tagsüber bei ihnen sein zu lassen. Ein einziges Mal erzählte ich auch meinem Vater davon und es gab einen bösen Streit zwischen meinen Eltern, indem er meiner Mutter drohte, ihr auch wehzutun, wenn sie sich abermals an mir vergreifen sollte. Ich fühlte mich damals paradoxerweise wie ein Verräter und schuldig daran, dass meine Eltern erneut stritten. Als dann das Wochenende vorbei und ich mit meiner Mutter allein war, erfuhr ich, wie es sich anfühlte, jemandem von ihren Übergriffen zu erzählen. Ich konnte noch viele Jahre die Schmerzen an den Körperstellen spüren, an denen mich ein Stock, ihre Hand oder ein anderer

Gegenstand getroffen hatten. Das schlimmste aber war diese übermächtige Angst. Angst, sich in ihrer Nähe aufzuhalten und nicht zu wissen, was als nächstes geschah. Also schwieg ich. Viele Jahre lang!

Ich verkroch mich in eine imaginäre Welt, hatte nicht viele Freunde und versuchte so unauffällig wie möglich zu sein. Es waren unglaublich viele Jahre, in denen meine Mutter nackte Gewalt an mir ausübte. Aus Respekt mir und ihr gegenüber, werde ich hier nicht ins Detail gehen. Wichtig allein ist, dass diese Krankheit viele Facetten hat und sich irgendwann wie eine dunkle Wolke über alles legt.

Ich habe heute großes Mitgefühl mit meiner Mutter, denn sie war wirklich sehr krank und ist selbst durch viele Höllen gegangen. Damals jedoch entwickelte ich eine Hassliebe zu ihr. Ich wollte so sehr ihre Zuneigung und Liebe, auf die ich als Kind ja auch einen natürlichen Anspruch hatte, dass ich alles für sie tat. Ich kochte abends, wenn sie von der Arbeit kam, ich erledigte den Haushalt und ich putzte auch zweimal, wenn sie mit meiner Arbeit nicht zufrieden war. Alles für ein klein wenig Zuwendung. Ich sehnte mich nach Mutterliebe. Doch ihr Verhalten löste in mir immer mehr Verzweiflung aus.

Irgendwann in der dritten Klasse, als es zum ersten Mal Noten auf Arbeiten gab, schrieb ich als einzige eine eins. Ich war so unglaublich stolz und konnte es nicht abwarten, meiner Mutter das Diktatheft zu zeigen. Als ich endlich zuhause war, legte ich ihr das Heft aufgeregt auf den Tisch. Ich erwartete Freude, eine Belohnung, einfach etwas Positives. Was ich bekam war ein Tadel, da es nur eine eins Minus war und ich ein Nomen kleingeschrieben hatte. Wieder befand sie mich für dumm und nicht gut genug. Das tragische ist, dass wir diese

Glaubenssätze tief in uns aufnehmen und wir uns später im Leben häufig im Kreis drehen, um diese ausfindig zu machen und aufzulösen.

Natürlich wiederholte meine Mutter damals nur, was ihr selbst wiederfahren war. Doch bis ich diese Einsicht hatte, vergingen noch sehr viele schmerzhafte Jahre.

-Mein Kaffee war in der Zwischenzeit kalt geworden und ich bestellte einen weiteren. Momentan war es besser, nicht weiterzufahren, denn mit diesen Erinnerungen kamen auch immer noch körperlich Symptome zum Tragen. Meine Muskeln waren starr und mein Magen flau. Ich kannte diesen Zustand nur zu gut, wusste aber, dass er vorüberging. Ich würde mir hier und jetzt die Zeit nehmen, alles anzusehen, was gesehen werden wollte. Es war an der Zeit, erwachsen zu werden! Denn mein erstes Erwachsenwerden hatte ich mir damals nicht erlaubt. Es war beschmutzt und gefährlich. Jedenfalls speicherte mein Unterbewusstsein diese Überzeugung nach allem, was ich erlebte, gründlich ab! Ich umfasste meine neue Kaffeetasse mit beiden Händen und ließ meinen Blick in die Ferne schweifen. Weglaufen kam nicht mehr infrage. Ich war bereit, auch diese letzten Bilder anzusehen und anzunehmen. Sie waren ein Teil von mir, gegen den ich immer angekämpft hatte. Wie viel Energie hatte ich dadurch bereits verloren. Irgendwie war ich dem Irrtum unterlegen, dass meine Vergangenheit mich in Ruhe lassen würde, wenn ich mich so gut es ging ablenkte. Ändern ließ sich eh nichts mehr. Und sagte man nicht auch, dass man nach vorn schauen müsse und nicht zurück. Wie lange strampelte ich schon auf diesem Fahrrad Richtung Zukunft, ohne mich erwähnenswert nach vorn zu bewegen?

Es war an der Zeit, die Vergangenheit mit all ihrem Schmerz als einen Teil von mir anzunehmen. All das gehörte zu mir und letztendlich hatte ich es überlebt. Eine liebe Psychologin sagte mir einmal, dass es einen Grund dafür geben musste, dass ich diese Jahre überstanden hatte. Dass viele Kinder unter solchen Umständen sterben oder später in Alkohol und Drogen verfallen. Das machte mich nicht zu etwas Besserem, gab mir jedoch Anlass, nach den Vorteilen, die mir diese Erlebnisse gebracht hatten, zu suchen.

HERZRAUMÖFFNUNG

„Behüte dein Herz mit allem Fleiß, denn daraus quillt das Leben!"

(Sprüche Salomons)

An erster Stelle stand für mich ganz klar meine Anbindung zur Quelle, zu Gott oder wie auch immer man es nennen möchte. Da war immer eine Präsenz, die mich tröstete. Noch konnte ich sie nicht überzeugend benennen, doch sie war da. Ebenso konnte ich mich unglaublich tief in andere Menschen einfühlen, meistens sogar spüren, was sie dachten oder vorhatten. Auch Lügner hatten bei mir wenig Chancen. Meine Eltern hatten mir beide das Lügen für ihre Vorteile beigebracht und ich verabscheute es zutiefst. Doch der Vorteil lag darin, dass ich meistens sofort erkannte, wer die Wahrheit sprach. Meine Kindheit hatte meine Sinne geschärft. Jeder, der bereits wenigstens einmal in Lebensgefahr war, kann vielleicht ähnliches berichten. Ich war über Jahre in dieser Gefahr und automatisch hilft uns die Natur, indem sie uns mit unglaublichem Scharfsinn und einer starken Intuition ausstattet. Sicher, dieses dauerhafte Alarmsystem raubte mir noch sehr viele Jahre Energie und ich brauchte immer wieder die Unterstützung von Psychologen, um all die Zusammenhänge überhaupt erkennen zu können. Doch die Mühe hatte sich gelohnt und ich war nun an einem Punkt angekommen, den ich gerne die Ernte nannte. Man erntet, was man sät, heißt es in der Bibel und ich halte diesen Vers für eine unauslöschliche Wahrheit. Ich hatte einige Demütigungen von Familienmitgliedern und damaligen Freunden in Kauf genommen, als ich mich in Therapie begab.

Doch ich wusste, es war der richtige Weg. Ich wollte die Hintergründe für die Verstrickungen in meiner Familie kennen, wollte verstehen, warum mir all das wiederfahren war. Ich wollte Heilung. Nur dachte ich damals noch, dass man ein paar Mal hingeht und die Seele dann irgendwie glattgebügelt wäre. Dass dieser Heilweg ein jahrelanger, vielleicht lebenslanger Prozess werden würde, dass hatte ich nicht erwartet. Und doch weiß ich für mich heute, dass wir genau deswegen hier sind. Um zu lernen. Wir alle haben unserer Aufgabe, ob wir uns dessen bewusst sind oder nicht. Und wenn wir davor weglaufen, bekommen wir halt die nächste Gelegenheit, um zu lernen. Wegsehen würde mich nicht weiterbringen und auch, wenn viele Erinnerungen noch sehr schmerzhaft waren, hatte ich doch seit meiner Erfahrung bei Sarah die Gewissheit erlangt, dass alles zu unserem Bewusstwerden diente. Ich hatte die Wahl, mich weiterhin als Opfer widerer Umstände zu sehen und so lange in der Wiederholungsschleife festzusitzen, bis ich es endlich verstand, oder aber zu versuchen, den Sinn hinter allem zu entdecken und zum Schöpfer meines Lebens zu werden.

Nichts davon war über Nacht in einer Art Erleuchtung über mich gekommen. Es waren kleine Schritte über fast zwanzig Jahre gewesen, wie ich jetzt deutlich erkennen konnte. Immer wieder hatte mir die Schöpfung Situationen geschaffen, die mein inneres Erleben widerspiegelten und die ich zur Auflösung alter Programmierungen nutzen konnte. Jeder fragt sich im Leben hin und wieder, warum ihm gewisse Dinge ständig erneut passieren. Meiner Meinung nach haben wir den Sinn dahinter dann noch nicht verstanden. Oder wir haben die Gefühle zu dieser Situation noch nicht zugelassen und unter Umständen unseren Schmerz zu wenig beweint. Der Weg zum Heilwerden führt für mich direkt durch unser Herz. Der Verstand ist ein wunderbares Werkzeug und kann, achtsam angewendet von großem Nutzen sein. Doch unsere wahre Intelligenz sitzt in unserem Herzen.

Wenn wir geboren werden, sind wir über einen langen Zeitraum eng mit uns in Kontakt. Wir agieren fast ausschließlich aus dem Gefühl heraus. Wir melden unsere Grundbedürfnisse umgehend und plappern so, wie es uns aus dem Herzen kommt, alles geradeheraus. Damit berühren wir die Erwachsenen um uns herum und fast jeder von uns, der selbst Kinder hat oder mit ihnen in Kontakt kommt, weiß, wie sehr sie unser tiefstes Sein anregen. Dutschi dutschi-ei wie süss-trallala! Wir machen uns gern zum Clown, wenn die Kleinen um uns herum sind. Warum ist das so? Ich denke, weil sie uns daran erinnern, wer wir sind.

Es gibt diese wunderschöne Geschichte von einem Kind, das ein Geschwisterchen bekommt und heimlich an das Babybett herantritt mit den Worten : "Du, erzähle mir von Gott und den Engeln, denn ich habe beinahe vergessen, wie sie sind."

Kinder sind noch direkt an die Quelle angebunden. Erst mit den Programmierungen durch Erziehung, familiäres und soziales Umfeld sowie die leider schwerpunktmäßige Entwicklung des Verstandes mit Schulbeginn fallen sie aus dem Paradies direkt in das, was wir hier Realität nennen. Vom Ernst des Lebens wird dann gesprochen und tatsächlich endet der Spaßfaktor hier oft abrupt. Wir entfernen uns von unserem Ursprung und verlernen, aus dem Herzen heraus zu sprechen und zu handeln. Vielleicht kommen dann noch Verletzungen hinzu, die nicht immer so spektakulär sein müssen, wie in meinem Fall und wir fallen sprichwörtlich vom Glauben ab. Vom Glauben an uns selbst. Wir finden uns im „System" wieder, dass uns eine Programmierung nach der anderen eintrichtert und verlernen das Fühlen, welches in diesem System nicht hoch angesehen ist, dass es zu unbequemen Nebenwirkungen wie Erkenntnis und Schöpferkraft führen kann. Man legt und Halsband und Leine an und fortan lassen wir uns führen. Ein paar Mal öffnen wir unser Herz noch, wenn wir uns verlieben oder Eltern werden. Doch mit dieser Öffnung sind wir auch verwundbar und Schmerz wollen wir dann lieber doch nicht fühlen.

„Werdet wie die Kinder", hat Jesus gesagt und ein weiteres Mal könnte ich niederknien vor der Weisheit dieses Mannes. An einer anderen Stelle heißt es. "Seelig sind die, deren Herz vor Freude überquillt, denn diese Freude kommt von Gott." Leider haben wir über Gott eine Programmierung erhalten, die an Tragik kaum zu übertreffen ist. Ich kann mich gut an den Religionsunterricht erinnern. Damals dachte ich, die Brüder Grimm hätten die Bibel geschrieben. Nur ein Märchen. Niemand hat uns beigebracht, dass Gott die pure Schöpferkraft, eine unbeschreibliche Energie ist, aus der wir alle kommen und zu der wir eines Tages zurückkehren. Es hat viele Jahre der „Wissen-schafft" gebraucht, um über die Quantenphysik herauszubekommen, dass wir aus lauter Energie bestehen und diese letztendlich unsterblich ist.

Ich stelle mir Gott gern als einen großen Honigtopf vor, aus dem wir alle kleine Tropfen sind, wenn wir auf die Welt kommen. Wir gehen dann durchs Leben, sammeln unsere Erfahrungen, von denen die schmerzhaften den Honig trüben, die wunderbaren ihn aber wieder klarer werden lassen können. Irgendwann gehen wir dann in den großen Topf zurück und bringen unsere trüben oder klaren Tropfen in die große Masse zurück. Haben wir trüben Honig zurückgebracht, weil wir im Opferbewusstsein verharrt waren oder selbst gar Täter wurden, tropfen wir wieder und wieder in diese Welt zurück, bis wir klaren, durchsichtigen und schimmernden Honig mit nach Hause bringen. Nicht, weil wir sonst bestraft werden im großen Topf, ein strafender Gott ist für mich eine Erfindung der Kirche zur Unterdrückung der Menschen, sondern weil wir alle im Grunde diese Klarheit, diese wunderbare leuchtende Masse an Honig so herrlich finden! Nur diese Klarheit lässt uns frei und vollständig sein.

Wenn nun die Freude in uns von Gott kommt, so ist für mich damit gemeint, dass wir in direktem Kontakt mit unserer Quelle sind, sobald wir die Freude im Herzen spüren. Darum verlieben wir uns so gern, umgeben uns mit Kindern oder haben einen Hund zum besten Freund. All diese Verbindungen lassen unser Herz sprechen und sogleich können wir für einige Zeit den Verstand außen vorlassen. Doch mit offenem Herzen sind wir um ein vielfaches verwundbarer. Dort, wo wir die Liebe in uns finden, finden wir auch den Schmerz. Und deshalb fällt es uns so schwer, unser Herz geöffnet zu halten. Wir haben Angst vor diesem Schmerz und schließen ihn, sobald er auftaucht, fest dort ein. Bei wiederholten Verletzungen schmeißen wir vielleicht sogar den Schlüssel weg, weil wir endgültig genug haben. Auch ich habe den Schlüssel, als die Ereignisse unerträglich wurden, weggeschleudert und zum damaligen Zeitpunkt war das auch gut und richtig so, um mich tatsächlich vor weiteren Dolchstößen zu schützen. Doch welchen Preis zahlen wir für diese Sicherheitsmaßnahme, wenn wir sie dauerhaft aufrech erhalten? Einen viel zu hohen! Die psychosomatische Medizin geht heute davon aus, dass nahezu jede physische Erkrankung in der Seele beginnt. Und tatsächlich sind im Umkehrschluss große Heilerfolge zu verzeichnen. Ich habe mich aufgrund meiner eigenen Geschichte, die natürlich auch an meinem Körper nicht spurlos vorbeiging, intensiv mit Heilung befasst und über zwanzig Jahre nahezu 200 Bücher zu diesen Themen gelesen. Und sie haben allesamt den gleichen Kern: Heilung beginnt in unserem Inneren.

Wir wurden mit einem unglaublich intelligenten und einzigartigen Körper gesegnet, der rund um die Uhr, ohne Unterlass FÜR uns arbeitet. Lange genug trennte man die Heilung des Körpers von der Seele, doch inzwischen gibt es fast keine Therapie mehr, die die Psyche nicht mit einbezieht, auch wenn die Pharmaindustrie hier noch immense Kräfte aufwendet, um dieser Entwicklung entgegenzutreten. (Literatur und Links dazu finden sich im Anhang)

Was geschieht nun also, wenn wir unseren Herzensraum geschlossen halten oder mit aller Macht die Kontrolle darüber bewahren wollen? Irgendwann, als ich darüber nachdachte, kam mir folgendes Bild in den Sinn:

Stellen wir uns doch einmal unseren Herzensraum vor unserem geistigen Auge vor! Wir könnten einen großen, hell erleuchteten Saal erscheinen lassen, indessen Mitte an einem wunderschönen Kristalltisch unsere Herzintelligenz, die Liebe, sitzt. Jedes Mal, wenn wir eine schöne Erfahrung machen, schickt diese Intelligenz (das könnte z.B. ein Engel sein, oder was auch immer man sich vorstellen mag) eine goldene Lichtkugel aus ihrer Hand in den Herzensraum, von wo aus dieses Licht in unsere Körperzellen wandert, um eine jede mit dieser Schönheit auszustatten. Schon erhalten wir mehr Lebensenergie und fühlen uns rundum wohl! Alles ganz leicht!

Machen wir nun eine schmerzhafte Erfahrung, wabert diese in Form einer dunklen Wolke durch unseren Herzensraum. Unser Engel ist natürlich Intelligent genug, diese nicht nur sofort wahrzunehmen, sondern hat auch wie selbstverständlich eine Lösung parat: Er zieht die Wolke zu sich heran und betrachtet sie in aller Ruhe von allen Seiten. Und dass mit den Augen der Liebe. Er hat die Botschaft, die in dieser Wolke enthalten war, verstanden und ist nun bereit, sie mit seiner Lichtkugel aufzulösen, damit sie keinen weiteren Schaden anrichtet. Anschließend beginnt abermals der Prozess der Zellerneuerung durch die Lichtkugel und eventuell im Körper entstandene Schäden können mit der positiv veränderten Botschaft der ehemals dunklen Wolke repariert werden. Eine wunderbare Intelligenz!

Gefährlich für uns wird es, wenn wir allerdings dem Engel verbieten, unsere negative Erfahrung mit den Augen der Liebe zu betrachten und die dunkle Wolke ohne Aufsicht in unserem Herzensraum schwebt. Dann beleidigen wir nicht nur unsere Herzintelligenz, die immer und ohne Zweifel die Dunkelheit mit ihrem Licht transformieren kann, sondern wir schaden auch noch uns selbst. Die negative Botschaft, die der Schmerz in unseren Zellen hinterlässt, wird nicht korrigiert und der Engel wartet verzweifelt mit seiner Lichtkugel auf unser Okay zur Korrektur.

Nun ist unser Herzensraum so hell, dass eine kleine dunkle Wolke ihn kaum verfinstern kann. Doch wenn wir es uns zur Gewohnheit machen, den Schmerz im Herzen festzuhalten und uns weigern, ihm der Liebe und Selbsterkenntnis zu übergeben, dann sammeln sich mit der Zeit so viele Wolken an, dass das Licht sich verfinstert und unser Engel den Durchblick verliert. Irgendwann schlummert er dann, müde vom Warten, mit dem Kopf auf dem einstmals klar scheinenden Kristalltisch ein und fällt in einen langen Tiefschlaf. Unser Herzensraum füllt sich mit dunklen Wolken an und dehnt sich schmerzhaft aus, bis der Körper schlapp macht und uns eine

Krankheit schickt, damit wir um Himmels willen im wahrsten Sinne des Wortes das Ventil öffnen und endlich Luft ablassen!

Vielleicht sind wir danach ein wenig weiser und lassen unsere wunderbare Herzintelligenz von nun an wieder arbeiten, im festen Vertrauen darauf, dass sie unsere Schmerzwolken kinderleicht umwandeln kann, wenn wir denn bereit sind, hinzusehen und zu erkennen. Es ist gar nicht schwer, erinnere dich doch einmal daran, wie es war, als du ein Kind warst. Du bist hingefallen, hast dir die Knie aufgeschürft und lautstark angefangen zu weinen, bis all der Schmerz aus dir raus war und du ihn nicht mehr fühlen konntest. Kannst du dich gerade daran erinnern? Ja? Tut die Erinnerung noch weh oder schmunzelst du sogar ein wenig? Gab es hinterher vielleicht ein Eis, weil du so tapfer warst?

Und nun erinnere dich an eine schmerzhafte Situation in deinem Erwachsenenleben. Vielleicht hat dich jemand betrogen oder dir absichtlich weh getan, dich hintergangen oder vor anderen blamiert? Siehst du dich in der Situation? Und? Hast du den Schmerz damals genug beweint oder dir innerlich gesagt, dass das schon nicht so schlimm und kein Grund zum Weinen sei? Oder hat es dir gar jemand von außen gesagt? Wie ist es heute, wenn du an die Situation denkst? Tut`s noch weh, drückt es irgendwo oder kannst du den Schmerz sogar noch deutlich an irgendeiner Stelle im Körper fühlen?

Spürst du den Unterschied?

Natürlich stelle auch ich mich nicht, kurz nachdem mich jemand angebrüllt hat und ich verletzt bin, mitten vor ihm auf und fange hemmungslos an zu weinen. Und auf irgendeinen Schoß kann ich zum Trost auch nicht mehr krabbeln. Doch ich kann mich aus der Situation entfernen, wenn dies räumlich nicht möglich ist, dann innerlich, und mir eingestehen, dass das gerade verdammt weh getan hat und ich verletzt bin. Im besten Fall werde ich nach angemessener Zeit versuchen, das Ganze mit den Augen der Liebe zu betrachten und mich in die andere Person hineinversetzen. Was waren seine Beweggründe, wollte er mich absichtlich verletzen und wenn ja, warum? Es fällt vielleicht anfangs ein wenig schwer, denn instinktiv möchten wir denjenigen vielleicht einfach in der Luft zerrreißen oder wüst beschimpfen. Das würde jedoch niemals zu einer Heilung führen.

Der Weg zur Heilung, und da können wir uns auf den Kopf stellen, führt immer über die Liebe. Über unsere ureigene Herzensliebe im Inneren, mit der wir vom Schöpfer ausgestattet ins Leben kamen. Wenn wir uns diese Liebe erhalten oder wieder zu fühlen erlauben, kann uns von außen niemand etwas anhaben. Denn dann verstehen wir, wer wir wirklich sind und fühlen unseren unverletzbaren ewig bestehenden Kern!

Ich hatte lange Schwierigkeiten damit, dieses Fühlen wieder zuzulassen. Verbitterung, Selbstmitleid und Rachsucht beherrschten mein Innenleben. Warum hat mir keiner geholfen, warum musste ausgerechnet ich das erleben, wo war eigentlich Gott? Denn irgendwann hatte ich ihn aus meinem Herzen verbannt, kämpfte auch gegen ihn an. Dachte, es konnte ihn nicht geben, wenn er dies alles zuließ. Ich fühlte mich sogar minderwertig, war der Meinung, ich hätte es wohl so verdient, wie es mir geschah. Ich war zu stolz, um irgendjemandem zu zeigen, wie es in meinem Inneren aussah und agierte nach Außen mit Arroganz und Aggression, was mir als Schutzschild dienen sollte. Damit allerdings begann ein Teufelskreis, in dessen Mitte ich wütend stand und mich fragte, was noch alles geschehen müsse, damit mein Leben irgendwann für mich lebenswert wurde. Ich zog das Pech scheinbar an wie ein Magnet und wurde immer wieder Opfer irgendwelcher emotionalen oder sexuellen Übergriffe. Ich hielt mich für die sprichwörtliche Pechmarie, obwohl ich mir doch so viel Mühe gab, die Goldmarie zu sein! Nur leider überschüttete das Leben mich trotz allem Fleiß nicht mit Gold und ich wurde immer zynischer.

Bis eines Tages auch mein Herz überfüllt war mit dunklen Wolken und mein Körper mir mit heftigen Angstattacken eine klare Botschaft schickte.

-Ich saß noch immer in dem Biergarten des netten kleinen Cafes kurz vor München und beschloss, mir ein herrliches Stück Apfelkuchen zu gönnen. Nachdem ich diesen bestellt hatte, nahm ich ein paar tiefe Atemzüge und sah mich ein wenig um. Es war ein warmer Sommertag und ich fühlte eine leichte Brise um meine Beine wehen. In den großen Kastanienbäumen gaben ein paar Singvögel ihr Konzert und ich sog die Umgebung glücklich auf. Als ich den ersten Bissen meines Apfelkuchens zu mir nahm, dachte ich an die dunkle Zeit zurück, in der jeder Bissen mir im Mund stecken geblieben war. Ich fühlte so viel Dankbarkeit für diese wiedergewonnene Freiheit in meinem Leben und hätte selbst am wenigsten geglaubt, dass ich die Zustände von damals jemals überwinden und wieder Freude im Leben haben würde.-

TIGER IN SICHT

„Es gehört Mut dazu, sich seiner Angst zu stellen und sie auszuhalten."

(Hoimer von Ditfurth)

Ich saß gerade beim Abendessen, als ich plötzlich das Gefühl hatte, nicht schlucken zu können. Erschrocken spuckte ich den Bissen, den ich gerade im Mund hatte, wieder aus und mir wurde abwechselnd heiß und kalt. Mein Herz schlug wild gegen meinen Brustkorb und mir wurde schwindelig. Panisch dachte ich an einen Infarkt oder Schlaganfall und lief aufgeregt in der Wohnung umher, haargenau auf jedes körperliche Symptom achtend. Einige Minuten später war der Spuk vorbei und versuchte, mich schnell davon abzulenken. Damit legte ich den Grundstein für eine monatelange Odyssee, die mir nahezu jede verbliebene Kraftreserve raubte.

Diese Zustände kamen in immer kürzeren Abständen und breiteten sich auf meinen ganzen Alltag aus. Autofahren oder mich in geschlossenen Räumen, wie Fahrstühlen aufzuhalten, wurde mir unmöglich und meine Gedanken kreisten fast ausschließlich um Taktiken, wie ich angstauslösende Situationen vermeiden könnte. Natürlich suchte ich meinen Hausarzt auf, der mir jedoch eine ausgezeichnete körperliche Gesundheit diagnostizierte. Allerding wies er mich auch gleich darauf hin, dass ich Jahre zuvor bereits eine Phase gehabt hatte, in der ich versteckte Angst-und Panikattacken durchlief. Damals hyperventilierte ich sozusagen chronisch, jedoch beinahe unmerklich. Es ist nicht immer die deutliche Schnappatmung, die wir aus lustigen Fernsehfilmen als Hyperventilation kennen. Unter Stress geraten wir leicht in eine dauerhafte Fehlatmung, mit der wir ständig zu viel Sauerstoff ins Blut pumpen und als Folge können wir die unterschiedlichsten dubiosen Symptome aufweisen.

Ich hatte damals starke Muskelkrämpfe und scheinbare Atemnot. Bis mein Hausarzt eines Tages sozusagen live dabei war und darauf kam, dies durch eine simple Blutuntersuchung feststellen zu lassen, war bereits über ein Jahr vergangen und ich hatte viele äußerst schmerzhafte Untersuchungen, immense Kosten für Heilpraktiker und andere alternative Methoden sowie mehrere Krankenhausaufenthalte hinter mir.

Die Symptome ließen dann schnell nach, da ich mich auf eine entspannte Atmung konzentrierte. Was ich völlig außer Acht ließ, war meine Seele. Mein innerer Mülleimer, der anscheinend überquoll, erfuhr keine Entleerung und ich hatte lediglich die körperlichen Symptome behoben. Und nun waren die Angstzustände zurückgekehrt. Ohne für mich ersichtlichen Grund. Denn damals hatte ich tatsächlich enormen Stress gehabt, da wir durch einen Baumangel unser Haus verloren hatten, mein damaliger Mann eine Geliebte hatte und wir völlig pleite waren. Nun aber war ich seit geraumer Zeit in einer neuen Beziehung, die zwar nicht glänzte, mir aber auch nicht so viel Stress bereitete, dass ich mir das erneute Auftauchen der Ängste erklären konnte. Ich wollte eigentlich auch lieber ein körperliches Gebrechen, da ich trotz erfolgreicher Therapie ja anscheinend meine seelischen Blockaden noch nicht gelöst hatte.

Mir fielen aber auch keine mehr ein und ehe ich mich meiner Seele ausgeliefert fühlte, wollte ich doch lieber ein paar Pillen schlucken und flux wieder gesund sein. Immerhin war ich verantwortlich für zwei Kinder und musste zu dem Unterhalt noch einiges hinzuverdienen, um über die Runden zu kommen. Krank sein ging einfach nicht! Doch irgendwann, als eines abends der Rettungswagen kam, den ich in erneuter Panik, ersticken zu müssen, gerufen hatte, sah ich hinter der Ärztin meine Kinder ängstlich zusehen, wie ich untersucht wurde. „Sie haben gar nichts, das war wohl eine Panikattacke. Kommt, lasst uns echte Notfälle behandeln", hörte ich die Ärztin verächtlich sagen. „Oh doch", dachte ich erschöpft, „ich bin in Not." Ich tröstete meine Kinder so gut ich konnte und beschloss, mich für sie wieder mal auf den Heilungsweg zu begeben.

Heute bin ich gottfroh, dass ich in diese Situation gekommen bin, denn es war einmal mehr ein Wegweiser in die richtige Richtung! Ich beantragte eine Rehabilitationsmaßnahme in einem auf Angstzustände spezialisierten Klinikum. Noch konnte ich mir nicht im Geringsten vorstellen, dass man mir hier helfen konnte, doch ich wollte meinen Kindern eine starke Mutter sein und um jeden Preis vermeiden, dass sie sich um mich sorgen müssten. Der Himmel teilte mir eine einfühlsame und äußerst fähige Therapeutin zu, die sofort mein absolutes Vertrauen hatte. Die Stunden mit ihr waren lehrreich und zum ersten Mal erklärte mir jemand, wie diese Angstzustände überhaupt entstanden, was für mögliche körperliche Symptome aber vor allem, welche seelischen sich darin verbargen. Es waren sechs heilsame Wochen, nach deren Ende ich mich wie neugeboren fühlte und irgendwie war hier auch etwas geboren worden. Wir besprachen natürlich noch einmal die Verstrickungen in der Familie und meine

Erlebnisse darin. Diese Zusammenhänge hatte ich bereits in einer früheren Therapie deutlich erkannt und auch beweint.

In der vorletzten Woche dann gab mein Unterbewusstsein etwas frei, das mich für mehrere Tage völlig außer Gefecht setzte. Zum einen, weil die Erinnerung daran wie aus dem Nicht auftauchte, zum anderen, weil ich überhaupt nicht verstehen konnte, wieso ein Ereignis so viele Jahre versteckt in uns liegt, ohne dass wir davon etwas ahnen. Ich traute mir selbst nicht und musste einen Weg finden, um diesem neuen Geschehen bewusst entgegentreten zu können. Heute weiß ich, dass Traumata, die wir als Kind erfahren, oft jahrelang ausgeblendet werden, damit wir weiterleben können. Manchmal bekommen wir Botschaften in Träumen, die wir vielleicht aber nicht immer zu deuten wissen. Oder wir haben Verhaltensweisen, Abneigungen, die wir uns nicht erklären können. Unser Unterbewusstsein ist ein gut angelegtes Filtersystem und dient unser Leben lang nur dem einen Ziel: uns zu schützen. Deshalb bleibt manches, was wir nicht verarbeiten konnten, verdeckt. Doch wenn die Zeit kommt, in der wir reif dafür sind, hinzusehen und stark genug, es zu verarbeiten, dann öffnet sich dieser versteckte Aspekt und dringt an die Oberfläche. Manchmal langsam, manchmal aber auch abrupt durch z.B. einen Geruch, ein Bild, ein Geräusch, einfach alles kann diese Öffnung bewirken.

In meinem Fall war es eine einzige Frage, die mir diese Therapeutin stellte, als es um Sexualität ging und die ich mir mit meinen damals 34 Jahren noch niemals selbst gestellt hatte: „Hatten Sie eigentlich jemals Spaß an Geschlechtsverkehr?"

Als ich tief Luft holte um nach einer Antwort zu suchen, fühlte ich zuerst eine starke Verwirrung, dann eine Art Stromschlag, der durch meinen Körper fuhr. Bilder tauchten vor meinem geistigen Auge auf, die mir merkwürdig vertraut und doch neu schienen. Ich hörte Geräusche, grelle Schreie und auch ein leises Wimmern. Erschrocken stellte ich fest, dass diese Töne in meiner Erinnerung von mir kamen. Ich schnappte aufgeregt nach Luft, mein Kopf schien zu platzen und mein ganzer Körper zitterte unkontrolliert. Ich sprang aus meinem Stuhl hoch und fasste mir an die Brust, da ich dachte, mein Herz würde gleich stehenbleiben. Es schlug so schnell wie noch nie zuvor und ich war tatsächlich in Sorge darum. Meine Therapeutin nahm meine Hände und ihr mitfühlender Blick öffnete meinen Tränen den Weg nach draußen. Ein Schrei kam aus meiner Kehle, der markerschütternd war und ich fühlte mich merkwürdig fremd. Plötzlich wollte ich nicht mehr angefasst werden und ich begann wild um mich zu schlagen. Immer wieder schrie ich „Nein, nein" und war fest davon überzeugt, jeden Augenblick zu sterben. Ich sah nur noch eine Art schwarzen Abgrund vor mir, während ich versuchte, die aufkommenden Gefühle wegzuschieben. Ein Arzt kam hinzu und beide hielten mich sanft fest, damit ich nicht davonrannte. Doch dazu wäre ich gar nicht mehr in der Lage gewesen, denn ich wechselte in eine Art Schockstarre, die mir seltsam bekannt vorkam. Sie warteten einfach ab, beruhigend auf mich einredend. Nach einigen Minuten sank ich kraftlos an der Wand herunter, an die ich mich gelehnt hatte, weil meine Beine mir nicht mehr gehorchten. Dann war es vorbei.

Ich nahm meine Therapeutin und den Arzt, der mich gerade abhorchte wieder wahr und fühlte mich völlig leer. Der Arzt brachte mich auf mein Zimmer und blieb noch eine Weile bei mir, während mir fast augenblicklich die Augen zufielen. Ich konnte nicht im Geringsten verstehen, was gerade passiert war, doch ich hatte auch nicht die Kraft, darüber nachzudenken. Mein Körper fühlte sich wie eine leere, schwere Hülle an und verlangte augenblicklich nach Erholung in tiefem Schlaf.

Einige Stunden später erwachte ich durch sanftes Klopfen an meiner Zimmertür. Sie öffnete sich und meine Therapeutin trat vorsichtig zu mir ans Bett. Ich richtete mich auf, noch leicht benommen und beim Gedanken an die Ereignisse zuvor stellten sich umgehend Schamgefühle ein. Ich entschuldigte mich, wusste aber eigentlich selbst nicht, wofür. Sie setzte sich zu mir, nahm erneut meine Hand und fing mit sanfter Stimme an, mir zu erklären, was geschehen war: „Ich hatte bereits seit unserer zweiten Sitzung den Verdacht, auf ein weiteres Missbrauchserlebnis, das noch nicht angesehen worden ist", sagte sie langsam, „doch öffnen musste sich diese Erinnerung von allein, ohne mein Zutun. Nur so ist es gesund und kann verarbeitet werden. Auch, wenn es sich furchtbar anfühlt, es ist jetzt an die Oberfläche gekommen und das ist ein großer Schritt in Richtung Heilung."

Ich konnte ihr soweit folgen, verstand jedoch noch immer nicht den Mechanismus, der sich dahinter befand und warum es anscheinend so schwer wog, wo es doch im Gegensatz zu den Übergriffen meiner Mutter ein einmaliges Erlebnis gewesen zu sein schien. Doch auch diese Verwirrung löste sie auf, indem sie weiter erklärte: "Es liegt nicht an der Schwere aus der heutigen Sicht. Die Übergriffe Ihrer Mutter konnten sie von jeher gut erinnern, da sie bereits alt genug waren, um zu verstehen, was sie tat. Diese Erinnerung taucht nun aus Ihrer sehr frühen Kindheit auf und es ist ein Segen, dass bei so kleinen Kindern der Mechanismus der totalen Verdrängung greift. Das Bewusstsein spaltet sich bei schweren Traumata vom Körper ab und sichert somit das weitere Überleben. Hier, in diesem geschützten

Raum und Jahre später, konnte es sich nun endlich zeigen und damit viele unbewusste Verhaltensmuster und weiteres mehr erklären und bald auflösen. Die körperlichen Symptome, die sie während der Erinnerung zeigten, sind die, die sie damals auch hatten, jedoch nicht fühlen durften. Und es sind auch die, die ihre schweren Panikattacken verursachten. Nehmen Sie es als Geschenk, ich weiß, Sie können das."

Ich nickte und ließ ihre Worte nachklingen. Wir verabredeten für den nächsten Tag eine Nacharbeit und nachdem sie gegangen war, schlief ich erneut ein.

Tags darauf besprachen wir die aufgetauchten Bilder der Erinnerung, die wie Fetzen auf einer Leinwand vor meinem inneren Auge klebten. Ich ließ die körperlichen Symptome diesmal bewusst zu, doch sie waren nur noch sehr schwach fühlbar. Sehr deutlich erkannte ich den Zusammenhang zwischen meinen immerwährenden Unterleibsschmerzen und dem Geschehen. Ebenso die Atemnot und das Gefühl, eingeengt zu sein. Ich war damals auch festgehalten worden und mein Bauch hatte furchtbar geschmerzt. Auch das Engegefühl im Hals, dass mich bis zu diesem Aufenthalt in der Rehaklinik fast nur noch breigleiche Mahlzeiten zu mir nehmen ließ, hatte einen deutlichen Bezug zu meiner Erinnerung. Eine der wichtigsten Erklärungen war für mich die des Fight or Flight Modus. Wenn wir in eine lebensbedrohliche Situation geraten, in diesem Beispiel der Tiger im Dschungel, der vor uns auftaucht, dann gibt uns der Körper die Möglichkeit zur Flucht oder zum Kampf. Ist beides nicht möglich, wie bei vielen Gewaltopfern, fallen wir in einen Totstellreflex, das heißt, eine Schockstarre, die uns handlungsunfähig werden lässt. Da hatte ich die Antwort auf meine Frage, warum ich später im Leben, wenn ich in Bedrängnis geraten war, nicht gehandelt, geschrien oder um mich geschlagen hatte. Mein Körper war es gewohnt, diesen Reflex zu zeigen, bei Ereignissen, die dem Missbrauchserleben ähnelten. Endlich fühlte ich mich nicht mehr unzulänglich und schuldig deswegen.

Diesen Missbrauch, der meinen Großvater und mich betrifft, werde ich hier nicht näher ausführen, da ich zum Einen keinen Voyeurismus bedienen und zum Anderen meiner Herkunftsfamilie diese Bilder ersparen möchte. Ich weiß, sie haben ihre eigenen Alpträume mit ihm erlebt und ich beanspruche für mich nicht das Recht, ihre Wunden mit entsetzlichen Details erneut aufzureißen.

Bald darauf war mein Aufenthalt beendet und ich hielt meinen Arztbericht mit der Diagnose „komplexe posttraumatische Belastungsstörung" in den Händen. Irgendwie fühlte ich mich erleichtert, denn endlich hatten meine Symptom und meine Erinnerungen einen Namen.

Doch die Frage, ob ich jemals meine Sexualität genossen hatte, nahm ich mit nach Hause. Im Grunde begann ich, mein vergangenes Leben aus einer komplett neuen Sicht zu betrachten. Mit diesem Hintergrund und meinem neuen Wissen über das wunderbare Zusammenspiel von Körper und Seele war ich wieder zurück auf dem Heilungsweg angelangt!

-Ich kam zurück von meiner Gedankenreise in den Biergarten und meine Umgebung. Wie stolz ich doch allein schon darauf sein konnte, dass ich diesen 18-Stunden-Weg bis zur Fähre in Italien überhaupt angetreten hatte, während ich vor einigen Jahren nicht das Haus verlassen konnte, ohne Angst zu haben, es nicht zu überleben. Es schien mir, als wäre ich damals ein anderer Mensch gewesen und ich hielt kurz inne, um Gott für diese bereits eingetretene Heilung auf vielen Gebieten innig zu danken. Nachdem ich meine Rechnung beglichen und den Wagen wieder angelassen hatte, setzte ich meinen Weg Richtung München fort. Ich sah die riesige Arena, in der ich Jahre zuvor mit einem Freund eine Besichtigung ihm zuliebe gemacht hatte. Ich fand es schrecklich. Kalter, grauer Beton. Nie würde ich verstehen, was jemand darin sehen konnte. Als ich mit diesem Freund zurück nach Hause fuhr, hatte ich damals auch eine Panikattacke. Es war wenige Wochen, bevor ich zu dem beschriebenen Aufenthalt in der Klinik aufbrach. Er war damals keine große Hilfe und belächelte meine Angst. Irgendwie hatte das auch zur Verschlimmerung beigetragen und ich fragte mich, warum ich mich überhaupt mit so scheinbar lieblosen Menschen umgeben hatte. Ich lehnte mich im Sitz zurück, freute mich darüber, dass ich heute ohne Panik alleine in die entgegengesetzte Richtung unterwegs war und lächelte über die Symbolik darin. Doch die Erinnerung an diesen Mann brachte mich zurück zu der Frage nach meiner Sexualität, die ich noch immer in dem unerledigten Ordner meines Bewusstseins zur Bearbeitung liegen hatte!-

WEICHHEIT,

WEIBLICHKEIT&WÜRDE

„Die sinnlicher Empfindungen fähigen Organe sind Mittel und Wege, die zu den Seelen führen."

(Ali Ibn Al Andaluzi Hazm)

Meine Entwicklung in eine gesunde Sexualität war im Prinzip chancenlos gewesen, unter den häuslichen Bedingungen. Beide Elternteile waren selber zu diesem Thema schwer traumatisiert und so verwundert es mich rückblickend überhaupt nicht, dass ich mich mit diesem Aspekt meines Daseins nie wohlgefühlt hatte. Und so ist es auch nachvollziehbar, dass mein Vater die Augen vor dem, was mir widerfuhr verschloss und meine Mutter ihre eigenen Alpträume an mir wiederholte, um ihren inneren Druck zu mildern.

An dieser Stelle werde ich, um es für dich als Leser nachvollziehbarer zu machen, eine der weniger unaussprechlichen Situationen beschreiben. Ich möchte verständlich machen, was in den Momenten der Übergriffe in unserem Körper und in unserer Seele passiert und welche Folgen sich daraus für unser weiteres Leben ergeben können.

Ich war zehn Jahre alt und gerade aus der Schule gekommen. Meine Mutter war zuhause und es war einer der seltenen Tage, an denen sie etwas gekocht hatte. Diese Tatsache ließ mich einigermaßen entspannt essen, denn es war ein Zeichen für einen ihrer guten Tage, an denen ich eigentlich keine Gewalt zu erwarten hatte. Ich weiß noch, dass es Kotelett gab, denn ich liebte es, die Panade bis zum Schluss aufzuheben. Nachdem wir gegessen hatten, wollte meine Mutter mir die Karten legen. Dies war eine neue Errungenschaft, die ihre Freundin ihr beigebracht hatte und ich war jung genug, um das beträchtlich spannend zu finden. Sie „las", dass ich Glück in der Liebe haben würde und noch irgendetwas anderes. Ich war damals in der Grundschule und tatsächlich schwärmte ich für einen ganz tollen Jungen, diese süße erste Schwärmerei, bei der man in der Pause Zettelchen bekam. Als meine Mutter das Kartenspiel zur Seite legte, fragte sie mich, ob ich denn schon einen Freund hätte. Ich antwortete, dass mir jemand aus der Klasse immer schrieb, wie hübsch ich sein und wurde rot. Interessiert wollte sie wissen, ob ich ihn denn schon mal geküsst hätte. Ich wechselte von rot zu violett in der Gesichtsfarbe und schüttelte den Kopf. Sie sah mich durchdringend an und mir wurde mulmig im Bauch. Ich kannte diesen Blick und er hatte noch nie etwas Gutes verheißen. Schnell sagte ich, dass ich noch Hausaufgaben machen müsse, um in mein Zimmer verschwinden zu können. Doch als ich an ihr vorbeigehen wollte, hielt sie mich am Arm zurück. In diesem Moment empfing ich bereits ganz klare Warnungen in meinem Körper. Der Herzschlag wurde schnell und spürbar, meine Kopfhaut zog sich zusammen, in meinen Ohren piepte es und meine Knie wurden butterweich. Unter normalen Umständen sind dies sehr gute Körperfunktionen, die uns beschützen und uns dabei unterstützen, die Flucht zu ergreifen. Doch ich konnte nicht flüchten.

„Du behauptest also, dass du noch nie einen Jungen geküsst hast", fragte sie mit einem Blick, in dem sowohl Misstrauen als auch Belustigung lag. Ich schüttelte erneut den Kopf. Sie lachte laut auf. „Naja, wer will dich auch schon küssen?", sagte sie in einem geringschätzigem Ton. „Stell dich mal vor mich hin!" Ich gehorchte sofort. Schnelles Gehorchen konnte die Lage oft weniger unangenehm werden lassen. „Und jetzt mach mal den Mund ungefähr so auf", forderte sie und öffnete ihren Mund ein wenig, während sie den Kopf in den Nacken legte. Ekel stieg in mir auf und verursachte Übelkeit. In meinem Kopf hörte ich laut mein Herz schlagen und auf meinen Ohren war mittlerweile so viel Druck wie sonst nur, wenn ich im Auto mitfuhr auf einen hohen Berg. Ich schluckte mühsam und sagte leise:"Warum denn?" Ich wusste, ich reizte sie damit, aber der Ekel war einfach zu groß, um ihrem Wunsch sofort nachzugeben. „Weil ich dir jetzt beibringe, wie Erwachsene sich küssen. Damit du nicht so dumm dastehst, wenn die Kerle an dich ran wollen.", war ihre Antwort. Ich zitterte. Mein Verstand suchte mühsam nach einem Ausweg aus dieser Situation, doch mir wollte nichts einfallen. „Mach de Schnüss auf, sonst helf ich dir", forderte sie mich in ihrem Kölner Dialekt auf. Ich gab nach und öffnete meinen Mund gerade so weit, dass ein Strohhalm durch gepasst hätte. Sie kam näher und ich wich automatisch zurück. Dann packte sie mit einem Ruck meinen Nacken und presste ihren Mund auf meinen. Ich schloss ihn instinktiv. Ihre Zunge versuchte sich einen Weg zu bahnen in meinen Mund und ich fühlte mein Mittagessen bereits hochkommen. Dann wich sie zurück und lachte ihr übertriebenes lautes Lachen, mit dem sie sich gerne über mich lustig machte. „Na, dass kann ja was werden, die Männer werden dir ja allesamt weglaufen, so, wie du dich anstellst, „verschwinde auf dein Zimmer!" Ich war heilfroh, dass ich diesmal so glimpflich davon gekommen war und rannte ins Bad. Dort wusch ich mir den Mund mir Fa-Seife. Ich sehe dieses Stück noch heute vor mir. Es war bitter, doch allemale besser, als der Geschmack nach Kotelett und Nikotin meiner Mutter. Ich schüttelte mich, mein Körper zog sich zusammen wie ein Regenwurm, wenn ich an diese ekelhafte Zunge dachte. Nein, küssen war wirklich abscheulich, dachte ich.

Ich schrieb fortan mit dem Jungen keine Zettelchen mehr, da ich befürchtete, er würde mich irgendwann küssen wollen. Als ich später in die Pubertät kam und all meine Freundinnen ihre ersten Erfahrungen auf dem Weg zur Frau machten, wollte ich natürlich unbedingt mitreden und ließ mich von einem Jungen hinter der Sporthalle zu einem Zungenkuss überreden. Die Bilder aus der Situation mit meiner Mutter Jahre zuvor waren sofort lebendig und dieser erste Kuss war mindestens genauso ekelerregend für mich wie damals. Dass ich einen Flashback hatte, wusste ich nicht. Ich speicherte nun endgültig ab, das Küssen für mich einfach nicht infrage kam.

Mit diesen Programmierungen, die wir durch Gewalt in sexueller oder emotionaler Form erhalten, werden wir vielen wunderbaren Erlebnissen beraubt, die unser Menschsein ausmachen. Ich war seit den ersten Erfahrungen im Kleinkindalter nie wieder in meinen Körper zurückgekehrt, wie ich heute weiß. Ich funktionierte einfach. Irgendwann hatte natürlich auch ich meinen ersten festen Freund und ich kann von Glück sagen, dass er ein wunderbarer Junge war, der mich für einige Jahre sehr unterstützend begleitet hat. Küssen mochte ich noch immer nicht, was aber nicht mehr am Ekelgefühl sondern mehr an dem Glaubenssatz, dass mich keiner will und ich nicht gut genug bin lag.

Wenn wir nicht in unserem Körper sind, haben wir auch kein Selbstbewusstsein. Denn unser Selbst, dessen wir uns bewusst sein müssten, ist ebenfalls herausgetreten aus uns.

Meine Sexualleben bestand aus mitmachen und machen lassen. Ich dachte aber auch nie darüber nach, da ich ja noch im unbewussten Zustand verweilte und hinterfragte nichts. Dass ich nach sexuellen Aktivitäten Schmerzen hatte oder gar währenddessen Angst verspürte registrierte ich nur am Rande. Für mich gehörte dies alles ja dazu, denn ich hatte es so erfahren, bevor ich eigenständig denken konnte. Nachdem mir nun durch den Klinikaufenthalt alles in einem anderen Licht erschien, ging ich meine verschiedenen Erfahrungen noch einmal durch und war entsetzt. So gerne ich mit dem jeweiligen Mann auch im Alltag zusammen gewesen war, das sexuelle Zusammensein brachte ich immer möglichst schnell hinter mich.

Ich war einige Zeit Single danach und beschloss, diese Phase der Entdeckung meines Körpers und meiner sexuellen Wünsche und Bedürfnisse zu widmen. Ich wollte den Schmutz und alle familiären Programme hinter mir lassen und spüren, wer ich ohne all das eigentlich war. Ich fragte mich, was für Vorstellungen von Sex und Erotik ich hegte, wenn all diese Menschen nicht ihre Schwere darüber gelegt hätten. Ich erfand neue Rituale, badete mit Kerzenlicht, versuchte mich nackt im Spiegel zu betrachten und schön zu finden und erforschte mich neugierig und sehr behutsam. Dabei entdeckte ich, dass ich im Spiegelbild nur in der Lage war, meinen Kopf und meine Schultern zu betrachten. Alles andere war wie ausgeblendet. Es fiel mir so unendlich schwer, weiter hinunter zu schauen, obwohl niemand mich beobachtete. Also probierte ich es erstmal mit Fühlen. Ich legte beide Hände auf meine Brüste und lachte dabei geniert. Doch ich wollte mich zurückerobern, wollte mein Grundrecht auf

Vollständigkeit endlich einfordern. Also dachte ich an die Zeit, als ich meine Kinder gestillt hatte. Sofort kam mir die Erinnerung daran, wie meine Mutter mir einmal, während ich meine Tochter stillte, im Vorbeigehen den Pullover hochriss mit den Worten: „ Zeig doch mal und stell dich nicht so an!"

„Oh mein Gott", dachte ich traurig, „selbst diese heilige und natürliche Handlung hat sie mir beschmutzt!" Ich lenkte meine Gedanken an die wundervollen Momente des Stillens, wenn ich mit meinen Kindern alleine war und beobachtete, wie sie friedlich ihr Geburtsrecht erfuhren. Nämlich, von der Mutter genährt zu werden. Die Erinnerung an meine Mutter verschwand und ich fing an, mich zu entspannen. Wie gesegnet waren wir Frauen doch, dass wir diese Glückseligkeit, unser Kind nicht nur zu gebären, sondern auch zu ernähren erfahren durften. Als ich wirklich tief in dieser Erinnerung schwelgte, während ich so vor dem Spiegel stand, fiel mir auch wieder ein, wie meine Gebärmutter sich immer zusammengezogen hatte, wenn ich meine Neugeborenen anlegte. Dieser Reflex dient der Rückbildung der Gebärmutter und ich lächelte über die Intelligenz der Natur.

Doch wenn dieser Reflex angelegt war, musste er auch in der Sexualität einen Sinn haben und ich dachte daran, dass ich im Zusammensein mit einem Mann noch nie die Liebkosung meiner Brüste zugelassen hatte. Sollte ich jemals wieder einen Mann kennenlernen, mit dem ich diesen Akt eingehen wollte, würde ich offen sein für diese fehlende Erfahrung, versprach ich mir.

Ich sah nun im Spiegel meine Brüste an und mein Empfinden hatte sich bereits verändert. Den ersten Besuch meines Spiegelbildes beendete ich hier. Noch schaffte ich es nicht, weiter hinunter zu sehen. Dorthin, wo der für mich verformte Bauch und die vielen Narben außen und innen warteten. Doch ich wusste, wenn ich mich selbst nicht annehmen konnte, würde ich meinen Körper niemals wirklich ganz bewohnen. Doch um zur Heilung zu gelangen, brauchte ich jeden Winkel in mir selbst. Niemand sonst sollte hier noch beherbergt werden, der versucht hatte, meinen Körper zu besitzen.

Ich wiederholte die Übung wieder und wieder. Es klingt vielleicht unbegreiflich, doch ich kicherte jedes Mal verunsichert, wenn ich ein neues Gebiet zurückeroberte, als ob mich jemand beobachten und auslachen würde. Es war ein langer Prozess. Er hält im Grunde bis heute an. Denn immer wieder entgleitet mir die Region vom Bauchnabel bis zum Damm. Doch heute kann ich innerhalb weniger Minuten zurücksein. Mein Körper gehört mir und ich habe mir versprochen, dass niemals wieder irgendjemand Macht über ihn gewinnen kann. Wenn ich heute zu Bett gehen, kann ich eine Hand auf mein Bäuchlein legen und es heiß und innig gernhaben. Ich reise oft in mein Körperinneres mit einer mentalen Technik, die ich im Anhang an dieses Buch noch ausführlich beschreiben werde.

Meine lange Abwesenheit aus meinem Körper und vor allem von meinen Sexualorganen, die ja meine Weiblichkeit unter anderem ausmachen, hatte bereits vor einigen Jahren zu einer Manifestation in Form einer Zellveränderung der dort festsitzenden Gewalterfahrung geführt. Ich versuchte damals vor der Operation, mich in meine Unterleibsorgane einzufühlen, jedoch ohne Erfolg. Wann immer ich mir diese visualisieren wollte, tauchte eine schwarze Wolke vor mir auf. Meine Ärztin sagte damals, dass es nicht untypisch sei, nach Missbrauchserfahrungen daran zu erkranken und riet mir, Stress abzubauen. Der Stress verdreifachte sich für mich, denn ich fühlte sehr deutlich, wie abgeschnitten ich von meinem Unterleib war. Therapien hatte ich damals schon reichlich gemacht und diese waren auch immer fortschrittlich. Doch niemand hatte mir gezeigt, wie ich meinen Körper zurückbekommen konnte. Aus verschiedenen Fortbildungen entwickelte ich irgendwann eine Eigenbehandlung, die unter anderem die Spiegelübung beinhaltet. Ich wollte meinem Körper die Würde entgegenbringen, die er verdient hatte! Ich bewohne ihn mittlerweile so unendlich gern und Kritik von außen über zu viel Gewicht, zu viel Bauch oder was auch immer, bleibt draußen. Mein Körper und ich wissen, was er bereits geleistet hat!

-Seit über einer Stunde irrte ich nun bereits durch München. Mein gedankliches Abschweifen hatte mich die Umleitungshinweise meines Navis überhören lassen und nun stand ich in einer kilometerlangen Baustelle. Anstatt mich darüber zu ärgern, wie ich es früher sicher getan hätte, nutzte ich die Zeit, um Passanten und andere Verkehrsteilnehmer zu beobachten. Ich liebte diesen Zeitvertreib, denn man konnte so unendlich viel in den Gesichtern anderer Menschen lesen. Manche waren gelangweilt, andere verträumt, die nächsten traurig. Ich sah genervte Eltern und quengelnde Kinder, gebückte Alte und verliebte Pärchen. Wie bunt die Welt doch ist, dachte ich bei mir und ich fragte mich, welche Schicksale wohl hinter all diesen Gesichtern standen. Sie alle trugen sicherlich eine bunte Palette an Emotionen, Gefühlen und Eigenschaften in sich. Vielleicht waren einige davon wahre Engel, andere wiederum boshaft oder gar gewalttätig. Besonders gern beobachtete ich Kinder, denn sie trugen meistens noch keine Maske und mir ging das Herz auf, wenn ich sah, wie sehr sie im Hier und Jetzt lebten. Auch verurteilten oder bewerteten sie nicht. Für sie war die Welt noch bunt! Ich schaltete das Radio an und dachte über meinen Weg vom Schwarz/Weiß denken in die Farbpalette des Regenbogens nach. Wie viel leichter war mein Leben seither geworden!~

REGENBOGENDENKEN

„Der Pessimist ist der Farbenblinde unter den rosaroten Brillenträgern,
während der Optimist den Regenbogen bei einem Schwarzweiß-Film sieht."

(Ümit Özsaray)

Wenn ich heute an meine Eltern denke, sehe ich zwei unerlöste Kinder, die sich auf der Suche nach Gehör ihre eigene Hölle schafften und beide haben mein Mitgefühl. Ich weiß sehr wohl, dass dies befremdlich klingt. Und viele Jahre habe ich eine unglaubliche Wut in mir getragen, weil ich nicht verstand, dass sie unbewusst handelten. Die Gesellschaft geht davon aus, dass die Menschen, die Anderen

Leid zufügen, Suchtkrank oder anderweitig abhängig sind, in vollem Bewusstsein handeln. Ich halte das für einen bedauerlichen Irrtum. Was umgekehrt nicht bedeutet, dass gerade Menschen, die sich an Kindern oder anderen Schutzbefohlenen vergehen, in Schutz zu nehmen sind. Keinesfalls. Ich bin der Meinung, dass jeder sich Hilfe im Außen suchen kann, um seine Triebe und Neigungen nicht unkontrolliert auszuleben. Doch wir neigen auch stark dazu, mit erhobenem Finger auf andere zu zeigen, ohne zu wissen, durch welche Hölle sie gegangen sind. Niemand wird böse geboren! Ich selbst hatte eigentlich ein perfektes Beispiel dafür, wie unterschiedlich sich Menschen entwickeln können, wenn sie sexuell traumatisiert sind und ich habe mich unzählige Male gefragt, warum mein Vater mir nichts tat und meine Mutter unaussprechliche Handlungen an mir vornahm. Ich verurteilte meine Mutter dafür und sagte ihr, als ich Erwachsen war oft, dass ihr eigenes Erleben keine Entschuldigung dafür war, was sie mir angetan hatte. Doch heute würde ich nicht mehr in schwarz oder weiß unterteilen. War mein Vater denn unschuldig, weil er wegsah? Oder hat er sich damit nicht sogar zum Mittäter gemacht? Und was ist mit meiner restlichen Familie? Sie wussten, wenn auch nicht detailgetreu, was vor sich ging. Sind sie alle Täter?

Ich denke nicht. Sie waren alle hilflos, ohnmächtig und handlungsunfähig. Und damit will ich niemanden herabsetzen oder hochmütig wirken. Doch wenn man sich mit den Folgen eines Traumas auseinandersetzt und versteht, wie diese Prozesse ablaufen, findet man Erklärungen für das Verhalten dieser Menschen. Erklärungen. Keine Freifahrtscheine. Denn auch ich bin traumatisiert und habe mich im Gegensatz zu meiner Familie sehr früh in Therapie begeben, um zu vermeiden, mein Trauma an meine Kinder weiterzugeben. Doch als ich diesen Schritt damals ging, wurde ich verspottet und belächelt. Als ich aus der Reha wiederkam begrüßte mich ein Bekannter mit den Worten: „Ach ja, du warst ja da, wo man die Jacke hinten zu macht." Ich war zutiefst verletzt damals. Und auch meine Familie griff mich an. Ich sollte nichts von den Geheimnissen irgendwo erzählen, bringen würde so eine Therapie ja im Grunde gar nichts. Meine Probleme seien wohl von meiner Mutter auf mich übergegangen und so weiter und so fort. Es tat sehr weh.

Als ein berühmter deutscher Torwart sich das Leben nahm und alle unverständlich und geschockt reagierten, erinnerte ich mich an einen anderen Fußballer, der Jahre zuvor seine Karriere an den Nagel hing, weil er Depressionen hatte. Er wurde quasi in der Luft auseinandergenommen von den Medien genauso wie von einigen Kollegen. Mittlerweile hat er sich auch suizidiert. Wen bitte wundert das in unserer Gesellschaft, in der Gefühle kaum noch Platz haben?

Irgendwann verstand ich, dass all diese Menschen, die mich unbewusst verletzten, Angst hatten. Angst vor den Tiefen ihrer Seele und noch mehr davor, sich damit auseinandersetzen zu müssen oder anderen einen Einblick zu gewähren. Und im Falle meiner Familie war jeder darum bemüht, die Vergangenheit totzuschweigen und die Wunden bedeckt zu halten. Und sie alle haben ein Recht darauf, so zu handeln. Niemand meinte mich persönlich, wenn sie mich verspotteten. Sie versuchten nur, ihre Angst zu kontrollieren. Doch damit, dass sie es in einer Art Druckkessel verschlossen hielten, schadeten sie am Ende sich selbst. Fettleibigkeit, um nicht begehrenswert zu sein, Herzinfarkte, Panikattacken-sie litten alle unsäglich. Manche bis heute. Natürlich ist das nur meine Sicht der Dinge und ich nehme deutlich Abstand davon, meine Herkunftsfamilie zu diagnostizieren!

Immer fühlte ich eine innere Zerrissenheit, schwankte zwischen Mitgefühl, Wut und niederen Rachegelüsten. Lange Zeit hegte ich den Wunsch, ihnen ebenfalls Schmerzen zuzufügen. Dann wieder schämte ich mich zutiefst dafür und bat Gott um Verzeihung für diese Gedanken. Wen ich wirklich um Verzeihung hätte bitten müssen, war ich selbst. Denn all meine Gefühle und meine Gedanken waren vollkommen in Ordnung. Es ist ein natürlicher Impuls, sich wehren oder Verantwortliche durch einen ähnlichen Schmerz gehen sehen zu wollen. Selbstverständlich beißt man irgendwann um sich, um aus der Falle, in der man festsitzt entkommen zu können. Doch es ist nicht der Weg, der zur Heilung führt. Wäre ich diesen Impulsen gefolgt, hätte ich mich von der Opfer- in die Täterrolle katapultiert, was ich hin und wieder auch unbewusst tat. Ich verletzte absichtlich andere Kinder, als ich klein war. Und später als Erwachsene feuerte ich aus den gleichen Rohren gegen meine Mutter, aus denen auch sie feuerte. Das alles hat uns kein Stück weitergebracht, was ich zum damaligen Zeitpunkt natürlich nicht wusste. In Partnerschaften konnte ich mein letztes Hemd geben, doch, wenn mich jemand angriff oder ich an Verhaltensweisen meiner Eltern erinnert wurde, schoss ich großkalibrig auf Mücken. Das alles geschah unter dem Deckmantel des Tiefschlafes, unter dem der Großteil der Menschheit es sich bequem gemacht hat.

Schwarz oder weiß, das sind die beiden Kategorien, in die wir so gerne alles um uns herum einteilen. Auch uns selbst. Entweder ist jemand unser Feind oder unser Freund. Täter oder Opfer. Wir kommen meistens gar nicht auf den Gedanken, dass wir auch in Regenbogenkategorien unterteilen könnten. Ein Regenbogen bietet so viel mehr Möglichkeiten, die Dinge zu betrachten. So dachte ich immer, dass meine Mutter mich nicht geliebt haben kann, wenn sie mich derart misshandelte. Heute weiß ich, dass sie mich mit Sicherheit geliebt hat, jedoch einfach nicht ihre Vergangenheit ansehen konnte, da der Schmerz für sie nicht auszuhalten gewesen wäre. Auch von meinem Vater fühlte ich mich ungeliebt, da er die wenigen Tage, die er Zuhause war, lieber mit Freunden auf dem Fußballplatz und in der Kneipe verbrachte, als mit mir. Doch auch er hat mich geliebt. Beide hatten nicht mehr den Mut, ihre Herzen für die Liebe zu öffnen und versäumten somit leider auch, mit stark und selbstbewusst ins Leben zu schicken. Wenn ich heute an die Schmerzen denke, die mir meine Mutter zugefügt hat, dann werde ich noch immer ein wenig traurig. Doch nicht, weil ich mich als Opfer fühle, sondern weil ich weiß, dass im Grunde eine liebevolle Mutter in ihr wohnte, die nur durch ihre Lebensumstände nicht zum Vorschein kommen konnte.

Kurz vor seinem Tod fragte ich meinen Vater, ob der denn damals in der Jugendhaftanstalt eine psychologische Betreuung erhalten habe. Er lachte gequält und sagte, dass es so etwas damals gar nicht gegeben hätte. Stattdessen noch mehr Gewalt. Was für eine Chance hatte also die Generation unserer Eltern, mit ihren Traumata fertig zu werden? Nach außen abreagieren oder gegen sich selbst richten. Ich weiß, dass es Ausnahmen gibt. Und ich weiß auch, dass nicht alle traumatisierten Menschen so handeln. Als ich mit 10 Jahren wieder anfing, einzunässen aus lauter Angst, versuchte unser Hausarzt meine Eltern zu einer Familientherapie zu überreden. Er sah deutlich die Probleme und wusste vor allem um die Geschichte meiner Großeltern. Zuhause hörte ich, wie meine Eltern sich darüber berieten und es gab sogar einen ersten Termin, zu dem sie alleine fuhren. Danach sagte mein Vater zu meiner Mutter, dass er dort nie wieder hingehen würde. Sie gerieten in einen schlimmen Streit, indem es letztendlich darum ging, wer von ihnen denn die Schuld hätte. Keiner von beiden wollte als verrückt bezeichnet werden und noch weniger durfte irgendein Dorfbewohner davon etwas mitbekommen, denn sonst war man ja ganz unten durch.

Ich war sehr traurig über ihre Worte, denn obwohl ich noch so jung war, hatte ich mir bereits ausgemalt, wie gut es wäre, einmal alles aussprechen zu dürfen und vor allem mit meinen Eltern zusammen zu sein. Doch sie fanden nicht den Mut zu diesem Schritt. Ich kann es zwar nicht gutheißen, doch absolut nachvollziehen. Es kostet viel Mut und auch Kraft, in die Selbsterkenntnis zu gehen. Es ist zum Einen sehr schmerzhaft, die Erinnerungen hochkommen zu lassen, zum Anderen sieht man aber auch, wie sehr man dabei war, denselben Weg einzuschlagen. Ich habe mich lange als Opfer gesehen und mich nach Wiedergutmachung und Genugtuung gesehnt. Doch Niemand außer wir selbst kann uns trösten. Das Warten auf Gerechtigkeit führt in eine Sackgasse. Denn von wo soll sie kommen? Hätte ich meine Eltern um Gerechtigkeit und Wiedergutmachung gebeten hätten sie ebenso ihre Eltern darum bitten können und diese wiederum die Generation davor.

Nur die Unterbrechung dieser generationsübergreifenden Schuld konnte der Weg in die Heilung sein. Nicht mehr in schuldig oder unschuldig zu unterteilen, in schwarz oder weiß, sondern liebevoll die Gründe für dieses Verhalten von allen Seiten zu betrachten, brachte mir letztendlich die Heilung. Lange wehrte ich mich dagegen, aus meiner Opferrolle herauszukommen. Im Grunde dauerte es schon eine Weile, mir überhaupt klar zu machen, dass ich ein Opfer war. Denn das bedeutete, an irgendeinem Punkt schwach und wehrlos gewesen zu sein. Und wer gibt dies schon gerne zu? Als ich mir diese Tatsache einmal eingestanden hatte und mir zum ersten Mal bewusst wurde, was mir da überhaupt widerfahren war, kam eine unbändige Wut in mir zum Vorschein und ich fiel über Monate in einen Sumpf voller Selbstmitleid. Damals wusste ich noch nicht, dass ein richtiges Beweinen der Geschehnisse mich dort wieder herausgezogen hätte. Ich schwankte zwischen „alles gar nicht so schlimm" und „warum ist das mir passiert". Jeder, der eine ähnliche Biografie hat, wird diese Phase vielleicht kennen. Sie ist wirklich dunkel. Auch Suizidgedanken kamen auf, glücklicherweise hatte ich aber den Mut, diese gegenüber meiner Therapeuten auch offen auszusprechen. Ich habe mir all diese Gedanken und Gefühle verziehen, denn sie waren ein Teil von mir und hatten ihre Berechtigung zum damaligen Zeitpunkt. Ich hörte auf damit, mich selbst in schwarz oder weiß, gut oder böse, schuldig oder nicht schuldig einzuteilen. An einem Tag war ich grün und traurig, an einem anderen rot und lustig, am nächsten vielleicht lila und wütend. Regenbögen sind natürlich und ich ließ alle Farben und alle Emotionen durch mein Herz laufen! Ich fühlte wieder! Und was fast noch besser war: ich hörte auch damit auf, meine Mitmenschen in schwarz oder weiß zu betrachten, sondern konnte all ihre bunten Facetten bewundern und akzeptieren, auch wenn sie nicht in der gleichen Farbe leuchteten, wie ich!

-Der Stau vor mir löste sich auf und ich setzte meinen Wagen langsam in Richtung Österreich in Bewegung. Ich kam durch eine landschaftlich wunderschöne Gegend mit hohen Bergen und spiegelglatten Seen. Durch das offene Fenster atmete ich den belebenden Duft der Bäume ein, die in den Himmel zu ragen schienen. Hingerissen von dieser Schönheit beschloss ich, eine weitere Pause einzulegen und mir ein wenig die Beine bei einem Spaziergang zu vertreten. Nachdem ich mein Auto abgestellt und in am See angelangt war, fiel mein Blick auf ein kleines Tretboot, in dem ein junges Pärchen sich langsam auf dem Wasser treiben ließ. Sie bemerkten mich nicht, denn ihre Augen waren aneinander geheftet. Die Szene zauberte ein Lächeln auf mein Gesicht, denn verliebt zu sein war für mich eines der schönsten Gefühle der Welt. Wie viel Energie hatte man doch plötzlich, das Herz für einen geliebten Menschen mit schlug. Ich dachte an die hinter mir liegende Beziehung zurück und das schwere letzte Jahr. So sehr, wie das Herz höher schlug, wenn man sich liebte, so sehr schmerzte es auch, wenn man sich eingestehen musste, dass der gemeinsame Weg zu Ende ging.

In den letzten Monaten hatte ich mich so ungeliebt und wertlos gefühlt. Und mich gleichzeitig dafür verurteilt, dass mein Gefühlsleben von diesem Mann und der Art, wie er mit mir umging, abzuhängen schien. Irgendetwas verstand ich falsch an der Liebe, vielleicht wusste ich gar nicht wirklich, was Liebe eigentlich war? Jedenfalls war sie nicht das, was ich die letzten sechs Jahre gelebt hatte. Wieder war ich die Gebende gewesen, die Wartende, die Rücksichtnehmende. In diesem Moment ging mir auf, dass ich abermals meine Opferrolle bedient und in einem tiefen See voller Selbstmitleid gebadet hatte. Warum nur war das so? Warum fand ich mich immer nur in Beziehungen mit scheinbaren Egoisten, Muttersöhnen, Narzissten oder Vatermännern wieder? Dahinter musste sich etwas verbergen und ich versuchte, all meine vergangenen Partnerschaften auf einer Leinwand wie einen Film ablaufen zu lassen, um mit der dadurch entstehenden Distanz ein Muster erkennen zu können. –

LIEBE(S)SUCHT

„Nicht die Liebe scheitert. Wir scheitern vor der Liebe."

(Dr. Michael Rumpf)

Natürlich hatte ich schon tausend Erklärungen dafür bekommen, warum meine Beziehungen immer scheiterten, während ich mit den höchstromantischen Vorstellungen in meine Partnerschaften gegangen war, die von ewiger, treu ergebender Liebe zeugten. Ohne Streit, ohne Leid und ohne Tränen. Gehalten werden wollte ich, mich anlehnen können, Geborgenheit und Verständnis erfahren. Was tatsächlich ablief war, dass ich Männer anzog, die meine Muster aus meiner Kindheit bedienten und ich agierte fleißig mit, ohne mir dessen bewusst zu sein. Sicherlich bemerkte ich hier und da, dass manche Szenen wie Nachahmungen aus der Ehe meiner Eltern waren. Ich erschrak dann fürchterlich, da ich niemals auch nur annähernd so sein wollte, wie sie.

Also fing ich an, den anderen ummodellieren zu wollen. Irgendwie musste doch der perfekte Partner, den ich anfangs in ihm gesehen hatte, am Leben erhalten werden können. Und auch die Männer versuchten, mich umzuerziehen. Und obendrauf kritisierte ich mich noch selbst täglich, da ich mich nicht liebenswert genug fühlte, um überhaupt einen Mann verdient zu haben.

Am meisten vermisste ich natürlich meinen ersten Freund. Die erste große Liebe vergisst man wohl nie. Er hatte mir Gedichte geschrieben, war morgens vor der Arbeit in meine Schule gefahren, um Zettel für mich an meine Klassentür zu kleben und hatte mir Herzen in den Schnee gemalt, auf meinem Weg zur Schule. Heimlich war ich hinterher von jedem anderen Mann enttäuscht, der nicht so nette Überraschungen parat hatte, denn ich selbst verteilte schließlich auch reichlich davon. Ich träumte von meiner Wiedervereinigung mit diesem Mann über zwanzig Jahre und erst, als ich meinen letzten Partner kennenlernte, endeten diese abrupt. Was mich natürlich davon überzeugte, er sei jetzt der einzig wahre Mann für mich!

Als ich jetzt diese erste Liebe auf der Leinwand vor meinem geistigen Auge noch einmal ablaufen ließ, wurde mir etwas klar: Er hatte diese wunderschönen Dinge erst gemacht, als er spürte, dass ich mich aus der Beziehung innerlich entfernte. Und warum begann ich damals, mich zu entfernen? Weil er fast zwei Jahre lang, aufgrund unseres Altersunterschieds von fünf Jahren und der Abneigung seiner Eltern gegen mich, eine Verbindung geleugnet oder zumindest weitestgehend versucht hatte, unsere Beziehung zu verheimlichen! Ich hatte das alles mitgemacht, weil ich mich zu wertlos fühlte und Angst hatte, ihn sonst zu verlieren. Als ich dann reifer wurde und erkannte, dass er nicht zu mir stehen wollte, verließ ich schleichend unsere Verbindung. Dann erst wurde er aktiv und kreierte all diese wunderbaren Überraschungen.

Ich erkannte ein erstes Muster: Liebe, Zärtlichkeit und Geborgenheit für den Preis der Verleugnung!

Gespannt stieg ich in den Film meiner nächsten Beziehungen ein und erhielt automatisch im Abspann die Bedingungen der Männer, unter denen ich die jeweiligen Verbindungen eingegangen war:

Glasklar erkannte ich die Wiederholungen wie einen roten Faden. Immer wieder hatte ich mich verleugnen lassen, mich absolut den Bedingungen der Männer unterworfen oder war an die geraten, die unter dem Joch ihrer Mütter standen bzw. diesen hörig waren. Alles, was ich in meinem Elternhaus erlebt hatte, grüßte täglich als Murmeltier.

Ich wartete, bis jemand Zeit für mich hatte, auch wenn ich mich einsam fühlte, akzeptierte, dass Freunde, Hobbys etc. wichtiger waren, als gemeinsamen Zeit, nahm Kredite auch, wenn jemand in Geldnot geriet, die ich alleine abzahlen musste und ließ mich in einem ganz schlimmen Fall sogar von einem meiner Freunde im betrunkenen Zustand treten, um am nächsten Tag sein vollgenässtes Bett sauber zu machen, während er schon wieder in der Kneipe saß.

Doch ich erkannte auch, dass ich das alles freiwillig mit mir hatte machen lassen, denn es bediente vorzüglich meine Programmierungen aus meiner Kindheit. Es waren alles Spiegelbilder meines Innenlebens. Niemand zwang mich dazu, jeweils so lange in diesen Beziehungen zu verharren. Doch alle Ratschläge von außen kamen überhaupt nicht bei mir an. Viel zu tief war die Überzeugung verwurzelt, dass ich nichts besseres verdient hatte und froh sein konnte, wenn mich jemand wollte. Auch mit zunehmendem Bewusstsein änderte sich das Spiel der Resonanz in Bezug auf Männer nicht. Ich versuchte krampfhaft, vorher alles genauestens abzuklopfen, um eine erneute Enttäuschung zu vermeiden. Doch ich tappte zielsicher in die nächste schmerzhafte Beziehung.

Diese letzte hatte mich beinahe zu Boden gerissen, denn ich hatte meine eigenen Bedürfnisse über Jahre verleugnet. Und ich wusste, dies war mein eigener Fehler, nicht seiner. Doch wenn ich von Beginn an offen gesagt hätte, was ich mir vorstellte, wäre erst gar keine Beziehung entstanden. Denn dieser Mann wollte keine Bindung und hatte das auch lange verkündet. Anstatt nun davon Abstand zu nehmen, ließ ich mich auf ein merkwürdiges Spiel ein, dass erneut mit Verleugnung einherging, nur um ein wenig Geborgenheit zu erfahren. Nach über einem Jahr wusste eigentlich jeder, dass wir zusammen waren, doch er hielt das Image des Beziehungsunwilligen um jeden Preis aufrecht. Wieder fragten mich Freunde, warum ich das mit mir machen ließ. Meine Antwort war, dass die wenigen Stunden, die wir hatten, wunderschön für mich waren, voller Zärtlichkeit und Geborgenheit.

Was für ein Spiel das denn eigentlich? Natürlich hatte ich aufgehört, von meinem ersten Freund zu träumen, denn ich hatte ja gerade mein Muster von damals wieder live und brauchte kein Unterbewusstsein mehr, dass mir dieses Unerlöste aufzeigen musste. Doch diesmal war es fast noch schlimmer, denn ich sah deutlich, dass etwas schief lag und verharrte trotzdem in dem Glauben, dass sich vielleicht noch etwas ändern würde in dieser Partnerschaft. Nach und nach traten dann tatsächlich Änderungen ein, doch dadurch endete auch die Liebe. Sobald wir zusammengezogen waren und eine „normale" Beziehung führten, kam er immer seltener nach Hause und all die romantischen Abende waren Geschichte. Für was hatte ich gekämpft? Nur, um mein Muster zu bedienen, dass mich nie jemand wirklich will! Ich war am Boden zerstört und meine Wut richtete sich vor allem gegen mich selbst. Warum hatte ich mir schon wieder so etwas angetan, wo ich es doch mittlerweile besser wissen müsste?

Die Antwort kam mir hier an diesem See in Bayern: Weil ich mich selbst nicht liebte!

„Liebe deinen nächsten, wie dich selbst", soll Jesus auf die Frage nach dem wichtigsten Gebot geantwortet haben. Aber was war eigentlich diese Selbstliebe? Ich hatte sie bisher immer für Egoismus gehalten und darum penibel darauf geachtet, mehr zu geben, als ich zurückbekam. Denn dem Egoismus aus meinem Elternhaus wollte ich auf keinen Fall in meinem Leben einen Platz einräumen. Doch genau diese Verhaltensweise war egoistisch. Denn wann immer ich mehr gab, als ich erhielt, brachte ich mein Gegenüber in eine Schuld. In meinem Kopf überschlugen sich die Gedankenblitze. Ich musste unbedingt herausfinden, was diese Selbstliebe war. Ich fragte mich, was ich an mir mochte-und erhielt keine Antwort. Stattdessen fielen mir all die Dinge ein, die ich NICHT an mir mochte. Ich konnte aus dem Stand eine lange Liste von Abneigungen mir gegenüber aufzählen, jedoch empfand ich keinerlei Zuneigung für mich selbst. Ich dachte an die Spiegelübungen zur Rückholung meines Körpers und sehr langsam entspannte ich mich wieder. Wenn dies mit meinem Körper möglich war, dann würde ich auch einen Weg finden, Eigenschaften an mir zu finden, die ich mochte.

Traurig machte ich mich auf den Weg zurück zu meinem Wagen. Wie um alles in der Welt hätte eine Beziehung funktionieren können, wenn ich mich selbst nicht liebte? Natürlich hatte ich lauter Partner angezogen, die mir diese mangelnde Selbstliebe wiederspiegelten! Eigentlich hatte ich immer eine Chance zur Erkenntnis damit erhalten, dachte ich bei mir und tatsächlich fielen mir auch viele

Lernprozesse ein, durch die ich in der Vergangenheit erfolgreich gegangen war. Mein Fokus hatte jedoch darauf gelegen, jede Ähnlichkeit mit meiner Mutter auszumerzen, um nur ja niemandem, den ich liebte, Schaden zuzufügen. Aus diesem Grund nahm ich vieles in Kauf, das mir nicht gut tat. Dabei hatte ich die Selbstliebe hatte außer Acht gelassen. Doch vielleicht war sie ja der letzte Schritt auf dem Weg des Bewusstwerdens?! Waren sie nicht am Ende sogar ein Geschenk der Schöpfung an mich, damit ich vollständig erwachen konnte?

-Wieder auf der Straße ließ ich den großen Schritt, den ich jetzt ging, nochmal auf mich wirken. Ich hatte mich aus der scheinbar sicheren Welt entfernt, um endlich zu mir zu kommen. Es war allerhöchste Zeit und ich hatte ganz sicher das Gefühl, das Richtige zu tun. Ich wollte lieber allein sein, als weiter in den Verstrickungen meiner Vergangenheit auf der Suche nach Sicherheit und Liebe gefangen zu sein. Der Preis war zu hoch gewesen und mir war klar, dass dieses Alleinsein ein anstrengender aber schlussendlich befreiender Prozess werden würde. Und freute mich schon sehr darauf, festzustellen, was diese Frau, die sich hier gerade aus dem Sumpf der Vergangenheit zog, mir alles zu sagen hatte. Ich freute mich auf: MICH!

Als ich durch das schöne Österreich fuhr, war es Zeit, darüber nachzudenken, wie ich die Nacht verbringen würde, denn irgendwann musste ich ein wenig schlafen. Ich hatte eine kleine

Matratze im Auto und geplant, an der Raststätte ein wenig auszuruhen. Ein wenig mulmig wurde mir jetzt schon, denn Deutschland lag hinter mir und mir wurde bewusst, dass es schon ein kleines Abenteuer war, auf das ich mich da eingelassen hatte. Als ich an der nächsten Tankstelle hielt, fragte ich die Angestellte dort, wie sicher hier die Rastplätze seien. Sie schlug beinahe die Hände über dem Kopf zusammen, als sie hörte, dass ich dort einige Stunden schlafen wollte und erzählte, dass üble Zigeunerbanden unterwegs seien und ich mir auf jeden Fall ein Zimmer nehmen solle.

Da war sie wieder, meine alte Angst vor Zigeunern. Ich bedankte mich und setzte meine Fahrt mit einem unguten Bauchgefühl fort. Himmel, wer konnte denn ahnen, dass es hier kriminelle Zigeuner gab? Ein Zimmer kam jedoch nicht in Frage, da ich es mir zeitlich nicht erlauben konnte, mehrere Stunden am Stück zu schlafen. Die Fähre morgen nach Korfu würde sicher nicht auf mich warten und ein weiteres Ticket konnte ich mir von meinem wenigen Geld nicht unbedingt erlauben. Kurz dachte ich an eine Umkehr. Doch dann besann ich mich meines Vorhabens und kam zu der Erkenntnis, dass hier mal wieder alte Kräfte am Werk waren. Entschlossen fuhr ich, bis es langsam dunkel wurde und suchte mir einen belebten Rastplatz. Dort angekommen hielt ich Ausschau nach den angekündigten Banden, konnte jedoch nichts entdecken! Also besorgte ich mir einen Kaffee und ein Brötchen aus dem

Restaurant und fragte dort noch einmal nach, für wie gefährlich die dortigen Mitarbeiter ein kurzes Nickerchen meinerseits hielten. Tatsächlich erhielt ich eine ähnliche Auskunft wie vor ein paar Stunden an der Tankstelle, jedoch wies man auf einen Platz direkt neben dem Restaurant, von wo aus man meinen Wagen würde sehen können. Ich schluckte. Na prima. Und schon kam wieder diese alte Erinnerung hoch und die Angst wurde zusätzlich mit der beginnenden Dunkelheit unangenehm.

Zurück im Auto aß ich erstmal und überlegte, wie ich jetzt vorgehen sollte. Plötzlich dachte ich an die wunderbare Ausbildung der Dolphin-Connection und beschloss, mit diesem können meine Angst einfach aufzuspüren und zu löschen. Also lehnte ich mich im Sitz zurück, schloss die Augen und begann, ruhig zu atmen sowie Kontakt zum morphogenetischen Feld dieser heilsamen Meeresengel aufzunehmen. Und es gelang auf Anhieb! Ich weiß nicht mehr, wie lange ich so dasaß und meinen Körper auf Blockaden scannte. Als ich jedoch fertig war, fühlte ich mich erfrischt und mit Energie derart aufgeladen, dass ich beinahe meine Schlafpause vergessen hätte. Besonnen machte ich es mir im Auto bequem und dachte an die soeben erinnerten Bilder aus meinem Kleinkindalter und überlegte, welche Gründe meine Mutter wohl angetrieben hatten, mir eine derartige Angst ausgerechnet vor Zigeunern zu machen. Vielleicht hatte es genau hier und heute sein sollen, dass diese alte, festsitzende Angst auftauchen und erlöst werden könnte.-

MAN ERNTET, WAS MAN SÄT!

„Das Vertrauen ist eine zarte Pflanze. Ist es zerstört, so kommt es so bald nicht wieder!"

(Otto von Bismarck)

Mütter prägen unsere ersten Lebensjahre nachhaltig. Wir sind völlig abhängig von ihnen und unser Überleben hängt von ihrer Fürsorge und Zuneigung uns gegenüber ab. Findet in dieser ersten Lebensphase eine zuverlässige Versorgung statt, erleben wir eine sichere Anbindung an diese für uns erste große Liebe.

Im Falle meiner Mutter waren Fürsorge und Zuneigung mit Sicherheit in den ersten Lebenswochen auch gegeben, denn sonst säße ich heute nicht hier. Unbewusst jedoch hat sie ihre schweren Ängste, die sie nach Aussagen meines Vaters damals schon zeigte, auf mich übertragen. Immer wieder komme ich heute in Situationen, die mir Angst machen und erkenne deutlich, dass es gar nicht meine Ängste sind. Es sind die meiner Mutter (hin und wieder auch die meines Vaters oder anderer Familienmitglieder) und ich sehe es mittlerweile als Segen an, so bewusst geworden zu sein, dass ich das Gepäck meiner Familie nach und nach abgeben darf. Doch die Unsicherheit, mit der ich so geschwächt von all diesen Ängsten durchs Leben ging, bis ich wach wurde, war schwer zu ertragen.

Im Nachhinein kommt es mir vor, als hätte man mir als Jungpflanze alle Triebe, die zu jeder Richtung ausschossen, um die Welt zu erkunden, abgeschnitten und der Stamm wäre viel zu dünn und zerbrechlich in die Höhe gewachsen. Doch dann sehe ich, was für ein prächtiger Wuchs nun in der Krone entsteht, die, durch die fehlenden Seitentriebe, viel näher an der Sonne ist, als ohne diese Beschneidung. Und dann weiß ich wieder, dass alles einen Sinn hat und ich meinen Weg in die Sonne vielleicht genau so gehen musste, um sie zu schätzen zu wissen!

Bewusst erinnern kann ich mich an die erste Angstübertragung ab Beginn des Kindergartenalters. An dem Tag, an dem ich zum ersten Mal alleine den kurzen Weg in den Spielkreis gehen sollte, warnte mich meine Mutter eindringlich davor, in ein fremdes Auto zu steigen. Soweit eine gute Belehrung. Doch dann weitete sie die Geschichte aus und erzählte von Menschen, die man Zigeuner nannte und die kleine Kinder einfingen, um sie dann als Sklaven weiterzuverkaufen. Ich weiß noch, dass ich einen ordentlichen Schrecken bekam. Doch sie fuhr fort. Nie würde ich sie wiedersehen und unsägliche Qualen leiden, wenn ich mit diesen Menschen mitginge. Wie sie aussahen, sagte sie mir nicht. Doch dass sie immer, wirklich immer einen Mercedes fahren und hinter der nächsten Ecke lauern würden. Ich solle jedem Auto mit einem Stern unbedingt aus dem Weg gehen. Was ich allerdings tun sollte, wenn mich tatsächlich jemand mitnehmen wollte, erfuhr ich nicht.

Ich ging also los, mit Beinen wie aus Wackelpudding und im meinem Kopf wiederholte ich die Worte „Zigeuner und Mercedes" sowie „Mama nie wieder sehen". Der Fußweg dauerte circa 5 Minuten und ich sah ängstlich auf jedes Auto, das am Straßenrand stand. Keines mit Stern. Beim Spielen während des Vormittages vergaß ich meine

Angst, sie holte mich jedoch umgehend ein, als ich mittags auf dem Nachhauseweg war. Nur einige Meter vom Kindergarten entfernt erblickte ich ein Auto mit Stern. Ich blieb wie angewurzelt stehen. Der Wagen war hellblau und ich sehe ihn heute noch deutlich vor mir. Niemand saß darin und als ich mich an die eindringlichen Worte meiner Mutter erinnerte, war ich fest davon überzeugt, dass gleich jemand hinter einer Ecke hervorspringen und mich in den Wagen zerren würde. Ich wusste aber auch nicht, was ich jetzt tun sollte. Mit drei Jahren hatte ich spontan keine Lösung für eine solche Situation parat. Also fing ich laut an zu weinen und kam mir hilflos und ausgeliefert vor. Eine meiner Kindergärtnerinnen wurde auf mich aufmerksam und eilte auf mich zu. Verdutzt fragte sie, was denn los sei. Und ich zeigte auf das Auto mit der Erklärung, dass Zigeuner mich mitnehmen würden. Sie tröstete mich und erklärte, dass dieses Auto jeden Tag dort stünde und einer Familie aus der Nachbarschaft gehörte. Dann brachte sie mich nach Hause und bat meine Mutter, den Weg vielleicht lieber noch eine Weile zusammen mit mir zu gehen.

Die Kopplung dieser Angst an ein „Mama nie wieder sehen" sorgte dafür, dass diese sich sehr tief verwurzelte. Noch oft in meiner Kindheit fühlte ich mich in Gefahr, wenn ich einen Mercedes sah. Die anderen Kinder lachten dann über mich, wenn ich abrupt in ein Gebüsch oder hinter einen Baum sprang.

-Und nun war ich in diese Situation in Österreich geraten, die sofort auf diese tief verwurzelte Angst aus meinem dritten Lebensjahr zugriff. Wieder war weit und breit kein Zigeuner zu sehen und ich schämte mich auch dafür, diese Menschen ein Leben lang als Kinderräuber betrachtet zu haben. Das alles hatte immer nur in meiner Fantasie existiert und mir doch so massive körperliche Symptome wie Bauchweh und Herzrasen verursacht. Ein weiteres Beispiel dafür, wie wir unsere Kinder durch eine falsche Saat schwächen können.

Ich dachte an die Gründe meiner Mutter für diese furchteinflößende Prophezeiung und natürlich hatte sie es gut gemeint. Sie war im schlechtesten Viertel Kölns während des Krieges geboren worden und ich kann mir sehr gut vorstellen, dass sie viele schlimme Dinge erlebt und gesehen hat. Leider sah sie keinen anderen Weg, als mir ihre Ängste 1:1 weiterzugeben. Doch jetzt hatte ich vom Universum die Gelegenheit bekommen, diese alte Pflanze aus Angstsaat mitsamt ihren Trieben herauszureißen und gegen eine gesunde Vorsicht auszutauschen! Und zwar auf dem gleichen Weg, wie sie entstanden war: mit meiner Fantasie!

Ich schloss die Augen und visualisierte sowohl meine Mutter als auch mich selbst als Dreijährige. Dann bedankte ich mich bei meiner Mutter für die Warnung und sagte ihr, dass es ohne Angst auch in Ordnung gewesen wäre. Danach umarmte ich sie. Anschließend kniete ich mich hinunter zu meinem dreijährigen Selbst und erklärte ihr, wie Mama es eigentlich gemeint hatte. Dann gab ich das Kind meiner Mutter an die Hand und kam zurück an die Raststätte. Und es wirkte. Sowohl das Aufspüren der Blockaden im Körper als auch die Reise zum inneren Kind waren fantastische Werkzeuge! Ich hatte die Wurzel der Angst mit der gleichen Waffe bekämpft, mit der ich sie erschaffen hatte: meinem Denken!

Entspannt schloss ich erneut die Augen und fiel für einige Zeit in einen erholsamen Schlaf. Ich hatte auf meinem Weg zu mir selbst gerade einen entscheidenden Schritt getan: ich war vom Opfer zum Schöpfer geworden!

Als ich erwachte, war es bereits dunkel und ich fühlte mich ausgeruht genug, um meinen Weg fortzusetzen. Voller Energie und Zuversicht fuhr ich Richtung Italien. Wenn alles glatt lief, würde ich morgen noch einen Zwischenstopp in Rimini machen können, bevor ich zum Fährhafen nach Ancona kommen würde. Ich fühlte eine Freiheit in mir, die mir nahezu Flügel wachsen ließ. Endlich einmal konnte ich ganz für mich da sein und all die wunderbaren kleinen Heilungen, die ich erfuhr, machten mir Mut für meinen neuen Lebensabschnitt. Ich wollte mich einfach dem Fluss des Lebens hingeben, spüren, was das Leben mir eigentlich zeigen wollte und mich meiner größten Herausforderung stellen: im Vertrauen zu bleiben.

Das Leben sorgt für uns, dessen bin ich mir absolut sicher! Wie oft hatte ich Chancen zum Wachsen einfach übersehen. Manchmal unbewusst, oft auch bewusst. War meinem Ruf nicht gefolgt und hatte meine Bestimmung ignoriert, in der Angst, was andere dann wohl über mich gedacht hätten oder nicht mehr akzeptiert zu werden. Dadurch hatte ich mir selbst die größten Schmerzen zugefügt. Und nun war ich an einem Punkt angekommen, wo es mich einfach nicht mehr interessierte, wer in welcher Weise über mich dachte. Ganz deutlich war nach meinem Entschluss vor ein paar Wochen geworden, auf wen ich mich verlassen konnte, wer mich unterstützte, anstatt mir Steine in den Weg zu legen. Und wer an mich glaubte. Doch ich würde mein Leben nicht mehr für andere Leben und aus der Rolle der absoluten Anpassung heraustreten. Dies war eine Familientradition, die ich nicht fortsetzen würde. Leider war mir das erst am Sterbebett meines Vaters bewusst geworden und wieder tauchten die schmerzhaften Bilder seiner letzten Stunden vor meinem inneren Auge auf. Als ich mich gerade davon ablenken wollte, erinnerte ich mich daran, dass der Weg zur Heilung nicht um den Schmerz herum, sondern mittendurch führte, atmete einmal tief durch und ließ mich ein!-

HERZSCHLAG INS NICHTS

„Die meisten Menschen haben Angst vor dem Tod, weil sie nicht genug gelebt haben!"

(Sir Peter Ustinov)

Mein Vater kämpfte zwei Nächte um sein Leben. Er starb nicht, wie mir der Arzt ausdrücklich versichert hatte, an einem Sonntag. Sie stellten die kreislaufstabilisierenden Medikamente ein und wir rechneten in den nächsten zwei Stunden mit seinem letzten Atemzug. Doch nichts dergleichen geschah. Irgendwann schickte die Nachtschwester alle nach Hause mit der Erklärung, dass er vielleicht nicht gehen könne, wenn alle so sehr an seinem Bett weinten. Er wurde in ein anderes Intensivzimmer verlegt und ich saß in einem Stuhl an seinem Bett, traute mich nicht, in allein zu lassen oder gar einzunicken. Irgendwann schlummerte ich durch das monotone Piepen der Geräte doch kurz ein und sah meinen Vater vor mir stehen. Gesund, jedoch vollkommen unglücklich. Er wollte mir etwas sagen, doch ich konnte ihn nicht hören. Ich schrak hoch und sah auf den Herzmonitor-unverändert. Ich schob eine Hand unter seine Schulter, damit er spürte, dass ich da war.

Gegen Morgen wechselte das Ärzteteam und ich wurde gefragt, ob man den Defilibrator ausschalten solle, da dieser immer wieder Schocks auslöste und dies für meinen Vater sehr schmerzhaft sei. Mein Vater hatte in seiner Patientenverfügung ausdrücklich darum gebeten, keine lebensverlängernden Maßnahmen an ihm vorzunehmen und so stimmte ich zu. Wiederum versicherte mir ein Arzt, dass mein Vater nun schnell sterben würde. Es war furchtbar, ihn so zu sehen. Am Beatmungsgerät mit so vielen Schläuchen überall. Wäre ich gestern nur eine halbe Stunde eher im Krankenhaus angekommen, hätte ich ihn noch einmal sprechen können. Doch dann hätte ich auch seinen Herzstillstand miterlebt. Vielleicht sollte es so sein. Wie gern hätte ich ihm noch einmal in die Augen gesehen.

Stunden vergingen, ohne dass das Herz meines Vaters aufhörte zu schlagen. Ich verstand nicht, was hier vor sich ging und wurde langsam ungehalten den Ärzten gegenüber. Wie konnten sie mir an zwei Tagen hintereinander sagen, dass mein Vater jeden Moment sterben würde? Es wurde beschlossen, das starke Schlafmittel, dass man ihm gab, abzusetzen und ihn aufzuwecken, da er wohl einfach noch nicht sterben wollte. Meine Gefühle fuhren Achterbahn. Gestern sollten wir uns verabschieden und heute würde er wieder aufwachen. Ich war außer mir vor Freude! Ich fragte mich jedoch, ob es für ihn ein Segen wäre. Er hatte sich immer gewünscht, einfach tot umzufallen und nun lag er hier bereits seit 24 Stunden und quälte sich so sehr.

Einige Stunden später wurde er wach und ich konnte nicht aufhören, zu weinen. Tatsächlich sahen mich diese himmelblauen Augen, die sich längst hätten schließen sollen, sogar leicht verschmitzt an. Man zog den Beatmungsschlauch heraus und mein Vater wollte mir etwas sagen. Doch obwohl ich mein Ohr an seine Lippen hielt, konnte ich ihn nicht verstehen. Ich erinnerte mich an den Traum von letzter Nacht und suchte verzweifelt nach einer Erklärung. Doch ich war so froh, dass ich ihn wiederhatte, dass ich diesen Traum verwarf.

Am Abend wurde er auf ein normales Zimmer verlegt und ich bekam ein zweites Bett, dass ich an das seine heran schob. Sprechen konnte er immer noch nicht, war aber vollkommen ansprechbar. Zu diesem Zeitpunkt war ich fest davon überzeugt, dass mein Vater wieder gesund werden würde. Dann sah ich, dass Tränen über sein Gesicht liefen und mein Herz krampfte sich schmerzhaft zusammen. Ich spürte, dass seine Zeit gekommen war und er es wusste. Er wollte so gern noch bleiben und ebenso gern wollte ich ihn bei mir behalten. Ich legte meinen Arm unter seine Schultern, da er oft hustete, um ihm dabei ein wenig aufzuhelfen. Noch nie in meinem ganzen Leben war ich mir so hilflos vorgekommen! Mittlerweile war ich völlig übermüdet, da seit meiner Ankunft im Krankenhaus 30 Stunden vergangen waren. Wir waren mittlerweile endlich allein und es wurde Nacht. Ich sagte meinem Vater, dass wir jetzt ein wenig schlafen müssten, so wie früher, als ich klein war und mit ihm Mittagsschlaf gehalten hatte. Wir schliefen beide kurz darauf ein.

Gegen Mitternacht erwachte ich, weil mein Vater sich unruhig hin und her bewegte. Ich sah ihn an und wusste, dass sein endgültiges Sterben nun begann. Nachdem ich die Ärztin hatte rufen lassen und sie mir mein Gefühl bestätigte, bat ich darum, dass man alle noch im Körper befindlichen Schläuche ziehen möge. Ich wollte, dass er in Würde gehen konnte. Die nächsten Stunden waren unruhig und grausam. Er schreckte immer wieder hoch, sah sich mit weit aufgerissenen Augen im Raum um, so, als würde er etwas sehen und Angst davor haben. Ich sprach mit ihm, wie mit einem Kind, um ihn zu beruhigen und hielt in fest im Arm. Fassungslos sah ich mit an, wie dieser Mensch, den ich so sehr liebte, mit dem ich so schwere Stunden zusammen durchgemacht hatte und den ich in meinem Leben behalten wollte, sein Leben verlor.

Doch es war traurige Realität-die letzten Stunden meines Vaters waren angebrochen und während er in meinem Armen seine letzten Atemzüge tat, gingen mir die merkwürdigsten Gedanken durch den Kopf. Sollte das alles gewesen sein? Ich blickte auf sein Leben zurück. Was ich sah, waren Angst, Trauer, harte Arbeit und mehr Alkohol, als ihm gut getan hatte, um seinen Schmerz zu betäuben. Nie hatte er seine Träume gelebt, seine Talente genutzt, um sich selbst zu entdecken. Und erst recht hatte er sich sein Leben lang verboten, zu zeigen, was er fühlte.

Alles in mir tat weh, ich war so unendlich hilflos bei dem Versuch, ihm diesen Abschied leichter zu machen und erzählte von den wenigen schönen gemeinsamen Erinnerungen.

Bilder meines eigenen Lebens zogen automatisch mit an mir vorbei und ich sah die gleiche Angst, die gleiche Trauer und fragte mich, auf was ich eines Tages zurückblicken wollte, wenn meine Stunde gekommen war? Wie oft hatte ich mich bereits selbst verleugnet, was waren eigentlich meine Talente und welche Träume schlummerten in meiner Seele? Wann war ich vom Weg abgekommen, hatte ich überhaupt jemals einen eigenen gehabt oder war ich dem meiner Eltern gefolgt? Wie oft sprach ich meine wahren Gefühle aus?

Erschrocken stellte ich fest, dass ich ebenso gefangen war, wie dieser wunderbare Mensch, der jetzt würde gehen müssen. Ich befand mich in einem ständigen Kampf, um ein nach außen gesellschaftlich anerkanntes Standardleben zu führen. Wem wollte ich es damit eigentlich recht machen? Würde an meinem Sterbebett jemand sagen, dass ich das klasse gemacht hätte, so ein angepasstes Leben geführt zu haben? Oder hätten meine Kinder eines Tages genau die

Gedanken, die ich jetzt bei meinem Vater hatte, für mich? Würden sie mich beweinen oder die Tatsache, dass ich mein Leben nicht voll ausgeschöpft hätte?

Ich spürte den warmen Körper meines Vaters neben mir und verzweifelte beinahe beim Gedanken daran, dass dies unser letztes Beisammensein zumindest in dieser Welt sein würde! Doch ich wusste, alles, was ich noch tun konnte war, ihn loszulassen, damit er friedlich gehen konnte. Ich durfte nicht weinen oder ihn festhalten. Sein Leiden würde bald beendet sein, meines erst beginnen.

Und ich gab ihm und mir in diesem Moment ein innerliches Versprechen: Ich würde mein Leben nach meinen Wünschen und Vorstellungen leben, meine Träume ausgraben, meine Talente finden. Und ich würde mich fortan nicht mehr verstecken, sondern dem Leben ab jetzt vertrauen.

Mir war vollkommen bewusst, dass ich eine lange Zeit um ihn und unsere verpasste Zeit trauern würde. Doch auch diesen Schlag würde ich überstehen und dann für ihn mit leben! Und mit jedem Schritt in ein neues Leben würde ich seine Hand halten, die ich jetzt in diesem Augenblick liebevoll ein letztes Mal streichelte. Sein Körper würde diese Welt verlassen, doch ich war ein Teil von ihm und er lebte weiter-in meinem Herzen!

Als der Himmel sich draußen langsam hell färbte und die ersten Sonnenstrahlen den neuen Tag ankündigten, ging mein geliebter Vater in die andere Welt, in der ich ihn nicht mehr erreichen konnte. Jedenfalls sollte ich das für lange Zeit glauben! Es war zwei Tage nach seinem angekündigtem Todestag und der Geburtstag meines damaligen Lebensgefährten. All diese Zeichen konnte ich an diesem Tag jedoch noch nicht deuten!

-Ich war so sehr in Gedanken versunken gewesen, dass ich meine Umgebung gar nicht mehr wahrgenommen hatte. In diesem Moment fragte ich mich, wer oder was eigentlich den Wagen die letzten Kilometer gelenkt hatte. Als ich mich umsah, bekam ich die leise Ahnung, dass ich vom Weg abgekommen war, denn dieses konnte keine Schnellfahrtstraße sein. Plötzlich fühlte ich mich hilflos und ausgeliefert auf dieser einsamen, dunklen und furchteinflößenden Passstraße mitten in den italienischen Gebirgen. Meine Zuversicht, die ich auf der Raststätte gerade erst gewonnen hatte, verließ mich umgehend und ein altbekanntes Gefühl der Panik stieg in mir auf. Schweißgebadet umklammerte ich das Lenkrad meines Wagens. Meine Beine begannen unkontrolliert zu zittern ich spürte einen Eisenring um meine Brust, was mir Atemnot verursachte.

Über eine halbe Stunde irrte ich bereits umher. Sollte dies das jähe Ende meines Aufbruchs in ein unabhängiges Leben sein? Hatte ich mir zu viel zugetraut? Die Scheibenwischer schienen den Kampf gegen den strömenden Regen zu verlieren und im Scheinwerferlicht sah ich links das steil aufragende Bergmassiv und rechts von mir den schwarzen Abgrund. Keine Häuser, keine Menschen weit und breit. Das Navi hatte keinen Kontakt zum Satelliten, was wahrscheinlich der Grund für diese Irrfahrt war und ich stellte es resigniert aus. Ich hatte absolut keine Ahnung, wo ich war und wie ich hier wieder rausfinden konnte. Zum Wenden war die Straße einfach zu eng. Bereits, als ich einige Stunden zuvor über den Brenner gefahren war, hatte ich erste Anzeichen von Unruhe verspürt. Hohe Berge machten mich auf eigentümliche Weise extrem nervös. Ich hatte geglaubt, dort bereits die größte Herausforderung überstanden zu haben. Doch jetzt war es noch schlimmer gekommen. Viel schlimmer!

Dann, scheinbar ohne mein Zutun, entrann ein Schrei meiner zugeschnürten Kehle. Er durchdrang die Stille der Finsternis um mich herum und rüttelte mich wach. Nein, aufgeben kam nicht in Frage. Ich hatte beschlossen, meinen Weg nach vorn zu gehen und mich von den bleischweren Ketten der Vergangenheit endgültig zu lösen. Vor mir lag der schöpferische Heilweg, hinter mir die Opferrolle.

Noch immer zitternd und mit vor Angst tränennassem Gesicht begann ich intuitiv zu beten. Wenn mir hier jemand helfen konnte, dann die unendliche Intelligenz, Gott:

„Herr, bitte hilf mir jetzt und hier! Ich fühle mich verloren und habe keine Kraft mehr, um meinen Weg allein zu finden. So viele Schmerzen und Ängste habe ich ausgehalten und dennoch mein Herz immer wieder für dich geöffnet. Wenn ich auf dem richtigen

Weg bin, dann zeige es mir. Ich lege mein Leben in deine Hände, im festen Vertrauen auf deine Existenz! Ich weiß einfach, dass etwas gibt, das größer ist und für uns sorgt. In meinen dunkelsten Stunden konnte ich es spüren und darum bitte ich auch jetzt um Beistand."

Nichts!

Doch ich gab nicht auf. Klar hatte ich plötzlich all die Situationen meiner Kindheit vor Augen, in denen ich auch um Hilfe gebeten hatte, was ich damals leider nicht immer tat. Doch wenn ich Todesangst verspürte oder dachte, dass ich jeden Augenblick an der Gewalt zerbrechen würde, dann kam auf mein Flehen eine Antwort. Entweder ließ meine Mutter von mir ab, weil das Telefon klingelte oder sei tat sich an den benutzten Gegenständen selbst weh. Ja, ich hatte einen Schutzengel, Gott, Jesus oder was auch immer es war, an meiner Seite gehabt.

In irgendeinem Buch hatte ich gelesen, dass man in der Not das „Vaterunser" zehnmal hintereinander beten solle und ich begann augenblicklich damit. Zu meinem eigenen Erstaunen fiel mir jedes Wort sofort wieder ein, sogar in der Fassung der Urchristen, obgleich ich zwar an einen Schöpfer glaubte, jedoch seit Jahren keine Kirche mehr betreten hatte. Glaube bedeutete für mich vor allem eins: Freiheit!

Ich betete immer und immer wieder die gleichen Worte, unablässig, und lenkte meinen Wagen nahezu im Schritttempo die enge Fahrbahn entlang, immer darauf bedacht, nur nicht zu weit nach rechts zu kommen, wo sich der rabenschwarze Abgrund auftat. Dann schoss mir eine Gedanke durch den Kopf: wenn ich an einen Schöpfer glaubte, dann musste ich auch daran glauben, dass ich selbst ein Teil dieser Schöpfung war. Und daraus konnte sich nur ergeben, dass ich ebenso unendlich und reine Liebe sei. Denn die Schöpfung bestand aus purer Liebe! Wo aber Liebe ist, existiert keine Angst! Also hatte ich eine Entscheidung zu treffen, denn Angst und Liebe konnten nicht zeitgleich in mir existieren.

Und ich entschied mich für die Liebe!

Noch einmal sprach ich innerlich "Herr, ich verstehe nun, dass ich diesen Weg nach vorne nur in Liebe gehen kann. Meine Angst ist ein Teil meiner Vergangenheit, in der ich mich gefangen hielt. Und sie gehörte damals zu mir, um mich zu schützen. Jetzt aber brauche ich sie nicht mehr, denn ich erkenne, dass nur die Liebe heilt. Ich bitte dich, meine Angst liebevoll aufzulösen."

Mein Konfirmationsspruch kam mir in den Sinn, 25 Jahre hatte ich nicht an ihn gedacht: „Behüte dein Herz mit allem Fleiß, denn daraus quillt das Leben!" Eine tiefe Ruhe erfüllte nach und nach jede meiner Körperzellen, als mir die Bedeutung dieser Bibelzeile bewusst wurde, die ich damals mit 14 Jahren intuitiv gewählt hatte. In meinem Herzen war die reine , heilsame Liebe zu finden! Doch ich war hier gerade im Verstand unterwegs. Und dieser kannte nur die alte Programmierung der Angst!

Ein Lächeln erschien auf meinem Gesicht. Es war alles in Ordnung-ich würde hier sicher herauskommen! Ich fühlte es mit der gleichen Gewissheit, mit der ich erkannte, dass Gott nicht irgendwo ist, sondern in mir und in jedem anderen Geschöpf dieser Welt! Er war in jedem Baum, in jeder Pflanze zu finden, er WAR das alles! Ich würde nie tiefer sinken, als in seine Geborgenheit!

Nach einigen Minuten bog aus einer kleinen Seitenstraße ein Wagen mit deutschem Kennzeichen vor mir ein. Ich wunderte mich nicht, sondern folgte ihm vertrauensvoll! Knapp 10 Minuten später verließ ich die Passstraße und fuhr auf der Autobahn Richtung Gardasee! Ich hatte auf den richtigen Weg zurückgefunden-innen wie außen!

Morgen würde ich sicher und wohlbehalten auf der Fähre nach Korfu sein. Diese Insel, die mich wenige Wochen zuvor in ihren Bann gezogen hatte!-

LIEBE AUF DEN ERSTEN SCHRITT

„Wir handeln, wir leben nach bestimmten Mustern, die bewusst oder zutiefst unbewusst vom Denken vorgeschrieben werden. Es ist außerordentlich wichtig, das Denken zu verstehen, denn das Denken hat die Menschen getrennt, national, geographisch, nach ihren Glaubensvorstellungen, nach ihren Dogmen."
(Krishnamurti, Vollkommene Freiheit)

Welcher Zu-Fall mich zum ersten Mal auf diese Insel brachte, berichtete ich eingangs bereits. Meine damalige Beziehung stand vor dem Aus, die Trauer um meinen Vater wollte nicht weichen und durch die Ausbildung bei Sarah hatte ich auf meinen spirituellen Pfad zurückgefunden, den ich im Laufe meines Lebens immer wieder verleugnet hatte. Kurzum wollte ich einfach meinen Kopf frei und mein Herz weit kriegen! Da ich bereits in den nächsten Tagen starten konnte, nahm ich das Angebot des Reisebüros für eine 5-tägige Pauschalreise nach Korfu dankend an. Wie sehr das Universum in diesem Moment für mich sorgte und dass wir, wenn wir bereit sind und ins Vertrauen gehen, alles bekommen, was wir zum Wachsen benötigen, wurde mir hier bereits am zweiten Tag bewusst!

Nachdem ich den ersten Tag fast ausschließlich im Hotel verbracht hatte und mein Telefon beobachtete, in der stillen Hoffnung, mein

Lebensgefährte würde mir schreiben, dass er mich vermisst, beschloss ich tags darauf, all meinen Mut zusammen zu nehmen und die Insel zu erkunden. Noch immer war mir etwas flau im Magen, denn zum allerersten Mal war ich völlig allein in der Fremde. Als ich langsam realisierte, dass meine Panikattacken von damals auch jetzt nicht auftauchten, fing ich an, mich zu entspannen.

Es war zugegebener Maßen äußerst ungewohnt, mit mir allein zu sein. Gleich nach meinem achtzehnten Geburtstag war ich aus dem Elternhaus zu meinem damaligen Freund gezogen und ein paar Monate später schwanger. Von diesem Zeitpunkt an war ich rund um die Uhr bis vor einigen Monaten für andere da. Männer, Kinder, Job. Ich liebte meine Mutterschaft. Die Tatsache, dass ich jedoch alleine mit den Kindern war, ließ die Jahre nicht immer stressfrei ablaufen. Als meine Kinder mich nicht mehr täglich brauchten, ging ich eine Beziehung mit einem Vater von zwei Jungen ein, für die ich mich automatisch mitverantwortlich fühlte. Und nun war ich endlich allein! Niemand erwartete etwas von mir. Es gab keinen Haushalt, keinen Garten und keine Kinder zu versorgen. Es ging allein um mich. Und ich wusste nicht so recht etwas mit mir anzufangen. Unruhe kam auf und als ich bemerkte, dass ich versuchte, mich abzulenken, hielt ich bewusst inne und fühlte dieser Unruhe nach. Nicht gebraucht zu werden machte mich traurig, denn ich setzte es unbewusst gleich mit der Emotion des Ungeliebtseins.

Ich kam am Meer an und ging barfuß durch das kristallklare Wasser, um dieser Erkenntnis nachzugehen. Hatte ich vielleicht versucht, mich immer und überall unentbehrlich zu machen, um geliebt zu werden? Wie oft hatte ich Aufgaben freiwillig übernommen, die ich eigentlich nicht erledigen wollte und zu denen mich auch niemand gezwungen hatte, weil ich die Hoffnung hatte, dadurch geliebt und gelobt zu werden? Welches Muster steckte dahinter?

Es war nicht schwer, dies herauszufinden. Es war ein weiterer unerlöster Kummer meines inneren Kindes. Ich sah es deutlich vor mir, wie es der Mutter als Überraschung eine Abendessen machte und Schmetterlinge im Bauch hatte, als diese das kleine Mädchen dann überschwänglich lobte. Ich sah aber auch, wie sehr es die Kleine fand, ihre Mutter dann ständig zu bedienen. Nochmal Salz, ein Glas Cola, Zigaretten holen, während Mama gemütlich auf dem Sofa lag. Ein anderes Bild war, wie dieses innere Kind dem Vater seinen geliebten Obstsalat für den Fernsehabend vorbereitete in der Hoffnung, dass dieser dann ausnahmsweise mal nicht in die Kneipe zu seinen Freunden ging, sondern ihr seine Aufmerksamkeit schenkte. Wie traurig war sie, als sie diesen Wettbewerb verlor und er erst tief in der Nacht betrunken zurückkam. Doch ohne Unterlass erfand sie neue Überraschungen für ihre Eltern, für ihren Vater mit der Sehnsucht nach Aufmerksamkeit, für ihre Mutter um diese friedlich zu stimmen.

Es war, als hätte ich einen Topf aufgemacht, auf den ich nun den Deckel nicht mehr draufbekam. Tausende von Bildern überfluteten mich mit Erinnerungen, die ich lange verdrängt hatte. Traurigkeit stieg in mir auf und ich suchte mir ein abgelegenes Plätzchen, um den Tränen freien Lauf zu lassen. Ich war überrascht, wie viel Trauer noch in mir steckte und dankbar für die wunderbare Technik der Arbeit mit dem inneren Kind. Als ich diesem Kind nun stumm sagte, dass ich all ihre Bemühungen sah und wunderbar fand und sie sich jetzt endlich ausruhen durfte, erfuhr ich eine friedliche Stille. Dieses Kind hatte so sehr gekämpft für ein wenig Liebe und ich als Erwachsene hatte diese Programmierung unbewusst übernommen. War ich denn nicht einfach ohne Anstrengung liebenswert? Was machte eigentlich mein Selbst von heute aus? Welche Qualitäten mochte ich an mir, war ich mir ihnen überhaupt bewusst?

Die traurige Wahrheit lag gleich hinter dieser Frage. Ich wusste gar nicht, was ich an mir gut fand. Und wenn ich von außen Komplimente bekam, konnten diese nie die Mauer durchbrechen, die mein inneres Kind damals errichtet hatte, aus lauter Glaubenssätzen, die sie fälschlicherweise als die Wahrheit aus Situationen übernommen hatte, die sie damals nicht als falsch oder richtig hatte einschätzen können. Eine tiefe Dankbarkeit erfüllte mich, denn ich verfiel nicht in eine depressive Stimmung oder Selbstmitleid, wie es früher bei traumatischen Erinnerungen der Fall gewesen war und es mich tagelang im Schmerz gefangen gehalten hatte. Sondern ich hatte mit dieser Technik, die ich während meiner letzten Therapie erlernt hatte, ein wunderbares, hochwirksames Instrument in die Hand bekommen, mit dem ich mir überall und zu jeder Zeit selbst helfen konnte.

So gewann ich an diesem zweiten Urlaubstag, während mein Blick in der Weite des Meeres verschwand, die Erkenntnis, dass ich nicht immer, mit Ausnahme meiner Kinder, etwas für andere getan hatte, weil es aus meinem tiefsten Herzen kam. Sondern ich hatte das kleine Mädchen von damals bedient, um endlich die Zuwendung und Aufmerksamkeit zu erhalten, die mir als Kind zugestanden hätte. In jede Richtung hatte ich so agiert. Vollkommen die Muster meiner gesamten Familie übernommen. Brav, artig und angepasst. Die Kleidung perfekt gebügelt, die Wohnung blitzeblank gewienert. Nur im inneren, da herrschte große Unordnung. Natürlich konnte das in meinem Erwachsenenleben nur zu Unmut führen. Denn ich richtete dieses innere Flehen nicht an meine Eltern, sondern an meinen

Partner. Ich richtete meinen Blick auf die Beziehungen meiner Familie und auch meines Umfeldes. Es war ein großes Spielfeld und irgendwie lebten sie alle diese unbewussten Anteile miteinander oder leider auch gegeneinander aus. Jeder trug ein verletztes Kind in sich, das um Erlösung bat. Nur waren es eben unbewusste Prozesse und oftmals hielten sie ein Leben lang an und endeten nicht selten in Dramen. Hieß es deshalb vielleicht Beziehung? Weil man aneinander zog? Und war es nicht auch nützlich, diese unerlösten Anteile in uns mit einem Partner neu ansehen und heilen zu können? Doch dazu brauchte es zwei Erwachte, die auf Augenhöhe und mit viel Mut bereit waren, noch einmal hinzusehen und alte Glaubenssätze infrage zu stellen. Dann, so dachte ich, konnte Heilung auch in einer Liebesbeziehung geschehen. Vielleicht war es erst dann Liebe!

Eine weitere große Erkenntnis war, dass ich für längere Zeit ohne Partner sein würde. Ich wollte mir jetzt, wo ich endgültig diesen heilsamen Pfad eingeschlagen hatte, die Zeit gönnen, meine Wunden zu versorgen, die ich bisher versucht hatte, mit einer Schicht aus schlecht haftenden Pflastern zu verdecken. Hinhören und diesem kleinen, noch sehr laut forderndem Mädchen in mir alle Aufmerksamkeit schenken. Ich wusste, es würde schmerzen. Doch ich hatte während der letzten Jahre den Berg schon halb bestiegen und bereits viele stinkende Pflaster entfernt. Dann würde ich den Rest auch noch schaffen! Würde ich jetzt in die nächste Partnerschaft rutschen, dann träfe ich sicherlich wieder auf jemanden, der mir diese alten, noch gärenden Schmerzen widerspiegelte. Und wieder wäre ich irgendwann allein. Ich brauchte keine Partner mehr, um heil zu werden, der Preis war zu hoch. Die größten Wunden wollte ich alleine schließen und dann irgendwann aufrecht und sehr bewusst eine wirkliche Liebe leben zu können, mit einem Mann, der nicht ebenso schmerzhafte unerlöste Anteile in sich trug und vielleicht nicht hinsehen wollte. Die Zeit der Dramen endete hier. Dies war ein Versprechen an mich selbst!

Ich ging zurück an den Strand und beschloss, mich ein wenig in der frühabendlichen Sonne auszuruhen. Heilung war wunderbar, jedoch auch anstrengend. Es kostete Energie, die Vergangenheit für einen Augenblick noch einmal zu durchleben. Und in den meisten Fällen kamen alle Bilder, die jemals zu einem Thema abgespeichert wurden, gleich mit herauf. Diese erste Flut hatte ich gerade gemeistert und wollte ein wenig dösen, als ich ein heftiges Ziehen um den Solarplexus herum bemerkte. Jahrelang war dies eines meiner Symptome gewesen und erst, seit ich meine jetzige Therapeutin wöchentlich besuchte, war es beinahe verschwunden. Da es sich jetzt meldete, nahm ich es als sicheres Zeichen dafür, dass noch etwas angesehen werden wollte. Und zwar jetzt gleich. Nun ja, dafür war ich schließlich hier, nicht wahr? Mein Unterbewusstsein spielte perfekt mit meinen Plänen zusammen! Ich war dankbar dafür, dass mir die Schöpfung so unglaublich liebevoll bewies, dass ich Unterstützung hatte bei meinem Vorhaben. Noch wie war ich so im Fluss gewesen und immer näher bei mir!

Also schloss ich die Augen und wartete auf das erste Bild!

Doch es kam kein Bild. Stattdessen ein Wissen, eine Antwort aus meiner tiefsten Herzintelligenz. Eine Botschaft, deren Herkunft ich im Nachhinein als Schöpferwissen verstand. Es war einfach da, ähnlich der Erfahrung während der Dolphin-Connection. Anscheinend war ich, einmal mit diesem großen Feld verbunden, jetzt in der Lage, Informationen von dort direkt zu erhalten. Doch dort wäre wiederrum eine unwahre Bezeichnung. Denn wie ich später noch erfahren würde, tragen wir alles in uns. Es gibt kein hier und kein dort. Lediglich unser Verstand braucht diese Unterteilung, um mit der Schönheit der Schöpfung umgehen zu können.

Es waren nur wenige Worte, die, wie auf einem Banner geschrieben, vor meinem geistigen Auge auftauchten und mich umgehend jede Beziehung, die ich geführt hatte, verstehen ließ:

Jede einzelne deiner Begegnungen mit anderen Menschen, sei es deine Familie, deine Freunde oder die Männer, die du geglaubt hast, zu lieben, waren Stationen auf deinem Weg ins Bewusstsein, ohne sie und damit auch den Schmerz, den es dir bereitet hat, hättest du niemals die Erkenntnisse über dein wahres Selbst gewinnen können. Den Schmerz gibt es nur in deinem Ego. Und das Ego kann sich nur auflösen, wenn wir erkennen, woraus es besteht, wie es sich über die Jahre zusammengesetzt hat. Hast du dein Ego erkannt, löst es sich auf. Dann begreifst du, wer du wirklich bist. Dann erfährst du, was die wahre Liebe wirklich ist.

Erstaunt hielt ich inne. Woher waren diese Worte gekommen? Verlor ich den Verstand oder war ich gerade vollkommen in meiner Mitte? Ich fühlte eindeutig die Wahrheit in dieser Botschaft, dennoch gab es einen Teil in mir, der sich aufbäumte. Unzählige Bücher hatte ich in der Vergangenheit verschlungen, über positives Denken, wie Beziehungen funktionieren können, Autosuggestion und so weiter und so fort. Doch alle Versuche, diese Ratschläge in die Tat umzusetzen, hatten mich nur noch mehr verwirrt und mir das Gefühl von Unzulänglichkeit gegeben. In diesem Moment bekam ich ein leises Gespür dafür, dass diese Bücher voll von Geplapper gewesen waren und der Weg in die Befreiung vom Schmerz darin liegt, mich selbst zu verstehen und meine Beziehungen zu anderen Menschen.

Dafür waren sie mir begegnet, um mir mit meinen Reaktionen auf ihr Verhalten zu zeigen, wer ich wirklich war und welche Wunden es in mir noch zu heilen gab. All meine Ängste, meine Wut, meine Glaubenssätze, die ich unwillkürlich aufgezeigt bekam, zeigten mir, wie mein Ego programmiert war. Nun galt es, dieses Geschenk anzunehmen und zu erkennen, dass sie alle nicht mein Selbst ausmachten, sondern von außen in mich eingepflanzt worden waren durch meine Wahrnehmung meines Umfeldes.

Solange ich alte Emotionen wie Wut, Angst, Neid, Eifersucht usw. in mir trug, solange würde ich auch Menschen anziehen, die mir diese erlernte Realität spiegelten. All das, was sich in meiner frühesten Kindheit in meinem heranwachsenden Verstand eingenistet hatte, webte unbemerkt von da an die Schicksalsfäden meines weiteren Lebens. Anstatt dies zu bemerken, wunderte und ärgerte ich mich über Verstrickungen, die daraus entstanden und nahm beinahe an, dass der Schmerz für immer zu meinem Leben gehören und ich nie aus meiner Opferrolle entkommen würde. Ich sperrte mich dagegen, mich selbst zu erkennen, da ich Angst vor dem Schmerz hatte und befürchtete, natürlich unbewusst, ohne mein Opfer-Ich und die Rolle, in die ich durch meine Glaubensmuster hineingewachsen war, nicht mehr weiter existieren zu können. Für meinen Verstand war ich diese Rolle und er konnte sich nichts anderes für mein Leben vorstellen. Wann immer ich in den letzten Jahren kurze Momente des inneren Erwachens hatte, sorgte mein Opfer-Ich, mein Ego, dafür, dass ich sofort in mein altes Muster zurückfiel. Hier lauerte zwar der Schmerz, doch dieser war mir so vertraut geworden, dass ich lieber mit ihm leben wollte, als Neuland zu entdecken.

Dieses Wissen war nicht durch Ratgeber oder Bücher zu entdecken. Es musste aus meinem tiefsten Inneren herauskommen, aus dieser

Herzensintelligenz, die ich irgendwann sehr früh zum Schweigen verdammt hatte, weil meine äußere Welt in meiner Kindheit mir eine andere Wahrheit zeigte. Nur in dem Erkennen, dem aktiven Prozess der Rückkehr zu dieser Intelligenz, konnte ich die ursprüngliche Wahrheit wiederfinden. Nämlich die, dass wir alle reine Liebe sind und diese immer in uns tragen. Nur durch die Erfahrungen des Misstrauens wenden wir uns von ihr ab, da wir glauben, sie hätte uns enttäuscht und belogen. Und anstatt diese Liebe weiterhin vor uns her zu tragen, wie ein Licht, dass uns den einzigen Weg zur Lösung unserer Probleme weisen kann, vergraben wir sie so tief in uns, dass es immer schwerer wird, sie wieder ans Tageslicht zu holen. Wir kopieren das Denken und Handeln anderer, weil wir aus einer misslichen Lage heraus einst dem Irrtum unterlagen, dieses könnte uns beschützen und nehmen automatisch ihre Wertungen über das Leben, andere Menschen und auch über uns selbst als die einzige Wahrheit an. Somit werden wir zu Gefangenen unserer Vergangenheit und flechten stetig weiter die alten Zöpfe unserer Programmierung, die die Gegenwart überschatten und die Zukunft vormalt.

Mir wurde nun vollkommen klar, wie wichtig all die schmerzhaften Erfahrungen in meinen Beziehungen gewesen waren und warum ich die schönen nicht hatte glauben können. Sie gehörten nicht in mein Programm, das man mir eingespielt hatte. Und so blieb der einzige Weg zur Erkenntnis der, solange den Schmerz zu wiederholen, bis ich wahrhaftig einfach nicht mehr konnte. Bis es so sehr um mein Leben ging, dass ich aufwachen MUSSTE, wenn ich weiterleben wollte. Endlich begriff ich, dass ich niemals die Vergangenheit loslassen konnte oder etwas Neues beginnen, wenn ich dem Neuen, der Gegenwart immer und immer wieder mit den Erfahrungen,

Antworten und Vorurteilen von Gestern begegnete. Und wenn ich diesen Weg nun gehen würde, der mir meine Herzintelligenz wieder zugänglich machen und mich zu meinem Ursprung zurückführte, dann würde ich noch einmal diese schmerzhaften Erinnerungen fühlen müssen, denn sie waren unausweichlich mit dem Erkennen meines wahren Selbst verbunden. Ich würde auch fühlen, welche Schmerzen ich aus diesen alten Programmierungen anderen Menschen zugefügt hatte. Dieses war vielleicht der schwerste Schritt, anzunehmen, dass ich nicht nur Opfer, sondern auch Täter gewesen war.

Deutlich kamen nun Erinnerungen an Situationen, in denen ich verletzende Worte aus meiner eigenen Kindheit an andere weitergegeben hatte, in der Illusion, mich mit dieser Wiederholung zu befreien. Ich nahm mir vor, mit einigen dieser Menschen zu sprechen und sie um Verzeihung zu bitten. Gleichzeitig kam ein erlösendes Gefühl von Freiheit in mir auf. Echte Befreiung von allen alten Programmen, Glaubenssätzen und Mustern würde die Belohnung für diese harte Arbeit sein, die in den nächsten Monaten vor mir lag. Vielleicht sogar für Jahre oder mein restliches Leben. Doch mit dieser neuen Erkenntnis sah ich frohen Mutes in meine Zukunft, denn mit dem entfernen eines jeden Steines der aus Programmierungen durch außen meterhohen Mauer, würde ich meinen Kern, mein wahres Sein, allmählich entdecken können.

-Nachdem ich einige Stunden an einer italienischen Raststätte geschlafen hatte, machte ich mich auf zur letzten Etappe meiner Fahrt mit Ziel Ancona. Am Nachmittag ging meine Fähre und ich hatte noch immer reichlich Zeit, um entspannt weiterzufahren. Ein Kribbeln durchzog meinen Körper, eine helle Vorfreude, die mir ein breites Grinsen entlockte. Ich war stolz auf mich, die letzte Nacht so gut überstanden zu haben und genoss die Leichtigkeit, die mir dieses Erlebnis beschert hatte. Ich hatte nicht die leistest Ahnung, was mich auf Korfu erwarten würde, denn außer einem 5-tägigem Seminar, das in zwei Wochen stattfinden würde, und das ich von Deutschland aus gebucht hatte, war ich absichtlich nicht in eine Planung gegangen. Mein Motto hieß immer noch „Vertrauen lernen" und ich hatte lediglich eine Isomatte und einen Schlafsack im Gepäck. Ich hatte mehrere Anfragen für Stellen als Working Guest versendet, auf die ich bereits einige Absagen erhalten hatte, da die Saison bereits begonnen hatte. Doch das trübte meine Freude nicht im Geringsten. Wenn Korfu meine Station auf dem Heilungsweg war, so, wie ich es fühlte, dann würde sich alles dort vor Ort zu meinem besten ergeben. Ich hatte nichts zu verlieren, sondern konnte nur reicher an Erfahrungen werden. Meine Herzintelligenz flüsterte mir außerdem stetig zu, dass alles in bester Ordnung sei und ich verließ mich vertrauensvoll auf ihre Botschaften.

Einige Stunden später war ich endlich im Fährhafen von Ancona angelangt. Hier herrschte reges Treiben und ich brauchte einen Moment, um mich zu orientieren. Ich ließ mir Zeit, denn die Abfahrt würde erst in zwei Stunden sein. Am Schalter jedoch sagte mir die nette Dame nach Vorzeigen meines Tickets, dass ich sofort zur Fähre fahren könne, denn das Boarding beginne in zehn Minuten. Verdutzt realisierte ich, dass ich mir um eine Boardingzeit überhaupt keine Gedanken gemacht hatte. Sofort nach dem ersten Schreck dankte ich dem Himmel für diese ungeplante Pünktlichkeit und bekam einmal mehr den Beweis, dass ich mich auf dem richtigen Weg befand.

Also suchte ich nach der gebuchten Fähre, reihte mich ein und bestaunte die Vielzahl an Fahrzeugen, die alle mit mir dort drauf fahren würden. Es war das erste Mal, dass ich mit einer Autofähre unterwegs sein würde und ich hatte schon etwas Respekt vor der Größe dieses Kahns. Dann wurde ich heran gewunken und eine Kette von Mitarbeitern führte mich per Handzeichen immer tiefer in das Schiff hinab. Ich gebe zu, es war etwas eng und unheimlich. Als ich meinen Wagen geparkt hatte, der zwischen all den Riesen wie eine Ameise wirkte, nahm ich schnellstmöglich den Aufzug zum Deck und erkundete mit meiner Isomatte und meinem Schlafsack unter den Armen das Innere der Fähre. Nachdem ich Restaurants, Bars, Shops und einen Pool hinter mir gelassen hatte, ging ich hinaus, um mir einen Ruhe- und Schlafplatz zu suchen. Ich fand eine ruhige, abgelegene Ecke in der ich mich niederließ und als ich endlich auf der Matte Platz genommen und meine Beine ausgestreckt hatte, stürzte urplötzlich ein Meer von Tränen über mein Gesicht. Alle Anspannung der letzten Stunden, Tage und Wochen wurden weggespült und als ich mich ein wenig beruhigt hatte, sog ich bewusst die Umgebung und vor allem den Blick auf das türkisfarbene Wasser des weiten Meeres in mich auf. Ich hatte es tatsächlich geschafft. Ein wenig fassungslos über diese Tatsache wiederholte ich den Satz laut: „Ich habe es ganz alleine hier herunter geschafft!" Noch mischte sich ein wenig Trauer über meine beendete Beziehung unter dieses Glücksgefühl, doch ich wusste, wenn die Fähre diesen Hafen verließ, würde ich auch mit diesem Mann abschließen. Ich hätte nicht gewusst, was meine Antwort gewesen wäre, wenn er mich gebeten hätte, zurück zu kommen. Sechs Jahre waren eine lange Zeit und ich wäre längst seine Frau gewesen, wenn es nach mir gegangen wäre. Doch ich fühlte intuitiv, dass auch diese Entwicklung meinem Weg diente und ich dies klarer erkennen könnte, wenn die Trauer vorbei war. Und wie viel hätte mir diese Beziehung letztendlich bedeutet, wenn ich nicht traurig über das Ende gewesen wäre? Ja, eine Zeit würde es sicher noch dauern, doch dann wäre auch dies ein Kapitel aus meiner Vergangenheit. Vor mir lag die Zukunft und JETZT fand das Leben statt. Und ich wollte dieses Leben, dieses Abenteuer mit mir selbst, das mich einlud, in die Tiefe meines Seins! Ich war bereit!

Kurz bevor die Fähre ablegte, gesellte sich eine großgewachsene Frau zu mir und fragte mit holländischem Akzent, ob sie sich zu mir in den vom bunten Treiben und der hektischen Platzsuche anderer Passagiere entlegenen Winkel gesellen dürfe. Ich bejahte, spürte jedoch sofort mein Misstrauen, dass ich grundsätzlich gegen Frauen hegte. Aufgrund dessen hatte ich auch nie viele Freundinnen gehabt, sondern hielt mich lieber in der Nähe von Jungs auf, da ich sie bis zu einem gewissen Grad besser einschätzen und mich somit sicherer fühlen konnte. Wir kamen ins Gespräch und diese sympathische Niederländerin fragte mich, was mich nach Korfu brachte. Etwas unsicher über so viel Freundlichkeit erzählte ich ihr meine Geschichte und das ich noch keine Pläne gemacht hätte. Sie war derart begeistert von meiner Flexibilität, dass sie mir spontan eine Unterbringung im Zelt auf dem Campingplatz, auf dem sie seit über 20 Jahren Urlaub machte, anbot. Ebenso spontan nahm ich ihre Einladung dankend an und wir erzählten uns noch ein wenig gegenseitig aus unserem Leben. Als ich ihr von meiner öffnenden Erfahrung mit der war, erzählte sie mir von einem wunderschönen Erlebnis, das sie bei einem Tauchgang in Ägypten mit diesen Meeresengeln hatte. Plötzlich war da eine Basis zwischen uns und wir gingen zusammen zum Essen, bevor wir uns müde schlafen legten.

Als ich endlich zur Ruhe kam und den Sternenhimmel über mir bestaunte, während die Fähre uns friedlich dahingleitend über die See brachte, dankte ich dem Schöpfer für dieses erste heilsame Erlebnis. So viele Jahre hatte ich mir gewünscht, offen auf Frauen zugehen zu können und mein Misstrauen, dass natürlich auf meine traumatische Beziehung zu meiner Mutter zurückzuführen war, abzulegen. Und nun fühlte dieser einst so wunde Punkt sich herrlich warm und weich an.

Es schien mittlerweile ein zur Heilung dazugehöriges Ritual zu sein, dass mein Unterbewusstsein die jeweiligen Erinnerungen zu meiner Herzheilung noch einmal vorführte und ich setzte mich in Gedanken in einen Kinosessel und ließ die Bilder auf der Leinwand ablaufen!

FRAU SEIN

„Das Misstrauen ist die Mutter der Sicherheit."

(Sprichwort)

Im Grunde hatte ich mir während meines Lebens reichlich Mühe gegeben, so wenig Frau wie möglich zu sein. Ich hatte auch keine andere Wahl als Kind, denn meine allerersten Erfahrungen mit Frauen, die mich kraftvoll auf meine Aufgabe als solche vorbereiten sollte, entzog mir die Säulen für ein gesundes Wachstum und Anerkennen meiner Weiblichkeit. Was ich stattdessen lernte war, dass Frauen gewalttätig wie meine Mutter, schutzlos wie meine Großmutter und ich selbst und abweisend wie meine Schwester waren. Da Kinder jedoch ein gewisses Maß an Sicherheit in den ersten Lebensjahren benötigen, suchte ich mir, um zu überleben, die Männer als Vorbild. Dies war zwar in meiner Familie auch ein schwankendes Boot, jedoch überwog die Angst davor, wie die Frauen in meinem Umfeld zu werden, in einem hohen Maß!

Auf all das nimmt ein Kind weder Einfluss, noch ist es ihm bewusst. Es ist ein instinktiver Mechanismus, den man im weiteren Verlauf so lange beibehält, bis er sichtbar wird und wieder verändert werden kann oder von sehr vielen positiven Ereignissen überschrieben wird. Häufen sich jedoch die negativen Erlebnisse, verfestigt sich diese Programmierung, die in diesem Fall: „Vorsicht, Frau, du bist nicht sicher", hieß! Sehr früh entwickelte ich außerdem ein feines Gespür dafür, dass die nicht nur meine Mutter, sondern auch andere Frauen in der Familie selten die Wahrheit sprachen. Das beinahe gesellschaftsfähige Getratsche war derart bösartig, dass ich noch heute Situationen vor Augen habe, in denen ich mir als Kind die Ohren zugehalten hatte. Natürlich sagte man nie einander die

Wahrheit und von Kindesbeinen an brachte man mich in dieses Spinnennetz mit ein und zwang mich zum Lügen.

Sehr früh hatte sich die ältere Schwester meines Vaters von ihrem Vater losgesagt und war geflüchtet. In ihrem ganzen Leben wollte und sollte sie ihn nie wiedersehen, so tief war ihre Traumatisierung. Jedoch hielt sie in den ersten Jahren noch Kontakt zu ihrer Mutter in Form von kleinen Geschenken zu Weihnachten oder zum Geburtstag. Diese schickte sie an meine Eltern, damit sie sie unauffällig übergeben konnten und mein Großvater keinen Verdacht schöpfte. Man überließ diese Aufgabe mir mit der Auflage, nur nicht zu sagen, dass es von meiner Tante kam. Ich war noch nicht einmal im Schulalter und konnte überhaupt nicht verstehen, warum ich das nicht sagen durfte. Hätten sie einfach über die Herkunft der Geschenke geschwiegen, ich hätte mich nie unwohl fühlen müssen. Bis ich circa 12 Jahre alt war, gab mir niemand eine Erklärung dafür, dass diese Tante, die ich sehr liebte aber viel zu selten sah, nicht offiziell zur Familie gehörte und man ihren Namen weder bei meinem Großvater noch bei der jüngeren Schwester erwähnen durfte. Heimlich jedoch nahm mich meine Großmutter oft zur Seite und fragte, ob ich etwas von ihrer ältesten Tochter wüsste und bat mich regelmäßig, sie zu grüßen oder etwas über sie zu erzählen. Das ist bis zum heutigen Tage so geblieben. Besagte Tante wiederum fragt mich auch stets nach dem Wohlbefinden ihrer Mutter, verbietet mir jedoch im selben Atemzug, dort etwas über sie zu berichten. So wurde ich früh zum Pingpongball in einem familiären Lügengebilde.

Die mir auferlegten Unwahrheiten oder Geheimnisbewahrung, wie meine Mutter und meine Großmutter es auch nannten, quälten meine kleine Kinderseele unermesslich. Viele Jahre hatte ich Angst, deswegen krank zu werden oder sterben zu müssen, da ich natürlich wusste, dass Lügen nicht anständig war. Zu allem Übel kam hinzu dass, als ich selbst hin und wieder log, was Kinder in ihrer Entwicklung als Phase durchlaufen, körperlich dafür gezüchtigt wurde. Ich verstand im wahrsten Sinne des Wortes die Welt nicht mehr.

Als die sexuellen Missbrauchserfahrungen hinzukamen, nach denen mir unter Androhung schlimmster Konsequenzen wie: „Du kommst ins Heim, wenn du es erzählst!" oder „Deine Mutter stirbt, wenn das herauskommt!", ein eisernes Schweigen auferlegt wurde, konnte ich selbst bis in meine pubertäre Reife hinein nicht mehr Wahrheit und Lüge unterscheiden. Die Verlockung, sich selbst ebenso durchs Leben zu lügen, weil es scheinbar bequemer für alle Beteiligten war, rief viele Jahre nach mir. Sehr langsam lernte ich, dass die Wahrheit zwar schmerzlich sein konnte, jedoch ein weitaus größeres Wohlbefinden in mir hervorrief!

Und noch viel langsamer streckte ich hin und wieder meine Fühler nach Freundschaften mit Mädchen aus, da ich natürlich instinktiv wusste, dass es meiner Entwicklung zuträglich wäre. Und ich beneidete auch immer diese Freundschaften, beobachtete, wie sich die Mädchen mit Haarspangen gegenseitig frisierten oder ihre Kleider bewunderten. Bis zu meinem 12. Lebensjahr hatte ich eine einzige Freundin, mit der ich auch regelmäßig spielte. Jedoch war ich bereits derart traumatisiert, dass ich sie oft anlog oder aus Eifersucht ihre Schwester hin und wieder verletzte, wenn diese mitspielen wollte. Die Eltern dieser Mädchen sprachen mit meiner Mutter über meine Verhalten und ich wurde natürlich dafür bestraft, was den Teufelskreis verstärkte. Gern gesehen war ich fortan bei dieser Familie verständlicherweise nicht mehr. Wie hätten sie auch ahnen können, dass ich lediglich das mir vorgelebte Verhalten altersentsprechend nachahmte.

Meine Angst vor Frauen bekam unglücklicherweise einen zusätzlichen Verstärker, als ich eingeschult wurde und eine mir verbittert, gestresst und aggressiv erscheinende Klassenlehrerin erhielt. Sah ich träumend aus dem Fenster schrie sie mich an, dass es mich bis ins Mark erschütterte. An einem Karnevalstag, als wir alle unsere Kostüme vorstellten, machte sie sich über meinen Rock lustig, an den meine Mutter kleine Glöckchen genäht hatte und die gesamte Klasse lachte mich aus. Bis dahin war ich stolz auf meine schöne Verkleidung gewesen, besonders, da es eine seltene Zuwendung meiner Mutter gewesen war. Danach konnte ich es nicht abwarten nach Hause gehen zu dürfen und den Rock endlich auszuziehen, denn aufgrund ihrer Vorlage war es meinen Klassenkameraden ein kindlicher Genuss, mich den restlichen Schultag damit aufzuziehen. Diese Lehrerin schrie mich genauso an, wie meine Mutter zu Hause und fühlte mich einfach überhaupt nicht mehr sicher. Zuvor im Kindergarten hatte ich zumindest für einige Stunden Ruhe gehabt und mich meinem Spielen hingeben können. Jetzt war jeder Tag der nächsten zwei Jahre ein Spießrutenlauf. In dieser Schulzeit hatte ich nur einen einzigen Spielkameraden, ein Junge natürlich.

An der ersten weiterführenden Schule lockerte sich meine Angst ein wenig auf und ich versuchte ein paar Treffen mit den Mädchen, die ich neu kennen lernte. Doch nach kurzer Zeit gab ich auf, denn sei verhielten sich, wie Mädchen es in diesem Alter natürlich taten und flüsterten und kicherten viel. Dieses Verhalten wertete ich gegen mich und war bereits nicht mehr in der Lage, mich anzupassen. Irgendwann lernte ich dann ein meine von da an beste Freundin für sehr viele Jahre kennen und sie gab mir ein gewisses Maß an

Vertrauen zurück. Dieses enttäuschte ich jedoch, als ich irgendwann, knapp vor Schulabschluss endlich von den Mädchen meiner Klasse anerkannt und als ihres gleichen behandelt wurde, nachdem sie zuvor einen offenen pubertären Krieg gegen mich geführt hatten, der mich in tiefste Verzweiflung brachte. Ich erlebte einen Höhenflug und vernachlässigte unglücklicherweise ausgerechnet die Person, die mir so viel Freundschaft entgegengebracht hatte. Als ich es erkannte, verzieh sie mir nicht und ich warf mir dieses Fehlverhalten viele Jahre vor. Heute habe ich zum Glück einen seltenen, jedoch regelmäßigen Kontakt zu ihr, worüber ich sehr dankbar bin.

Während meiner Ausbildung, die ich ausgerechnet in einer mit Frauen überbesetzten Apotheke absolvierte, bekam ich erneut zu spüren, wie dominant, gemein und verräterisch die weibliche Gattung sich verhalten kann. Die Verhältnisse glichen bereits als ich dort hineinkam einem Vorzeige-Mobbing im schlechtesten Sinne. Sofort versuchte man, mich auf eine Seite zu ziehen und wieder fehlte mir der Mut, Farbe zu bekennen, beziehungsweise neutral zu bleiben, obgleich ich das Gehetze, das anscheinend den Tag einiger Kolleginnen farbenfroher gestaltete, verletzend und unwürdig fand. Doch als ich ein einziges Mal Partei ergriff, richtete sich die gesamte Front der Pharmaziesoldatinnen gegen mich. Es war grauenhaft!

Wie schon in meiner Kindheit wunderte mich auch während meines Heranwachsens, wie man so miteinander umgehen konnte. Doch noch hielt ich mich selbst für diejenige, die übersensibel und irgendwie nicht in Ordnung war. Noch war mir nicht bewusst, dass ich die ganze Zeit über mein Mitgefühl unterdrückt hatte in dem Glauben, es sei nicht normal, diese Empfindungen zu haben. Mein armes Herz wurde wieder und wieder verschlossen, doch glücklicherweise wohnte ein Phönix darin, der sich immer wieder aus der Asche dieser Enttäuschungen erhob und die Fensterläden weit nach außen öffnete. Heute halte ich mein Herz weit geöffnet, auch wenn es immer wieder Momente, gerade mit Frauen gibt, in denen mit dem Strom schwimmen so angenehm einfach wäre. Allerdings wäre es hochmütig, von mir zu behaupten, dass ich den einzig richtigen Weg gehe und über den Frauen stehe, die diese Machtspiele ausüben. Jeder geht seinen eigenen Pfad ins Bewusstsein und bin froh und glücklich darüber, dass ich den Mut für meinen nicht wieder verloren habe.

Über meine Rückschau war ich irgendwann eingeschlafen und erwachte erst, als meine neue Bekannte mich vorsichtig am Arm berührte, um mir zu sagen, dass wir gerade auf den Hafen von Korfu zusteuerten. Ich sprang aus meinem Schlafsack und stellte mich aufgeregt an die Reling, von wo aus ich die hohen Berge Albaniens bestaunte und die Ausläufer der Insel, auf die ich mich so freute! Ein euphorisches Glücksgefühl durchströmte mich! Ich war zurück auf diesem Eiland, das mir eigentümlicher weise nur vier Wochen zuvor ein ungeahntes Heimatgefühl gegeben hatte. Was würde mich hier erwarten? Wie lange würde ich bleiben können und welcher Platz wartete auf mich? Als atemberaubend schön empfand ich diesen ersten Eindruck, Flora und Fauna dieses Paradieses wirkten bereits jetzt bis tief in meine Seele!

Nachdem die Fähre angelegt hatte, machten wir uns auf den Weg in die Garagen, um uns aus dem Gewirr von Fahrzeugen heraus lotsen zu lassen. Wir verabredeten, uns im Hafen zu treffen und ich folgte dieser unbeschwerten Frohnatur auf die verschlungenen Straßen durch Täler und über Berge bis zu besagtem Campingplatz im Norden der Insel.

Überschwänglich begrüßte man sich und ich wurde als Findling vorgestellt. Herzlichkeit war die erste wunderschöne Erfahrung in dieser Umgebung. Ich half beim Reinigen und Herrichten des Wohnwagens meiner ersten Urlaubsbekanntschaft und machte mich dann an den Aufbau des Zeltes, das sie mir zur Verfügung stellte. Ein weiteres Unternehmen, das ich noch nie allein bewerkstelligt hatte, stellte ich amüsiert fest und war nahe dran, eine Flasche Sekt zu öffnen, als es vollbracht war und ich meine wenigen Habseligkeiten verstaute. Es war schwer zu begreifen, wie viel mir in dieser kurzen Zeit bereits zugefallen war. Noch dazu lernte ich hier wunderbare Menschen kennen, die ich nach kurzer Zeit in mein Herz schloss.

War die Insel der Grund für all das oder war ich ein anderer Mensch in dieser Ferne? Ich wusste es nicht und beschloss auch vorerst, meine anstrengende Reise und die neuen Eindrücke in Ruhe zu verarbeiten. Ich war hier-mehr musste ich zu diesem Zeitpunkt nicht wissen!

Am nächsten Tag machte ich mich daran, den Ort zu erkunden. Ich stürzte mich in die erfrischenden Wellen des Meeres und lag lange einfach nur im Glück badend im warmen Sand. Einige Zeit später machte ich mich auf die Suche nach einem Café und ließ mich in einer englisch anmutenden Bar nieder mit Blick auf das Wasser und die zum Greifen nahen albanischen Berge. Als mir der Kellner meinen Kaffee brachte, kamen wir ins Gespräch und ich berichtete über meine Reise und das ich auf der Suche nach einem Job gegen Unterkunft und Verpflegung war. Nur wenige Minuten später saß ich bei der griechischen Besitzerin des Lokals am Tresen und sie bot mir genau so eine Stelle an. Begeistert sagte ich spontan zu und bereits am nächsten Tag sollte ich zum Probearbeiten als Bedienung erscheinen. Es war nicht die Arbeit, die ich gesucht hatte, jedoch dachte ich zu dem Zeitpunkt, dass ich aufgrund der bereits laufenden Saison keinen Platz als Masseurin oder ähnlichem bekommen würde. Prinzessin war ich ebenfalls nicht und wenn ich ein Dach über dem Kopf sowie etwas zu essen bekommen würde, war ich bereits zufrieden.

VOM SIGNALHORN UND DER NACHTIGALL TEIL I

„Prüfungen messen, was die Angst übriggelassen hat…"

(Quelle unbekannt)

Die Einarbeitung in der Bar verlief problemlos, da ich vor Jahren einige Erfahrungen in diesem Job gesammelt hatte. Es machte mir sogar Spaß, denn ich lernte viele nette Urlauber kennen, die aus allen Regionen Europas hierhergekommen waren, um sich zu erholen. Nach einigen Tagen begann die Eigentümerin mit mir über Deutschland und die Griechenlandkrise zu diskutieren, wobei es eigentlich mehr ein Monolog ihrerseits war. Ehrlich gesagt nervte es mich ein wenig, denn ich hielt solche Debatten für völlig nutzlos. Sie erzählte mir von der deutschen Kriegsschuld gegenüber den Griechen und zeigte mir abscheuliche Videos über Greueltaten der Nazis. Ich tat, als würde es mich interessieren und fühlte mich entsetzlich unwohl dabei. Sie schien die Deutschen nicht besonders zu mögen und ließ auch an selbigen Gästen kein gutes Haar. Ein kleines Alarmlämpchen leuchtete bereits in mir auf, dass sie hier mit mir unbewusst versuchte, etwas aus ihrer eigenen Biografie aufzuarbeiten. Doch ich war schließlich bereits in mein neues Appartement eingezogen und wollte nicht gleich alles hinschmeißen.

Sie war unglücklich verheiratet, was sie mir ebenfalls wiederholt schilderte und ich konnte täglich auch Zeuge der unschönen Auseinandersetzungen zwischen ihr und ihrem Mann werden, der den Thekenbereich leitete. Sie schrie oft so laut, dass die Menschen auf der Straße stehen blieben und ich mich ein wenig fremdschämte. Aus meinem Alarmlämpchen wurde eine Signalleuchte. Doch ich fühlte mich bereits abhängig. Wo sollte ich eine andere Stelle finden mitten in der Saison. Ich war fest davon überzeugt, dass sich mir nichts anderes bieten würde. Im Gegenteil, es machte sich sogar etwas Angst in mir bemerkbar, denn in der nächsten Woche fand mein gebuchtes Seminar in einem anderen Teil der Insel statt und ich hoffte inständig, dass dieser Job danach noch auf mich warten würde. Als ich mich auf den Weg ins wunderschöne Örtchen Arillas machte, bat ich in der Bar nochmals eindringlich darum, wiederkommen zu dürfen. Mit einem Handschlag besiegelten wir diese Abmachung und ich ignorierte mein mittlerweile zum taghellen Signalhorn gewachsenes Lämpchen. Jetzt galt es erstmal, dazuzulernen!

QUANTENSPRUNG IN DIE QUELLE

„Erleuchtung ist die erwartungsfreie Hingabe an den Augenblick."

(Richard Ginnow)

(*1970), Schweizer Philosoph

Als ich in Arillas ankam, hatte ich ähnliche Gedanken wie vor einigen Wochen, als ich vor der Tür zu Sarahs Räumen stand und mein innerer Kritiker mir weiszumachen versuchte, dass ich fehl am Platze sei. Ich verfuhr mich heillos und musste Silvia, die das Seminar „Seelenreise" leiten würde, anrufen und sie bitten, mich zum Veranstaltungsort zu führen. Ich stand mit meinem Wagen am Strand und versuchte, das ungute Gefühl in mir einzuordnen. War es derselbe Kritiker wie damals oder handelte es sich um eine echte Warnung? Am Ende der Woche sollte mir klarwerden, dass es sich um alte Anteile meines Egos handelte, dass bereits die Veränderungen fort vom Opferdasein spürte und um seine Existenz fürchtete. Zum Glück vertraute ich meinem Wunsch nach Transformation und folgte Silvia in die wunderschöne Anlage, in der ich die kommenden Tage neu geboren werden würde. Doch noch war ich vorsichtig und verunsichert.

Silvia erzählte mir ein wenig über sich und stellte mir dann Armin vor, ihren Partner im Leben und in der Berufung, der den zweiten Teil dieses Seminars anbot, die Quantenheilung. Armin kam mir merkwürdig bekannt vor und später am Tag erinnerte ich mich, dass ich seine Website bereits im Jahr zuvor gesehen und seine Telefonnummer abgespeichert hatte, um irgendwann ein Seminar in Deutschland zu buchen. Ich hatte damals keine Ahnung, dass die zwei auch auf Korfu agierten und augenblicklich entspannte ich mich, denn mir galt es als sicheres Zeichen, dass ich hier goldrichtig war. Im Laufe des Tages trafen die anderen Seminarteilnehmer ein und wir lernten uns allmählich kennen. Eine bunte Mischung hatte sich hier zusammengefunden und ich war gespannt auf den Beginn des Seelenreisen Seminars. Noch konnte ich mir nicht wirklich viel darunter vorstellen und hatte keine Ahnung, wie viel Heilung mir diese Tage bringen würden, ja, dass ich endgültig mein altes Gewand als Opfer abstreifen und zu meiner Quelle zurückfinden würde. Und hätte ich es geahnt, ich hätte es nicht für möglich gehalten.

Am zweiten Tag hegte ich eine aggressive Abneigung gegen Silvia. Und konnte mir beim besten Willen nicht erklären, warum. Ich fühlte mich einerseits merkwürdig zu ihr hingezogen, andererseits wäre ich ihr am liebsten an die Gurgel gegangen. Ich war fest davon überzeugt, dass mir dieses Seminar schadete, denn mich überfiel eine bleierne Müdigkeit, die ich unerklärlich fand. Mehrfach nickte ich kurz ein, während Silvia sprach und meinte spüren zu können, wie meine Lebensenergie sich auf und davon machte. Das konnte einfach nicht gut für mich sein und ich besprach diese Befürchtungen mit einer lieben Frau aus dem Seminar, die ich bereits ins Herz geschlossen hatte. Sie riet mir, Silvia einfach darauf anzusprechen. Doch das erschien mir unmöglich. Ich wollte so weit von ihr sein, wie es irgend ging und stellte erschrocken fest, dass ich sogar Angst vor ihr hatte.

In dem Moment wurde mir klar, dass sie mich an etwas oder jemanden erinnern musste und ich mich deshalb so miserabel fühlte. Tatsächlich war es meine Mutter, die ich in ihr wiederfand. Sie spiegelte perfekt diese Frau wieder, von der ich dachte, dass ich alle sie und mich betreffenden Verstrickungen bereits aufgelöst hätte. Weit gefehlt, musste ich erschüttert feststellen und zog mich noch mehr zurück. Ich fühlte mich tatsächlich gena so, wie als Kind, wenn ich meiner Mutter ausgeliefert gewesen war und auf sie zuzugehen versetzte mich in die gleiche Panik wie damals. Ich wollte nicht mal mehr in einem Raum mit ihr sein und überlegte, ob ich abbrechen sollte. Meine Vernunft siegte jedoch und ich sprach sie schweren Herzens auf mein Erleben an. Sie hatte bereits mehr Weitblick als ich und stimmte mir zu, dass diese große Abneigung eine Erinnerung an meine Traumatisierung war. Alles in mir wehrte sich. Ich wollte verdammt noch eins nicht mehr an diese Dinge erinnert werden. So viele Kämpfe hatte ich ausgefochten und war in meiner letzten Therapie gut vorangekommen. Es durfte einfach nicht sein, dass es mir jetzt hier auf dieser meiner Wunschinsel so schlecht ging. Ich wurde bockig und unzufrieden. Und fiel damit um Jahr zurück in eine kindliche Phase, ohne es sofort zu bemerken.

Nachdem ich mich unglücklich zurückgezogen hatte, versuchte ich, die Situation mit Abstand zu betrachten und obwohl mein gesamtes System auf Abwehr lief, entschied ich mich, nicht davon zu laufen sondern mich zu stellen. Augen zu und durch, dachte ich. Jetzt oder nie!

Inständig hoffte ich, dass ich die richtige Entscheidung getroffen hatte und nicht hier auf dieser schönen Insel vollkommen zusammenbrechen würde. Mein Traum schien in Gefahr und ich war äußerst bemüht, die Fassung zu bewahren. Als wir zur Umsetzung der erlernten Theorie kamen und uns in Zweiergruppen auf die innere Reise zu unserer Seele machten, dachte ich, diese Arbeit würde einer Art Meditation oder autogenem Training gleichen und war zwar offen, jedoch nicht enthusiastisch. Was dann innerhalb von Sekunden geschah, ist und bleibt für mich ein Wunder!

Heike, die besagte liebgewonnene Teilnehmerin, leitete meine Reise an. (Im Anhang an dieses Buch werde ich diese Methode noch genauer erläutern.) Ich war bereits tief in mein Inneres vorgedrungen und kam an einen Punkt, wo es zu stagnieren schien. Heike fragte Silvia um Rat und mit einem einzigen Satz von ihr katapultierte mich die lebendige Schöpferkraft in mir zur Quelle allen Seins, zur universellen Intelligenz, zu Gott. In meinem Fall zu Jesus, der immer schon eine besondere Bedeutung für mich hatte, die ich jedoch mitsamt meinen Fähigkeiten regelmäßig ignorierte. Von einer Sekunde auf die andere war ich mit seiner Energie verbunden und fühlte zum allerersten Mal diese ungeheure Kraft, die nicht mehr im Außen lag, sondern tief in mir immer existiert hatte. Er war in jeder Sekunde meines Lebens vollkommen präsent gewesen oder vielmehr seine Energie. Worte können nicht annähernd beschreiben, was für ein Gefühl, ein einzigartiges Erlebnis es ist, sich mit unserer Urschöpferkraft zurück zu verbinden. Ich sage dies bewusst so, denn zum einen bin ich absolut davon überzeugt, dass wir ALLE diese Quelle in uns haben und zum anderen möchte ich neugierig machen auf ein solches Erlebnis, das größte Geschenk von allen, zu sehen, WAS und WER wir wirklich sind! Tränen rannen über mein Gesicht in wahren Sturzbächen. Reine Freudentränen. Die Schöpfung liebte mich, hatte mich immer geliebt und ich war eins ihrer Kinder! Mir war, als

stünde ich in einem Strahl aus purer Freude und reinster Liebe!
Der Himmel in mir öffnete sich und ich sah deutlich, dass ich die
Hölle zuvor, an der ich unbewusst noch immer festgehalten hatte,
hinter mir ließ. Ich konnte nicht sprechen, jedes Wort wäre
überflüssig gewesen und so lange es ging, badete ich in dieser
Quelle. Ich erkannte so unglaublich viele Irrtümer meinerseits, ohne
sie in irgendeiner Form zu bewerten oder an ihnen haften zu bleiben.
Sie lösten sich in dieser Präsenz des Göttlichen federleicht auf.
Wie hatte ich jemals an dieser Existenz zweifeln können? All die
Situationen meines Lebens, in denen ich das Gefühl gehabt hatte,
beschützt zu werden, waren aus dieser Quelle gespeist gewesen.

Wir werden alle mit dieser Quelle geboren, denn wir sind niemals
vom Schöpfer getrennt. Die Vorstellung von Trennung an sich ist
es, die uns unglücklich werden lässt. Und diese wird uns
einprogrammiert, nachdem wir aus den Windeln gewachsen sind.
Wieder wurde mir klar, dass wir in den ersten Lebensjahren
vorbehaltlos das glauben, was uns unsere Familie, Lehrer, Politiker
und andere sogenannte Vorbilder weis machen wollen. Doch woher
nehmen sie dieses Wissen? Ebenfalls nur aus Erzählungen anderer
oder sie erfinden es gar selbst, um sich Vorteile zu verschaffen oder
weil sie es nicht besser wissen. Würden wir in einer Welt
aufwachsen, in der man uns dazu ermutigte, mit dem Schöpfer und
unserer eigenen Göttlichkeit in ständigem Kontakt zu sein, so wie

es bei Urvölkern der Fall ist, könnten wir uns all das Leid, das uns scheinbar ereilt, ersparen. Wir wüssten dann um unsere Verbindung zur geistigen Welt und man würde uns keine Märchen, die uns in die Abhängigkeit von Organisationen wie der Kirche führen sollen, sondern die Wahrheit über das Universum und die Schöpfung zeigen. Doch ich war nicht wütend über diese Tatsachen, ich WAR einfach in diesem Moment! Mein Verstand war verstummt, mein Ego in diesem Augenblick mundtot. Nichts gab es zu bedenken oder zu bewerten. Dies war mein ursprünglicher Zustand, so hatte der Schöpfer mich ausgestattet, dies war der Sinn unserer Existenz: bedingungslose, reine LIEBE!

Am Ende dieses Tages war ich vollkommen verändert. Es war, als wäre alle Traurigkeit, alle Sorge von mir gewichen wie der Wiesentau am Morgen, den die Sonne auflöst. Ich hätte alles und jeden umarmen können vor Glück und konnte selbst kaum fassen, dass ein solcher Zustand möglich war. Silvia begegnete ich fortan mit einem Strahlen im Gesicht und meine Lebensenergie strahlte weit über meinen Körper hinaus. Wir Seminarteilnehmer feierten, lachten und tanzten die ganze Nacht hindurch und erfreuten uns an unseren gegenseitigen Erfolgen.

In der folgenden Nacht hatte ich einen Traum der besonderen Art, wie ich ihn bereits mit meiner Mutter erlebt hatte, nachdem sie verstorben war. Ich wusste, er besuchte mich und ich bin für diese Botschaft so unendlich dankbar, denn ich war zwar sehr glücklich, hatte jedoch noch diesen kleinen Stachel der Verzweiflung über das langsame Sterben meines Vaters. Diesen zog er mit seiner Botschaft in jener Nacht selber:

Ich erwachte und sah deutlich das Zimmer, das ich während des Seminars bewohnte. An meiner Bettkante spürte ich meinen Vater. Unwillkürlich hielt ich den Atem an, um diesen Moment nicht zu zerstören. Er lächelte und sagte, ich solle nicht mehr traurig sein über sein Sterben, denn er habe diese Tage im Krankenhaus gebraucht, damit seine Seele sich langsam aus dem Körper verabschieden konnte. Ein schneller Ablöseprozess hätte ihm nur noch mehr Angst gemacht und ich solle mir sicher sein, dass alles genau so, wie es sich zugetragen habe, eine höhere Ordnung hatte, die wir in dieser Welt noch nicht vollständig begreifen. Es ginge ihm jetzt gut und es wäre wichtig für mich zu wissen, dass seine Welt und die unsere nicht wirklich voneinander getrennt seien. Es folgte noch ein sehr persönlicher Satz und dann war er verschwunden. Ich setzte mich im Bett auf und spürte ihm nach. Noch immer hatte ich unglaubliche Sehnsucht nach ihm, war jedoch überglücklich über seinen „Besuch". Einmal mehr durfte ich ein solch göttliches Erlebnis haben.

Später erkundigte ich mich bei Psychologen und Literatur von Sterbeforschern nach dem Ablöseprozess der Seele, von dem ich bis zu der Nacht noch nie gehört hatte. Tatsächlich geht man davon aus, dass die Seele drei Tage braucht, um sich vollständig aus dem Körper zu ziehen. Deshalb gab und gibt es auch noch immer die Sitte, den Verstorbenen drei Tage aufzubahren. An einem Sonntag sollte mein Vater sterben, bis Dienstag hat seine Seele sich Zeit gelassen. Drei Tage! Dies war mein größter Heilungserfolg, den ich ehrfürchtig und dankbar in mich aufnahm!

Am nächsten Tag nahm ich an dem Matrix- und Quantenheilungsseminar bei Armin teil, was eine ebenso grandiose Entdeckung für mich wurde, wie die Seelenreise. Die Dinge, die wir dort erlebten, übertrafen all meine Vorstellungen von Heilung auf Neue. Mir wurde bewusst, dass alles, wir, unsere Welt, das Universum, hochfrequente Energie ist und die Bücher, die ich über Spontanheilungen gelesen hatte, ergaben plötzlich einen Sinn. Diese Behandlungsmethode, die sehr alt ist und von Dr. Frank Kinslow sowie Dr. Richard Bartlett erfolgreich wiederaufgenommen und weiterentwickelt wurde, stellt heute für mich eines der wichtigsten Werkzeuge der Heilung dar. Wir behandelten uns gegenseitig und lösten u.a. unbewusste hinderliche Glaubenssätze, Traumamaterial, körperliche Beschwerden usw. innerhalb von Minuten auf. Wenn ich nicht dabei gewesen wäre, ich hätte es nicht geglaubt. Das wirklich schöne daran ist, dass man nicht mal den Grund diverser Störungen wissen muss, sondern diese einfach an der Wurzel packen und sanft ohne irgendwelche Nebenwirkungen entfernen kann. Abermals erlebte ich wahre Wunder und bin unglaublich glücklich darüber, an diesen Seminaren teilgenommen zu haben. Ich danke Silvia und Armin von ganzem Herzen, von Mensch zu Mensch, von Seele zu Seele für ihr Engagement, diese wunderbaren Behandlungsmöglichkeiten jedem zugänglich zu machen auf ihre eigene, besondere und liebevolle Art! Und ich danke Heike, meiner liebgewonnen neuen Freundin, für ihre Geduld mit mir und ihren Zuspruch! Durch sie erfuhr ich ein weiteres Mal innerhalb kurzer Zeit, wie wunderschön es sein kann, unter Frauen zu sein und sich vertrauensvoll in diese Freundschaft hinein geben zu können!

(Anmerkung: Während ich dies hier gerade schreibe, wird mir bewusst, dass die Namen Silvia, Heike und Armin in meinem Leben vorher stark negativ besetzt waren. Silvia war der richtige Name meiner Mutter, Heike heißt meine Schwester, zu der ich leider keinen guten Kontakt habe und Armin ist der Name meines besten Freundes, den ich zu diesem Zeitpunkt aufgegeben hatte. Irgendwie empfinde ich diesen Wink als Geschenk.)

Mit Heike verbrachte ich noch sehr viel Zeit allein und der Austausch mit ihr war für mich ein weiteres Stück Heilung. Ich hatte viele neue Freunde gefunden, zu denen ich bis heute in engem Kontakt stehe. Es war eine Wohltat zu sehen, wie viele auf dem Weg sind in die eigene und somit auch in eine globale Heilung.

Als die Woche zu Ende ging, empfand ich dennoch keine Traurigkeit beim Abschied, denn ich wusste, wir sind alle miteinander verbunden! So machte ich mich auf den Weg zurück zu meinem Arbeitsplatz, den ich mittlerweile mit ganz anderen Augen sah.

VOM SIGNALHORN UND DER NACHTIGALL TEIL II

„Verehre das Göttliche, verehre es gestalthaft oder gestaltlos, bis du begreifst, dass du selber es bist!"
(Ramana Maharshi, Mystik, Michaela Diers, Hrsg)

Wieder zurück in der Bar erledigte ich meine Arbeit, beschwingt und voller Energie durch das erneuernde Seminar, mit noch mehr Leichtigkeit als eine Woche zuvor. Durch den tiefen

Heilungsprozess, der mir zuteil geworden war, hatte sich meine feine Wahrnehmung um ein hundertfaches oder mehr verstärkt, während ich mir gleichzeitig meiner Selbstanteile bewusster war. Ich lebte absolut in der Gegenwart, im Moment und war durchlässig für Angriffe auf mein Energiefeld geworden. Das Geschrei der Eigentümerin gegenüber ihrem Mann und auch mir ging einfach durch mich hindurch und ich wurde zum Beobachter solcher Momente. Erstaunt stellte ich fest, was für eine Prüfung ich hier serviert bekam. Diese Frau erinnerte mich in ihrem gesamten Verhalten an meine Mutter. Ihre Übergriffigkeit, ihr lauter und unfreundlicher Befehlston und ihre von Übermut zu Weinkrämpfen wechselnde Stimmung glichen einem Abziehbild. Auch, dass sie kurze Zeit später absolut freundlich war und tat, als sei nichts geschehen, war mir ein altbekanntes Muster. Ebenso die Stummheit ihres Gatten und die Abgestumpftheit der anderen Angestellten. Ich bekam einen Anteil meiner Vergangenheit serviert, der angesehen und erlöst werden wollte.

Als ich feststellte, dass man mich um mein Trinkgeld betrogen und das Versprechen auf freie Kost nicht eingehalten hatte, setzte ich mich eines Abends nach getaner Arbeit an den Strand und überlegte, wie die Botschaft dieser Situation lautete. Nach einigen Stunden fasste ich einen Entschluss: Ich war nicht nach Korfu gekommen, um in meiner Opferrolle zu verharren, nur, weil ich

144

mich verpflichtet oder abhängig fühlte. Diese Bar war nicht mein Platz auf dieser Insel. In dem Seminar war mir bewusst geworden, dass uns alles möglich ist, wenn wir nur daran glauben und das uns nur die Grenzen gesetzt sind, die wir selbst ziehen. Nein, hier würde ich nicht bleiben. Es musste etwas Angemesseneres für mich geben. Wenn ich so weit gekommen war und all diese göttlichen Erfahrungen mir geschenkt wurden, wäre es eine Sünde gewesen, mich diesem alten Muster hinzugeben, um in einer scheinbaren Sicherheit zu leben.

Also ging ich in mein Appartement und packte meine wenigen Sachen zusammen. Bevor ich zu Bett ging, betete ich erneut. Ich bat um einen besseren Platz auf dieser Insel, mit liebevollen Menschen und besserer Verpflegung, denn in der Bar hatte ich lediglich die Reste aus der Friteuse bekommen.

Doch ich wusste nun auch, dass Gott nicht außerhalb von uns existiert, unsere Bitten aufschreibt und sein bestes versucht, um uns selbige zu erfüllen. Mein Bewusstsein war dahingehend geöffnet worden, dass WIR ALLE göttlich sind und ein Bitten nur einen Mangel aufweisen würde, der uns vom Universum dann auch dargeboten würde. Wir tragen die Schöpferkraft in uns und wir sind hier, um sie voll und ganz auszuleben, unser inneres Licht über uns hinaus strahlen zu lassen und die Verbindung zu jeder

Existenz zu fühlen. Unser schwerstes Vergehen, wenn es denn in diesem Sinne überhaupt eines gab, war, diesen göttlichen Funken in uns zu verleugnen und uns in der Dunkelheit der diktierten Welt zu verstecken. Für mich wohnt dieser Funke in unserer Herzintelligenz und ich bin nicht die Entdeckerin dieser Einsicht. Überlieferungen aus aller Welt, von Propheten und Weisen, die ihr Bewusstsein vollständig geöffnet hatten und auch von Wissenschaftlern und Philosophen , enthalten im Kern übereinstimmende Aussagen und in den letzten Jahren werden diese vermehrt in die Welt gebracht: Unser Gottesfunke wohnt in unserem Herzen und ist der Antrieb, der Erwecker, der Schöpfer eines jeden Menschen! Um diese Göttlichkeit zu erkennen, bzw. was eigentlich damit gemeint ist, muss man sich ihrer bewusst werden. Dies wiederum erreichen wir nicht, indem wir wieder und wieder in Büchern darüber lesen und auf die Erleuchtung warten und auch nicht allein im stundenlangen Stillsitzen und Meditieren. Beides sind wundervolle Werkzeuge, doch mir hat es wenig geholfen, theoretische zu wissen, dass wir alle Kraft, um unser Leben nach unseren Wünschen zu gestalten, in uns tragen. Erst das gewahrsame, aufmerksame Beobachten und achtsame Fühlen öffnete mir den Weg zu meiner Schöpferkraft. Ich verstand, dass ich alle Antworten auf meine Fragen bereits in mir trug und lediglich wach im Hier und Jetzt sein musste, um sie zu erkennen.

Also nahm ich mein neu erlerntes Werkzeug der Quanten- und Matrixanwendung zur Hand und legte los! Es war ein herrliches Gefühl, in diesem „Zustand" zu baden und ich spürte, wie sich alle Anspannung zu diesem „Bar Thema" augenblicklich auflöste, während ich mir innerlich die Erlaubnis gab, mich bereits an einem anderen Platz zu befinden, ohne ihm ein Bild zu geben. Ich FÜHLTE einfach, was ich mir wünschte. Ganz so, als wäre ich bereits dort. So verharrte ich circa zehn Minuten, dann gab ich meine Schlüssel zum Appartement ab und ging ohne ein weiteres Wort zu meinem Auto. Erneut auf meiner Reise fühlte ich diese grenzenlose Freiheit in mir und war freute mich auf das, was mich noch heute woanders erwartete! Eine neue Form des Sicherheitsdenkens hatte sich in mir gefestigt. Nämlich die, das wir immer und überall auf dieser Welt sicher sind. Denn wir haben immer den wichtigsten Menschen an unserer Seite: UNS SELBST!

Nachdem ich in dem Ort, in dem ich jetzt gearbeitet hatte, in einigen Lokalen erfolglos nach Arbeit gefragt hatte, machte ich mich auf den Weg nach Arillas, wo in der letzten Woche dieses wunderbare Seminar stattgefunden hatte. Zuerst hielt ich bei den Besitzern der Appartementanlage, die ich sehr in mein Herz geschlossen hatte und erzählte von meinem Erlebnis in der Bar und meinem Entschluss. Sie waren ein wenig in Sorge, ob ich etwas finden würde und boten mir an, notfalls bei ihnen unterzukommen. Doch erstmal wurde ich mit einem köstlichen Essen verwöhnt, auf Kosten des Hauses. Ich war sprachlos! So viel Gastfreundlichkeit hatte ich noch nie erfahren. Dazu kam, dass ich gerade völlig pleite war, da ich mich die ganze Zeit selbst mit Essen versorgt hatte und erst in einigen Tagen wieder Geld erhalten würde. Ein bisschen mulmig war mir dabei schon, doch ich rief mir wieder und wieder ins Gedächtnis, dass das Universum für uns sorgt, wenn wir uns der göttlichen Intelligenz und somit uns selbst, vertrauensvoll hingeben.

Es war elf Uhr morgens, als ich meine Suche in Arillas begann. In allen Lokale, Supermärkte, Bekleidungs- und Souvenirgeschäfte fragte ich nach Arbeit. Ohne Erfolg! Eine junge Frau erzählte mir von mehreren spirituellen Clubs und Zentren, die vielleicht noch Working-Guests benötigten. Ich ließ mir den Weg dorthin erklären und fuhr diese an. Im ersten war niemand vor Ort und ein Gast sagte, ich solle um 20 Uhr wiederkommen. Im zweiten erhielt ich eine Absage, weil man bereits genug Personal habe. Jetzt wurde es langsam eng für mich und ich beschloss, statt mich irgendeiner Form von Unsicherheit hinzugeben, am Strand ein wenig zur Ruhe zu kommen. Ich blickte auf das Meer, genoss die warmen Sonnenstrahlen auf meiner Haut und lauschte intensiv der Gleichmäßigkeit, mit der die Wellen an den Strand rollten. Obgleich sich Touristen eng an eng im Sand aufreihten fühlte ich mich, als wäre ich allein mit dem Meer und der Sonne. Ich machte mir weder Gedanken um meine nach außen als Notlage wirkende Situation noch um irgendetwas anderes. Irgendwie fühlte ich, es lief gerade alles nach Plan! Wenn auch nicht nach meinem gewollten, so doch nach einem, der FÜR mich bestimmt war.

ICH WAR IN DIESEM MOMENT EINS MIT ALLEM!

Plötzlich fiel mir ein, dass meine liebe neue Freundin Heide mir von einem weiteren Club hier erzählt hatte, dessen Namen ich vergessen hatte. Ich war mir sicher, dass ich diesen heute noch nicht aufgesucht hatte. Also verließ ich den Strand und fragte mich erneut durch. Tatsächlich gab Himmel ist) also machte ich mich durch die verwinkelten Gassen und Straßen auf, um selbigen zu finden. Als ich dort ankam und ich im Büro mein Anliegen vortrug, saßen dort zwei Frauen, von denen eine mir sofort sagte, dass sie Niemanden mehr brauchten und die andere mir aber empfahl später am Abend zurück zu kommen, um die Leiterin des Clubs, die dann vor Ort wäre, selbst zu fragen. Ich war etwas verunsichert über die unterschiedlichen Aussagen, beschloss jedoch, es später wieder zu versuchen. Besonders viel Hoffnung machte ich mir jedoch nicht und überlegte bereits, ob es sicher wäre, die Nacht am Strand zu verbringen oder ob ich auf das Angebot im Seminarzentrum zurückgreifen sollte. „Erstmal abwarten und Kaffee trinken", dachte ich mir und suchte mir ein hübsches Plätzchen in der Sonne!

Gegen 19.00 Uhr machte ich mich erneut auf den Weg zum Hotel und um 19.40 Uhr bezog ich meine neue Unterkunft! Ich hatte die Hotelleitung angetroffen und auf meine Frage nach einem Job gegen Unterkunft und Verpflegung antwortete zur Antwort bekommen, dass genau an diesem Tag eine andere Frau abgesagt habe und ich gleich dort bleiben könnte! Ich hörte die Worte und verstand sie auch. Doch ich war fassungslos über so viele Zu-Fälle. Genau an dem Tag, an dem ich beschloss, mich nicht mehr ausnehmen zu lassen, sagte hier, an diesem himmlischen Ort, eine andere Frau kurzfristig ab und das Universum hatte mich exakt zur richtigen Zeit hergeführt! Diesen Tag werde ich nie in meinem ganzen Leben vergessen, denn er hat mir bewiesen, dass das scheinbar Unmögliche möglich ist, dem, der glaubt, vertraut und sein Leben in die Hand nimmt! Ich bezog ein gemütliches Zimmer und fühlte mich in meinem neuen Schaffensort ein. Der Himmel hatte sich für mich geöffnet, weil ich ihm gezeigt hatte, dass ich der lebendigen Schöpferkraft vollständig vertraue! Ich war überglücklich und voller Dankbarkeit, dabei ahnte ich noch nicht, was dieser Platz im Himmel noch alles an Heilung für mich bereithalten würde! Als ich am Abend in meinem sauberen komfortablem Bett lag, ließ ich die Ereignisse der letzten zwei Tag an mir vorbeiziehen und nahm die Aspekte der Heilung, die hierin für mich verborgen lagen, bewusst wahr, was mich für eine Weile zurück in meine Kindheit führte.

Wenn ich sagen sollte, an wie vielen Tagen in der Woche meine Mutter nur schreiend mit mir gesprochen hatte, so wären es mindestens fünf, denn lediglich an den Wochenenden, wenn mein Vater Zuhause war, hatte ich Ruhe. Schreien war für sie eine völlig alltägliche Ausdrucksform und ich gewöhnte mich irgendwann daran. Was leider nicht bedeutete, dass es mir keine Angst machte oder es keine Auswirkungen auf mich gehabt hätte. Noch viele Jahre nach ihrem Tod schrie ich selber oft, ohne es zu merken, wenn ich stritt oder wütend war. Und ich trug noch lange viel Wut mit mir herum. Heute glaube ich, dass meine Mutter unbewusst das Gefühl hatte, sie würde sonst überhört werden oder nicht wahrgenommen. Ein weiteres Muster, das sie lediglich aus ihrer Kindheit in die Gegenwart trug. Bis zu etwa meinem zwölften Lebensjahr machte mir ihr aggressives Mitteilen so große Angst, dass ich jedesmal zitterte, wenn sie damit anfing. Danach behielt ich die Angst, doch die körperlichen Symptome ließen nach. Dies lag für mich daran, dass die Schläge und sonstige körperliche Gewalt ungefähr zu dieser Zeit endeten, denn ich war mittlerweile so groß wie meine Mutter. Dafür ging sie dazu über, mich mit Worten zu quälen, was für mich fast noch schlimmer war. Hatte ich mir früher manchmal gewünscht, sie würde aufhören, auf mich einzuprügeln, verhielt es sich heute beinahe gegenteilig. Denn mit Worten verletzt zu werden, hält länger an.

Noch heute sehe ich ihr Gesicht deutlich vor mir, das von einem Moment auf den anderen vollständig zu einer verzerrten Maske verändern konnte und ihr Mund spuckte dann zwischen zusammengepressten Zähnen die hässlichsten Worte gegen mich aus. Hässlich, dumm, unnütz, faul, wertlos waren da noch die harmlosen Adjektive, die sie für mich parat hatte. Es setzte wirklich einfach vollkommen aus bei ihr und das Furchtbare daran war, dass man überhaupt nichts dagegen tun konnte. Meistens war mir ja nicht einmal der Auslöser bekannt, nachdem mein Verstand natürlich krampfhaft suchte. Denn wenn ich erkannt hätte, wodurch ich sie so wütend gemacht hatte, wäre eine Chance vorhanden gewesen, durch ein verändertes Verhalten oder eine Entschuldigung meinerseits, es wieder rückgängig zu machen. So blieb mir meistens, ob zu Zeiten der körperlichen oder nun psychischen Gewalt, keine andere Wahl, als still da zu stehen und so wenig Angriffsfläche wie möglich zu bieten.

Niemand, der dies nicht persönlich erlebt hat, kann nachvollziehen, was ein Kind in derartigen Situationen durchmacht. Egal, was ich tat, manchmal reichte eine Bewegung, ein Blick nach unten, zur Seite oder die Augen zu schließen, es war auf jeden Fall falsch und machte alles noch schlimmer. Menschen in Rage, in diesen alles verzehrenden orkanartigen Wutausbrüchen, sind durch nichts zu stoppen. Und dieses Abwarten, bis es aufhört, bis sie sich wieder beruhigt hatte, fühlte sich an wie Stunden, die nie vergehen würden. Das Herz schlug mir jedesmal bis zum Hals, meine Kopf rauschte und in meinen Ohren dieses unerträgliche Piepen! Die Hände wurden mir feucht und mein Bauch zu einem zusammengezogenen Klumpen Schmerz. Doch ich musste abwarten, bis sie mich aus der Situation entließ, erst dann durfte ich mich ausruhen. Mir ist es bis heute ein Rätsel, wie ich es damals schaffte, noch Hausaufgaben zu machen oder gute Noten zu schreiben und ich fragte mich oft, wie viel ich hätte leisten können, ohne die konstante Angst Zuhause.

Meine Schwester und mein Vater, die zu dieser Zeit beide nur an den Wochenenden zugegen waren, ließen diese Phasen meiner Mutter über sich ergehen, indem sie sie einfach ignorierten. Beide sagten mir einmal, dass sie immer nur genervt, niemals verängstigt waren und ich fühlte mich sehr schlecht dabei. Warum hatte ich denn ebenso viel Angst gehabt, wenn sie schrie, wie in den Momenten, wenn sie zuschlug? Heute weiß ich die Antwort: ich war ein Kleinkind, als das alles angefangen hatte, während sie bereits genug Verstand hatten (meine Schwester ist 9 Jahre älter als ich), um diese Ereignisse ganz anders einzuschätzen und zu verarbeiten. So kann ich mir heute auch eine Erinnerung erklären, in der ich auf Knien hinter meiner Schwester auf dem Hof herrutschte und sie bat, mich nicht mit meiner Mutter allein zu lassen, da diese gerade einen Wutanfall hatte und dabei mein Zimmer auseinandernahm. Meine Schwester schüttelte mich damals wie einen Hund vom Bein und ging zu ihrer Freundin. Ich denke, sie hat nicht erkannt, in welcher Not ich mich befand oder war bereits selbst zu abgestumpft. Später sagte sie mir einmal, sie habe meine Angst nicht erkannt.

Je älter ich wurde, umso vulgärer wurde die Wortwahl meiner Mutter. Als sie einmal in mein Zimmer kam, in dem ich mit meinem ersten Freund angezogen Arm in Arm Musik hörte, beschimpfte sie mich schreiend als Hure, Miststück und Nutte, während mein Freund aus dem Haus flüchtete. Ich weiß nicht, ob ich mich jemals mehr geschämt habe.

Wenn ihre Attacken vorbei waren, vergingen einige Stunden der totalen Stille. Doch wenn es Zeit war, Schlafen zu gehen, musste ich dann zu ihr ins Bett und mit ihr kuscheln, als sei nichts geschehen. Ich kann noch immer die Verwirrung dieses kleinen Mädchens spüren, das ich damals war. Meine Mutter war unberechenbar.

Und dies war meine Chance gewesen, diese Wunde zu schließen und mir bewusst zu machen, dass ich erwachsen war und gehen durfte, wenn jemand mich anschrie oder schlecht behandelte. Dass ich keine wechselnden Launen mehr aushalten musste, dass ich nicht mehr erstarrt abzuwarten brauchte, bis es vorüber war, sondern gehen konnte, wann immer ich wollte! Das war die Botschaft, die Aufgabe, das Geschenk der Situation in der Bar gewesen und ich hatte es erkannt und angenommen. Mehr noch: ich war der Opferrolle entschlüpft und hatte sie umgewandelt in schöpferisches Vertrauen. Die Belohnung dafür war dieser neue Platz in dem schönsten Fleckchen der Insel, der so viel für mich bereit hielt! Ich dachte voller Liebe an meine Mutter und fragte mich, wie wohl all diese Prozesse, die wir hier durchlaufen, in der geistigen Welt ankommen. Ob es so etwas wie eine Wechselwirkung gab und wir uns gegenseitig heilen, egal, ob in dieser oder der geistigen Welt? Mit diesem Gedanken schlief ich friedlich und stolz auf meinen Mut des heutigen Tages, endlich ein.

DER HIMMEL AUF KORFU

„Glaube ist nicht die Abwesenheit von Zweifel, sondern das Überwinden der Zweifel"
(Jimmy Evans)

Während ich in den nächsten Tagen für meinen Aufgabenbereich eingearbeitet wurde, stand ich regelmäßig als Beobachter neben mir und erfreute mich an diesem wunderbaren Platz, an dem ich nun sein durfte. Natürlich war alles neu und etwas verwirrend, doch ich wusste, wenn ich hierherführt worden war, würde sich der Rest fließend ergeben. Ich wollte einfach in diesem wunderbaren Gefühl absoluten Vertrauens bleiben und strahlte den ganzen Tag wie ein Honigkuchenpferd vor Glück.

Nach und nach lernte ich die anderen Mitarbeiter des Hotels kennen und freundete mich mit einigen sehr schnell, mit anderen langsamer und mit einer gar nicht an. Diese eine Kollegin war jene, die mir bei meiner ersten Nachfrage gesagt hatte, sie benötigten kein Personal mehr. Ich maß dem keine weitere Beachtung zu und versuchte, mit ihr bei Tisch ins Gespräch zu kommen. Sie ließ mich einige Male vor eine Wand laufen und da ich diese Ablehnung bemerkte, zog ich mir von ihr zurück. Ich war so entspannt durch meine Erfahrungen und Erkenntnisse der letzten Wochen, dass ich mir keinerlei Gedanken darüber machte, warum mich diese Kollegin ablehnte. So kam es, dass ich die Intrigen, die sie gegen mich spann, erst realisierte, als sie mich persönlich anzugreifen begann. Als wir alleine im Büro saßen, sagte sie mir im höchst unfreundlichen Ton, dass ich schon noch sehen würde, wir hier alles läuft und mich besser nicht sicher fühlen sollte. Ich wusste nicht, was ich darauf antworten sollte und sah sie einen Augenblick zu lange an. Wutentbrannt zischte sie, dass ich halt sehen könnte, wie ich zurechtkam.

Ich war enttäuscht. Es ging mir so fabelhaft in diesem Club und nun das! Verunsichert überlegte ich, was ich nun tun sollte. Die Hotelleitung darauf anzusprechen wäre mir wie ein kindliches Verpetzen vorgekommen und so kreisten meine Gedanken den restlichen Tag um eine Lösung für diese Situation. Natürlich fand ich keine, denn ich wusste einfach nicht, wo mein Fehler lag, der ein solches Verhalten meiner Kollegin mir gegenüber rechtfertigen würde. Am nächsten Tag dachte ich nicht mehr darüber nach, sondern war wieder komplett in meinem Glücksbad zurück. Es vergingen einige Tage und ich fühlte mich in der Gegenwart dieser Kollegin wieder vollkommen sicher, als diese sich erneut an mich wandte. Diesmal in einem übertrieben freundlichen Ton und wieder, als wir alleine waren, fragte sie mich, wie ich denn eigentlich hier hergekommen war. Ich fing an, ihr meine Geschichte zu erzählen und mittendrin unterbrach sie mich, um mir zu sagen, dass sie sich nach mir erkundigt habe. Obwohl es schier unmöglich war, dass mich irgendjemand hier kannte und ich sowieso nichts Unrechtes getan hatte, versetzten mir Art und Inhalt dieses Satzes einen Schlag in die Magengrube. Sofort erinnerte ich mich an derartige Sätze aus meiner Vergangenheit. Ich fragte sie erstaunt, was dies zu bedeuten habe und sie sagte, sie habe erfahren, dass ich mich zuvor bereits in einem anderen Club beworben hatte. Ich stimmte ihr zu. Sogar in mehreren. Dies war nun wirklich kein Geheimnis. Worauf sie hinauswollte blieb mir ein Rätsel und sie löste es auch nicht auf. Mit einem Seufzer erklärte sie mir, dass sie wirklich versucht habe, freundlich zu mir zu sein. Jedoch könne sie mein Verhalten nicht gutheißen. Es sei ihrer Ansicht nach einfach nicht normal, dass ich hier so hereinschneite und ständig gut gelaunt sei. Außerdem würde mich einfach jeder mögen und sie sei vielleicht die einzige, die mich mal hinterfragen würde.

Mir stand nahezu der Mund offen. Ich hörte ihre Worte, verstand aber nicht im Geringsten deren Inhalt. Doch ich realisierte, dass hier ein Mensch war, der mir schaden wollte, aus welchen Gründen auch immer. Mein Magen wurde flau und ich zog mich zurück, um in Ruhe das soeben gehörte zu verarbeiten. Es stimmte, ich war durchgehend gut gelaunt, was allerdings mit meinen Erfahrungen und meiner Transformation zusammenhing. Wie konnte das jemanden stören? Wieder geriet ich in ein Gedankenkarussell, aus dem ich nur schwer wieder herausfand. Ständig überlegte ich, was ich dieser Frau getan haben könnte. Es wollte mir nicht einfallen.

Also beschloss ich, nun doch meinen Vorgesetzten von dem merkwürdigen Verhalten zu erzählen und erfuhr von einigen Vorfällen aus der Zeit vor meiner Ankunft. Sie versicherte mir, dass dies nichts mit mir persönlich zu tun hätte. Erst danach konnte ich genug Abstand nehmen und mich auf meine Werkzeuge zur Selbsthilfe besinnen. Also suchte ich in mir nach dem wunden Punkt, den meine Kollegin mit ihren Aussagen berührt hatte und wurde Stück für Stück fündig.

Es war an einem Nikolaustag und ich war circa zehn Jahre alt, als ich vor meiner Kinderzimmertür meinen mit Süßigkeiten gefüllten Stiefel fand. Die Freude darüber war groß, denn meistens vergaß meine Mutter solche Tage. Ich jubelte und machte mich sogleich ans Auspacken der Leckereien. Versunken darin bemerkte ich nicht, dass meine Mutter hinter mir vorbei ging in mein Zimmer. Auch dies war eine Seltenheit und bedeutete meistens nichts Gutes. So auch heute. Plötzlich spürte ich einen Schlag auf den Hinterkopf und gleich darauf schrie sie mich in einer Lautstärke an, die mir sofort das Adrenalin durch den Körper schießen ließ. Ich hockte noch immer vor meinem Nikolausstiefel und versuchte, mit meinen Händen meinen Kopf zu schützen. Doch sie schrie nur noch mehr und riss mir die Arme auseinander. Es folgten die üblichen Minuten purer Gewalt und als sie fertig war, erfuhr ich erst den Grund: mein Zimmer war zu unordentlich gewesen. Da ich bald zur Schule müsste, drohte sie mir, dass sie mich mittags mit dem Holzlöffel und einigen Mülltüten erwarten würde. Mir war speiübel und die Angst würde wieder einmal den ganzen Tag nicht von mir weichen. Lautlos weinte ich und durch meine verschwommenen Augen hindurch sah ich den Stiefel. Ich stellte ihn hinter die Tür und sah ihn nie wieder an.

Traurig über diese Erinnerung, die mir den Nikolaustag bis zur Geburt meiner Kinder negativ besetzt hatte, fühlte ich mich in mein inneres Kind hinein und nutzte ebenfalls die Technik der Seelenreise. Was hätte ich damals gebraucht, um nicht so viel Angst zu haben? Welche Eigenschaften wären nötig gewesen, um den Nikolaustag nicht für so lange Zeit zu verdammen? Ich ging gedanklich in die Situation und stellte mir vor, dass eine Art Ballon mich in jenem Moment umhüllte, als meine Mutter damals auf mich losgegangen war und mich vor ihren Angriffen schützte. Sie konnte mich einfach nicht erreichen und musste sich mit ihrer Wut alleine auseinandersetzen, während ich in aller Ruhe meine Süßigkeiten inspizierte. Sofort entspannte ich mich und ging noch in einen Dialog mit dem Kind von damals. Als es sich gut anfühlte, überlegte ich, welche Wunde noch berührt worden war. Die Aussage, dass jemand Erkundigungen über mich einzog, hatte mir ebenfalls sofort Angst gemacht. Ich schloss die Augen und ließ die passende Erinnerung hochkommen:

Meine Schwiegermutter war ähnlich gestrickt wie meine Mutter. Ich war von Zuhause weg und vom Regen in die Traufe geraten. Täglich kam sie mehrere Stunden zu Besuch, um zu überprüfen, ob ich etwas Ordentliches für ihren Sohn kochte, das Kind richtig versorgte oder der Fußboden gewischt war. Am liebsten jedoch bewachte sie meine Freizeit. Damals spielte ich seit meinem 12. Lebensjahr in einem Musikzug und wir gingen alle zusammen jeden Freitagabend nach der Probe in ein Lokal, um gemeinsam zu essen, zu trinken und zu lachen. Es war eine wunderbare Gemeinschaft und ich genoss diese Abende sehr. Seit ich verheiratet war jedoch, lag ein Schatten auf diesem Vergnügen. Denn meine Schwiegermutter rief jeden Samstagmorgen an, um mir vorzuwerfen, dass ich alleine in einer Kneipe „rumgehurt" habe. Auf meine Frage, wer ihr denn den Unsinn erzählt habe, bekam ich zur Antwort, dass sie es beim Brötchen holen erfahren habe. Von wem, wollte sie nicht sagen. Es war grauenhaft armselig und primitiv, was ich mir da gefallen ließ und es verletzte mich sehr. Die ganzen Jahre meiner Ehe zog sich diese üble Nachrede hin und immer wieder erfuhr ich wiederrum von Freunden, was sie für Unwahrheiten über mich verbreitete. Es endete mit der Scheidung, da mein Exmann seiner Mutter leider hörig und nicht zu einem Wegzug bereit war. Grund war eine der grausamsten Unwahrheiten, diesmal über sie selbst. Sie erpresste ihn damit, dass sie Lungenkrebs habe und er wollte sie nicht im Stich lassen. Dies ist jetzt 16 Jahre her. Krebs hat sie nie gehabt und sie lebt putzmunter irgendwo.

Nachdem diese Bilder verschwanden, war mir also auch die andere Wunde gezeigt worden und ich nahm den Hinweis dankbar an. Viele Jahre hatte ich nicht mehr an diese Zeit gedacht und war immer noch erstaunt über die Art und Weise, in der meine Seele neuerdings mit mir zusammenarbeitete. Wieder schloss ich mit der inneren Kind Arbeit und Seelenreise ab.

Danach ging ich gedanklich wieder in die Situation mit meiner Kollegin und verstand, dass ich tatsächlich nicht gemeint gewesen war. Ich erinnerte sie einfach ebenfalls an einen alten Schmerz, vermutete ich, so, wie sie mich. Im Grunde erhielten wir zwei hier gerade ein großes Geschenk vom Schöpfer, das wir beide auspacken durften. Es war jedoch nicht meine Aufgabe, ihr dies zu sagen oder meine Vermutung als wahr anzusehen. Ich kümmerte mich um meinen Anteil und hoffte, dass sie den ihren finden würde. Die Ruhe, die ich nach meiner Seelenarbeit empfand, sollte jedoch nicht lange anhalten. Bereits wenige Tage später ergab sich eine weitaus heftigere Szene, als die zuvor. Ich saß alleine im Büro, als meine Kollegin hereinkam und mich mit einem einfachen Hallo begrüßte. Ich erwiderte ihren Gruß auf dieselbe Weise und sah wieder auf meine Unterlagen. Plötzlich machte sie einen schnellen Schritt auf mich zu und baute sich vor mir auf. Sie rasselte eine Reihe von Anschuldigungen hinunter, die ich gar nicht so schnell verstand, wie sie sie aussprach. Im Grunde Wiederholungen, nur auf eine nachhaltigere Art und Weise. Ich spürte, wie ich erstarrte, doch diesmal blieb ich nicht sprachlos. In einem ruhigen, langsamen Ton bat ich sie, damit aufzuhören und erklärte, dass ich nicht bereit sei, mir ihre Vorwürfe länger anzuhören, da sie für mich einfach haltlos waren. Wenn sie ein Problem damit hatte, dass mich so viele Menschen mochten, sollte sie dies bitte nicht zu meinem machen. Sie sah mich völlig entgeistert an und verließ den Raum mit einer Beleidigung gegen mich. Ich saß noch eine Weile starr da und überlegte, warum es erneut zu einer solchen Begegnung gekommen war. Mein Bauch war seltsam verkrampft und ich spürte, dass Tränen in mir aufstiegen. Warum hatte die beruhigende Arbeit, die ich bereits mit diesem Problem verbracht hatte, nicht nachhaltig gewirkt? War ich vielleicht doch fehl am Platz hier und dies war ein Zeichen dafür?

Nachdem ich meine Bürozeit beendet hatte, suchte ich mir erneut ein abgelegenes Plätzchen und beschloss, mich um keinen Preis der Welt wieder in eine Opferrolle bringen zu lassen. Gedanklich ging ich meine Möglichkeiten durch und entschied mich für eine Eigenbehandlung mit der Quanten- und Matrixmethode. Ich formulierte meine Intention, wirklich ALLE Zusammenhänge dieses Problems mit meiner Kollegin in Bezug auf meine traumatischen Erlebnisse von früher aufzulösen, auch die unbewussten, die ich noch nicht erinnert hatte. Und tatsächlich-es funktionierte. Meine Augen rasten wie wild unter meinen Lidern hin- und her, während ich in diesem Zustand verweilte und später erfuhr ich auf meine Nachfrage bei meinem Ausbilder, dass dies dann der Fall sei, wenn Traumamaterial verarbeitet würde. Es passte wieder einmal perfekt zusammen! Seit dieser Anwendung habe ich keine körperlichen Symptome mehr in der Nähe meiner Kollegin empfunden, die ich vorher nur noch schwer ansehen konnte aus lauter Angst und es kam zu keinerlei Vorfällen mehr. Nach einigen Wochen konnten wir sogar höflich miteinander umgehen, wenn wir auch keine Freunde wurden.

Für mich war dies alles tatsächlich ein wundervolles Geschenk des Himmels, denn ich bekam die erstklassige Gelegenheit zur Transformation sehr alter Traumata, die ich unbewusst noch sehr schwer lastend in mir getragen hatte und ich bin der Schöpfung unglaublich dankbar dafür! Ich war mir nun absolut sicher, dass dies der richtige Platz für mich sei und erlebte jeden Tag als Wunder. Ein weiteres hielt das Universum in Form einer ganz besonderen Seelenverwandtschaft für mich bereit.

SEELENFAMILIEN

„Deine Seele und meine Seele sind sehr alte Freunde!"

-Indianerweisheit-

Mitglieder aus Seelenfamilien kann man nicht suchen, man findet sich, wenn die Zeit reif dazu ist. Es gibt viele Theorien darüber und einige Jahre war ich sehr verwirrt, denn ich suchte in jedem nach der Tiefe einer Seelenverwandtschaft. Heute denke ich, dass wir die meisten unserer Familie und unserem Freundes- und Bekanntenkreis aus vielen Leben bereits kennen, nur in anderen Konstellationen. Doch die Seelen, die bereits tief miteinander verbunden waren und sich in dieser Inkarnation wiederbegegnen, erkennen sich einfach auf Anhieb. Wenn man offen darüber spricht, hat eigentlich jeder zumindest eine Person in seinem Leben, von der er dieses Wiedererkennen und alte Gefühl der Vertrautheit kennt.

Einen solchen Freund fand ich in Andro, einem Mitarbeiter des Clubs. Vom ersten Moment an war eine solche Vertrautheit zwischen uns spürbar, dass wir ein normales Kennenlernen einfach überspringen konnten. Nach wenigen Tagen öffneten wir uns bereits gegenseitig für tiefe Geheimnisse und sprachen nächtelang darüber, was wir erlebt hatten. Es war beinahe unglaublich, wie ähnlich unsere Gefühle zu verschiedenen Erlebnissen waren und wir wussten, dass der Himmel uns wieder zusammengeführt hatte, um uns genau zu diesem Zeitpunkt gegenseitig zu unterstützen. Wenn wir zusammenarbeiteten, ging dies Hand in Hand. Und wenn einer von uns traurig war und niemand sonst es bemerken konnte, weil wir beide sehr gut im Verbergen waren, so brauchten wir uns nur anzusehen, um sofort zu wissen, was der andere gerade fühlte. Als ich mein Herz bereits weit geöffnet und ihm viele meiner Erlebnisse geschildert hatte, fasste auch er sich eines Abends ein Herz und begann, mir zu erzählen, was in der Tiefe seiner Seele vergraben war. Ich weinte beinahe bei jeder Schilderung, denn was er durchgemacht hat, ist weit entfernt von dem, was wir uns in der westlichen Welt vorstellen können und wollen. Aufgewachsen in einem Land, dass sich in einem Bürgerkrieg befand und in dem Gewalt, Mord und Totschlag auch heute noch an der Tagesordnung sind, sammelte er statt Spielzeugautos leere Patronen und konnte mit acht Jahren bereits die Schüsse den jeweiligen Waffen zuordnen. Er sah mit an, wie direkt vor seinen Augen Menschen auf brutalste Art und Weise getötet wurden. All diese Menschen kannte er. Um aufzuzeigen, wie sehr Kinder im Kriegsgeschehen traumatisiert werden und abstumpfen, um zu überleben, werde ich eine Geschichte als Beispiel hier wiedergeben. Sie ist die harmloseste und ich habe Andreas versprochen, seine sonstigen Erlebnisse für mich zu behalten.

In seinem Dorf kam, wie bei uns im Westen auch, täglich der Eismann zur Sommerzeit und die Kinder warteten immer freudig darauf. Eines Tages jedoch blieb die Straße, die er auf seinem Fahrrad mit der Eisbox hinten dran regelmäßig befuhr, leer. Die Kinder wunderten sich und waren enttäuscht, denn viel gab es sonst nicht, worauf sie sich freuen konnten. Also machten einige sich auf, um nach dem Mann zu suchen. Darunter Andro. Als sie einige

Straßen weiter eine Menschenansammlung entdeckten, drängelten sie sich hindurch, um zu sehen, was passiert war. Sie sahen zuerst das Eisfahrrad, das umgekippt auf der Straße lag, die Ladung drum herum verstreut. Dann entdeckten sie den alten Mann, auf den sie gewartet hatten. Er lag in einer Blutlache einige Meter weiter, die Augen starr und weit aufgerissen. Was Andreas an dieser Erinnerung nun am meisten schmerzt, ist, dass er in dem Moment, als er den Toten entdeckte, diesen nicht bemitleidete. Sondern er fragte sich, woher er denn nun täglich das Eis bekommen sollte. Als er mir dies erzählte, schämte er sich zutiefst für seine damaligen Gedanken. Ich versicherte ihm, dass es keinen Grund dafür gab. Denn er war in diesem Alter bereits so sehr daran gewöhnt, Leichen zu sehen, dass es ihn einfach in dem Moment nicht mehr schockierte. Das Trauma hatte bereits lange vorher begonnen und seine Kinderseele beschränkte sich auf die wenigen schönen Dinge, die ihm in dieser schrecklichen Zeit geblieben waren. Er fühlte sich getröstet und sagte, dass er zum ersten Mal mit jemandem darüber gesprochen hatte und es noch nie von dieser Seite betrachten konnte. Er lächelte. Es war eines der schönsten Lächeln, die ich je gesehen hatte, denn man konnte die Entspannung darin sehen, die sich in ihm ausbreitete.

Ich dachte an die vielen Kinder in den damaligen und heutigen Kriegsgebieten und durch Andros' Schilderung wurde mir plötzlich bewusst, in welchem Luxus wir in Deutschland lebten. Denn auch, wenn wir durch andere Dinge ebenso traumatisiert werden können, haben wir doch die Chance, gute Therapien zu bekommen. Das ist eine absolute Ausnahme auf dieser Welt und die sollten wir meiner Meinung nach viel mehr anerkennen. Dass Andreas ein so lieber, ehrlicher und hilfsbereiter Mensch geworden ist, findet meine Hochachtung. Er hätte auch den anderen Weg gehen können. Den, den viele seiner Freunde gegangen sind und auf dem auch er eine kurze Zeit ging. Gewalt, Drogen, viele Schulwechsel und kriminelle Anwandlungen waren in seinem Land der übliche Verlauf, den das Schicksal dieser Kinder nahm. Doch er hatte irgendwann einen Moment des Bewusstwerdens. Er kann nicht mehr sagen, wann genau. Doch er spürte, dass das, was er tat nicht in Ordnung war und seinem Leben eine unglückliche Zukunft bescheren würde. Deshalb entfernte er sich von diesen Freunden und verließ letztendlich das Land, um seinen eigenen Weg zu gehen.

Dieser Moment des Bewusstwerdens, den auch ich irgendwann erlebte und mich von dem Freundeskreis entfernte, der mir nicht gut tat, der beschäftigte mich. Woher kommt dieses Erwachen und warum fällt es nicht jedem zu, der sich auf dem Weg ins Unglück befindet? Warum ist er in seiner Familie der einzige mit dieser Art von Bewusstsein? Ich sah die gleiche Situation, in der auch ich mich befand. Das Gefühl, eigentlich irgendwie nicht zur eigenen Familie

zu gehören, kannten wir beide. Ich erkannte, dass es keine Frage
der Bildung war, denn auch wenn Andreas jetzt ein sehr gutes
Allgemeinwissen hatte, war seine Schulbildung bei weitem nicht mit
der in Deutschland vergleichbar. Es muss also etwas in uns
angelegt sein, dass uns Aufwachen lässt. Etwas, das wir bereits in
dieses Leben mitbringen. Vielleicht ist es unser Seelenplan, unsere
Vorbereitung, die wir treffen, bevor wir erneut inkarnieren. Für mich
ist dies inzwischen kein Irrtum mehr, dafür habe ich zu viele Hinweise
darauf erhalten, dass ich genau das bekomme, was ich lernen muss.
Doch dies ist natürlich nur meine Wahrheit.

Andro wieder zu treffen, wie ich es nenne, ist für mich ein weiteres
Geschenk auf meinem Weg. Wir sind in völlig verschiedenen
Welten aufgewachsen und er ist 16 Jahre jünger als ich. Dennoch
haben unsere Seelen durch ähnliche Erlebnisse die gleichen
Erkenntnisse gewonnen. Deshalb bin ich mir absolut sicher, ihn
schon viele Ewigkeiten zu kennen. Der Austausch mit ihm hat nicht
nur enorm meinen Horizont erweitert, es hat mir auch meine
Vorurteile genommen, die ich, als ich noch in Deutschland lebte,
den Menschen aus den Balkanländern gegenüber hatte. Wir
haben uns sehr viel über Religion ausgetauscht, denn Andro ist
Moslem und ich folge der Christusenergie. Es war ein Austausch,
wie er bereichenderer nicht hätte sein können! Ich bin gottfroh, ihn
zu kennen und stolz darauf, dass er zu meiner Seelenfamilie gehört!

Unsere Verbindung war natürlich für jeden sichtbar und alle gingen davon aus, dass sie sexueller Natur sei. Dies ist verständlich, denn wann immer wir uns sehen, umarmen wir uns, als wäre das letzte Treffen Ewigkeiten her und wir gehen derart liebevoll miteinander um, wie ich es noch nie in einer meiner Partnerschaften erlebt habe. Wenn wir nachts mit der Arbeit fertig waren, hat Andreas unsere gemeinsame Lieblingsmusik aufgelegt und wir haben uns schweigend Wange an Wange einfach nur dazu bewegt. Dieses Ritual war für uns beide so unglaublich heilsam, dass ich Worte dafür zu schade wären. Wir haben keine erotische Verbindung und werden diese auch in Zukunft nicht erleben. Es ist einfach die Freude unserer Seelen, die sich auf so wunderschöne Weise zum Ausdruck bringen. Früher hätte mir das Gerede darüber zu schaffen gemacht und ich wäre mit Eifer darangegangen, mich überall zu erklären, damit nur niemand einen falschen Eindruck von mir erhält. Heute habe ich die Freiheit gewonnen, meinen Weg zu gehen, ohne mir über das Bild, das andere von mir haben auch nur im geringsten Gedanken zu machen. Ich erlebe so viele Wunder, dass ich einfach zu glücklich bin, um mich wieder in die alten Muster zurückfallen zu lassen. Und ich denke, das ist genau der Grund, warum jetzt genau solche Menschen wie Andro in mein Leben treten. Weil ich jeden Tag ein Stück näher bei mir bin! Doch es sollten noch andere wichtige Menschen in mein Leben treten, mit denen ich ein Stück des Weges gemeinsam gehen würde.

VERSCHLUNGENE PFADE

„Wer die Ursache nicht kennt, nennt die Wirkung Zufall."
Werner Mitsch (Aphoristiker, 1936-2009)

Zur selben Zeit wie Andreas lernte ich auch Andres kennen. Er war, wie ich, Working Guest im Hotel und kurze Zeit vor mir angereist. Obgleich er ein sehr schweigsamer Mensch ist, spürte ich jedoch, dass wir uns eine Menge zu sagen haben würden. Doch was uns tatsächlich verband, verschlug mir für einen Augenblick die Sprache, denn die Synchronizität des Universums machte keine Pause, seit ich auf dieser Insel war. Wir sprachen ein wenig über die Gründe, die uns hier he gebracht hatten und ich erzählte ein wenig von meiner Geschichte. Irgendwann kamen wir aufs Schreiben und ich sprach von dem Buch, dass ich bereits in Arbeit hätte, jedoch in Deutschland nicht zu einem Abschluss hatte bringen können. Er fragte, was der Inhalt dieses Buches sei und als ich erklärte, es würde um die Heilung von sexuellem und emotionalem Missbrauch gehen, bekam ich ein High Five von ihm. Fragend sah ich ihn an, während ich einschlug und er berichtete von seinem Buch über genau dieses Thema, das bereits vor einigen Monaten erschienen war. Fassungslos und gleichzeitig glücklich über diese Fügung lachte ich auf. Doch es kam noch besser, denn während bei mir meine Mutter Hauptthema war, handelte es sich bei ihm um seinen Vater. Beides waren noch absolute Tabuthemen, zu denen bisher wenig Literatur erschienen war. Wir sahen uns strahlend an und konnten einen kurzen Moment nicht fassen, dass wir uns hier begegneten. Andres wurde zu meinem Kaffeefreund, wie ich ihn nannte, denn wir verbrachten beinahe täglich Zeit miteinander. Im Wechsel redeten wir entweder sehr viel oder saßen einfach nur schweigend da, jeder in seine Gedanken über das eigene Schicksal versunken und starrten auf die Weite des Meeres vor uns, das dazu einlud, die Schwere der Vergangenheit abzulegen. Eine tiefe Ruhe erfüllte mich in den gemeinsamen Stunden mit ihm, in der ich die zukünftigen Prozesse der Heilung an die Oberfläche kommen lassen und Ausdruck verleihen konnte.

Der Austausch mit Andres war ein ebenso großes Geschenk für mich, wie der mit Andreas. Doch es war eine völlig andere Ebene. Ich habe bei ihm nicht das Gefühl, ihn bereits ewig zu kennen, jedoch bin ich mir auch bei ihm sicher, dass wir uns hier finden sollten, um unsere Herzen ein weiteres Stück in Richtung Heilung zu öffnen. Über meine Vergangenheit mit jemandem zu sprechen, der wusste, wie es sich anfühlt, ausgeliefert und ständig auf der Hut vor erneuten Angriffen zu sein, war eine völlig neue Erfahrung für mich.   Andres ist ein wunderbarer, intelligenter und aufrichtiger Mann, der seinen Weg mutig gegangen ist und noch geht. Sein Buch, das er mir geschenkt hat, gab mir tiefe Einblicke in das männliche Erleben eines Missbrauchsgeschehens, über die ich bis dahin noch nichts gewusst hatte. Zudem erhielt ich auch die nötige Kraft und Inspiration, meine eigene Geschichte völlig offen niederzuschreiben. Mehr noch: ich verstand, dass ich deshalb mein Buch in Deutschland nicht hatte vollendenden können, weil mir all diese Erfahrungen, wie die letzten Teile eines Puzzles, noch gefehlt hatten. Die Schöpfung arbeitet durchgehend für uns und hält eine unendliche Menge an Hilfe für uns bereit, wenn wir offen und wach durchs Leben gehen.

Andres und ich haben ähnliche Ideen und Vorstellungen, um vom Opfer- ins Schöpferdasein zu gelangen und die Zukunft wird hoffentlich aus diesem Potential eine gemeinsame Arbeit entspringen lassen. Bis dahin hatte ich noch keinen Mann kennen gelernt, der eine, meiner Biografie so ähnlichen, Geschichte hatte. Ich danke dem Universum für diese Fügung, die mich letztendlich inspiriert und mir einen weiteren Freund zur Seite gestellt hat!

Als Andres' Zeit im Hotel zu Ende ging und wir uns verabschiedeten, weinte ich, äußerst überrascht über mich selbst, bittere Tränen. Weder waren wir ineinander verliebt, noch hatte es

172

irgendwelche erotischen Berührungspunkte zwischen uns gegeben. Ich war erstaunt und fühlte tief in mich hinein, um welche Art von Trauer es sich hier handelte und was ich wirklich beweinte. Die Antwort war schwer zu finden, denn wie durch diesen Abschied bemerkte, hatte ich den Zugang zu meiner wahren Gefühlsqualität noch nicht vollständig freigelegt. Ich lächelte, als die Erklärung für meine Tränen aus meiner Herzintelligenz hervortrat. Es war so einfach. Ich vertraute Andres. Vertrauen war die Qualität, die ich mein Leben lang gesucht, doch erst mit meiner Reise hierher langsam in mir fand. Ich konnte Menschen vertrauen und wurde mir dessen im Angesicht der Verabschiedung so deutlich bewusst, wie noch nie zuvor. Das Kind in mir weinte, denn es hatte endlich einen Kreis um sich herum aufgebaut, der aus vertrauensvollen Freunden bestand und nun musste es einen davon wieder gehen lassen. Und so stieg ich erneut ein in das Verhältnis zu diesem, meinem, inneren Kind und erklärte behutsam, dass die Freude darüber, einen solchen Menschen zu kennen, mehr wog als die Tatsache, sich schon wieder verabschieden zu müssen. Und dass vertrauensvolle Freundschaft nicht mit der körperlichen Entfernung voneinander endet, sondern Beständigkeit erfahren würde. Das Kind beruhigte sich und ich mich mit ihm. Was blieb, war die kostbare Perle der Begegnung zweier gleich vibrierenden Seelen, vorsichtig herausgeschält aus dem harten Kalk des Schutzes vor Verletzung.

Die Erfolge meiner Seelenarbeit machten sich in der folgenden Zeit auch im Außen bemerkbar. Die Hotelleitung hatte mir angeboten, meine Fähigkeiten als Wellnesstherapeutin im offenen Programm anzubieten und ich ging mit Eifer an diese wunderbare Aufgabe heran. Zuhause war es immer schwer gewesen, den Menschen dazu zu verhelfen, sich selbst etwas Gutes zu tun. Hierher kamen die Gäste jedoch mit genau diesem Ziel und es dauerte nicht lange, dann war ich mittendrin in Behandlungen von wunderbaren Frauen und Männern, die mir ihr Wohlbefinden vorbehaltslos anvertrauten. Und ich ließ meiner Intuition freien Lauf in eine Arbeit frei von Dogmen und persönlichen Vorstellungen. Entspannt ging ich auf jeden meiner Klienten persönlich ein und ließ die universelle Energie für uns arbeiten. Ich erfuhr dass, wenn man sich ihr nicht durch in Formen gepresste Anwendungen in den Weg stellte, sich wahre Wunder ereignen konnten. So waren die Behandlungen auch für mich immer ein Stück Heilung und Weiterentwicklung. Denn auch ich bin nur ein Schüler der universellen Gesetzmäßigkeiten, vielleicht nur mit der in diesem Moment richtigen Einstellung dazu!

HAND AUF HERZ UND HAUT

„Arzt, hilf dir selber: so hilfst du auch deinem Kranken noch. Das sei seine beste Hilfe, dass er den mit Augen sehe, der sich selber heil macht".
(Friedrich Nietzsche, Werke II - Also sprach Zarathustra)

Während meiner Arbeit in Deutschland hatte ich bei den herkömmlichen Massagen mit den Jahren bereits bemerkt, dass ich bei Einigen Dinge wahrnehmen konnte, die, auf vorsichtige Nachfrage, tatsächlich deren Thema waren. Die Informationen kamen, ohne dass ich darüber nachdachte oder irgendetwas hinterfragte. Besonders während meiner Tätigkeit in einer psychiatrischen Einrichtung hatte ich derlei Erlebnisse. So spürte ich nicht nur, was diesen Menschen widerfahren war, sondern oft auch, durch wen. Missbrauch vom Onkel, Opa, unterdrückte Trauer, Ängste. Aber auch körperliche Beschwerden wurden mir auf eine mir unbekannte Weise bewusst. Damals konnte ich dieses Wissen noch nicht einordnen und fand auch nur zufällig Schritt für Schritt heraus, dass das, was ich WAHRnahm auch die Realität meiner Klienten war. Nach und nach traute ich mich, sehr behutsam diese Erkenntnisse anzusprechen und mir blieb ein ums andere Mal fast der Mund offe stehen, so sicher waren die Botschaften, die ich bekam. Meine Klienten, vorwiegend Frauen, waren ebenso erstaunt und fassten durch meine Feinfühligkeit schnell Vertrauen, woraus sich oft eine gelungene Zusammenarbeit ergab. Denn durch das Wissen, um die energetischen oder körperlichen Blockaden konnte ich ganz anders als zuvor mit ihnen arbeiten. Oft flossen Tränen der Erleichterung, wenn Störstellen sich auflösten. Ich wusste nicht, wie ich das schaffte, doch ich wurde immer sicherer in der Überzeugung, dass sich hier aus meinem Beruf eine Berufung ergab. Ich musste nur noch herausfinden, wie ich diese Gabe steuern konnte.

Nach der Ausbildung in Delphin-Connection bei Sarah, die ich eingangs näher erläutert habe, erhielt ich auf all meine Fragen an einem Wochenende die Antworten. Um meinen Verstand, der so gerne all diese neuen Erkenntnisse einordnen wollte, eine Pause zu gönnen, suchte ich mir nach dem Abschluss der Fortbildung einen gemütlichen Platz im Freien und ließ einfach geschehen, was geschehen wollte.

Es handelte sich nicht um Magie oder Zauberei, was mir während meiner Arbeit zu Teill wurde. Ich las einfach im jeweiligen Energiefeld dieser Menschen. Wir alle haben dieses Feld, die Wissenschaft hat hierzu bereits genug Forschungen betrieben, um dieser Tatsache einen greifbaren Halt zu geben. Am bekanntesten ist die Arbeit mit diesem Feld in Form des

Familienstellens. Ich behaupte, dass wir alle mit der Fähigkeit ausgestattet sind, in diesen morphogenetischen Feldern zu lesen, es nur, gerade in unserer westlichen Welt, verlernt haben. Ich habe das große Glück, dieses Talent einfach zu besitzen. Meiner Meinung nach haben gerade diese Alpträume meiner Kindheit diese Gabe gefördert und ausgeprägt. Denn diese Fähigkeit, hinter dem Gesicht eines Menschen zu erkennen, was tatsächlich in ihm vor sich geht, hat mir mindestens einmal das Leben gerettet und mir in unzähligen anderen Situationen geholfen, sie weitaus besser zu überstehen, als dies gewöhnlich der Fall gewesen wäre.

Nachdem ich nun verstanden hatte, was diese Fähigkeit eigentlich war, fügten sich unzählige Puzzleteile aus meiner Vergangenheit urplötzlich zusammen. Situationen, in denen ich gedacht hatte, mit mir würde einfach etwas nicht stimmen, wurden plötzlich von ihrer Negativität ins Gegenteil getaucht. Mit mir war alles in bester Ordnung gewesen. Ich konnte einfach nur mehr wahrnehmen, als die meisten anderen Menschen in meinem Umfeld. In der Minute dieser Erkenntnis ratterte es in meinem Inneren wie in einem Spielautomaten, der unzählige Münzen ausspuckte und eine immense Heilung wurde mir zuteil.

Ich sah mich im Alter von ca. 4 Jahren unter dem Küchentisch in der elterlichen Wohnung sitzen, mit meinem Spielzeug beschäftigt und dem Gespräch meiner Mutter mit einer Nachbarin nebenher

lauschen. Es gab mehrere kurze Momente, in denen ich mein Spiel kurz unterbrach und dachte, dass meine Mutter gerade gelogen hatte. Oder die Nachbarin etwas anderes dachte, als sie dann aussprach. Da ich viel zu jung war, um zu verstehen, was hier gerade geschah, fühlte ich mich einfach nur unwohl. So, als hätte man selbst gelogen und etwas Furcht, dass der andere dies erkennen könnte.

Es gab unzählige solcher Situationen, die ich in einem anderen Kapitel bereits erwähnt habe. Dieses Fühlen und Ahnen, dass etwas nicht richtig war, dass jemand log oder völlig anders dachte, als er agierte, war im Grunde konstant vorhanden und sorgte zwar später dafür, dass ich instinktiv wusste, wann ich in Gefahr war, verwirrte mich jedoch gleichermaßen. In einem Fall jedoch hat es sogar einem kleinen Jungen das Leben gerettet.

Auch in dieser Situation saß meine Mutter in der Küche mit einer Freundin und war im Geschwätz angenommen und wohl irgendwie gedacht, ich würde mich mit ihm beschäftigen. Dies tat ich allerdings nicht, denn ich war sechs und er anderthalb Jahre alt. Also spielte ich mit meinen Puppen und er wuselte in der Wohnung umher. Irgendwann hielt ich in meinem Spiel inne und lauschte. Ich hörte meine Mutter und ihre Freundin wie zuvor. Doch irgendein ungutes Gefühl ließ mich aufstehen und auf den Balkon gehen. Dort, in der großen Regentonne, sah ich zwei Beine herausgucken. Der kleine Junge war kopfüber hineingefallen. Die Tonne war fast so groß wie ich und wie ich es schaffte, weiß ich nicht mehr, doch ich zog so fest an seinen Beinen, dass er unsanft auf dem Boden landete. Er schrie nicht einmal, sondern spuckte und zappelte wie wild. Ich half ihm auf und brachte ihn die Küche, wo meine Mutter erschrocken aufsprang und sich weiter um ihn kümmerte. Natürlich sagte sie der Nachbarin, als sie den Jungen abgetrocknet hatte und ihn nach Hause brachte, sie habe kurz nicht hingesehen und ihn sofort aufgefangen, als er in das Wasser stürzte. Zu mir sagte sie nichts mehr und ich ging wieder in mein Zimmer, um weiter mit meinen Puppen zu spielen. Erst einige Jahre später ging mir auf, dass er ertrunken wäre, wenn mein Gefühl mich nicht nach draußen gebracht hätte und ich dankte dem Himmel dafür.

Doch mir fielen auch die Situationen ein, in denen ich das Verhalten Anderer entschuldigte, obwohl es verletzend war, weil ich wusste, wie es in deren Kern aussah. Das war vielleicht meine größte Verwirrung, die ich erst jetzt lernte zu verstehen. Auch mein Vater fügte mir hin und wieder verbale Schmerzen zu, die ich einfach nicht übelnehmen konnte, weil ich wusste, was er in diesen Momenten eigentlich fühlte. Ebenso bei meiner Schwester, meiner Mutter und unzähligen anderen Menschen. Ich konnte nie etwas wirklich unverzeihlich finden, denn sie meinten niemals mich persönlich, sondern handelten aus einem eigenen Schmerz heraus. Im Gegenteil, ich hatte immer noch Mitleid mit ihnen, denn ich fühlte, was sie fühlten. Dass mich gerade diese Fähigkeit immer tiefer in eine Opferrolle brachte, ist mir erst seit einigen Jahren bewusst.

Irgendwann, als meine Eltern wieder einmal ihre nächtlichen Auseinandersetzungen hatten, stand ich in einer Ecke des Raumes und sah ihnen verängstigt zu, als mein Vater plötzlich zu mir gewandt sagte, dass er ja gar nicht wüsste, ob ich überhaupt seine Tochter sei. Ich wurde starr vor Schreck und lief auf mein Zimmer, um in mein Kopfkissen zu weinen. Doch böse war ich ihm nicht, denn er hatte es mit einer Traurigkeit gesagt, die mir zeigte, dass er gerade mit etwas kämpfte. Heute weiß ich, dass er mit seiner Eifersucht konfrontiert worden war und es im Vorfeld eine Situation auf einer Feier gegeben hatte, die er mit meiner Mutter besucht hatte. Er wollte ihr damit weh tun und hat mich getroffen. Was er nicht bedachte war, dass ich Wochen damit verbrachte, im Spiegel und auf Fotos meine Ähnlichkeit mit ihm zu überprüfen und heimlich seine Gesten nachahmte, um ihm zu zeigen, dass ich sehr wohl seine Tochter war. Für ihn war dieser Satz am nächsten Tag nach Beendigung des Streits mit meiner Mutter erledigt. Für mich war es über lange Zeit eine schmerzhafte Bedrohung meiner Existenz.

Dies war der unangenehme Teil meiner Feinfühligkeit, denn die negativen Glaubenssätze, die sich aus solchen Ereignissen ergaben, gruben sich tief in mein Unterbewusstsein ein.

Heute jedoch hatte ich einen Schatz geborgen und ich fühlte, dass ich von nun an die Erinnerungen anders bewerten konnte. Meine Seele jubilierte bereits, auch wenn mein Weg in die Heilung sich gerade erst richtig vor meinen Augen auftat. Diese energetische Arbeit war für mich so selbstverständlich wie Fahrradfahren und dachte an die vielen Jahre, in denen ich anhand von einschlägiger Literatur versucht hatte, das Unerklärliche erklärbar zu machen. Darunter waren wirklich sehr gute Bücher über Yogis und alternativen Heilmethoden gewesen. Doch es hatte nie wirklich „Klick" gemacht und jetzt verstand ich, warum. Ich hatte immer außerhalb von mir nach einem Phänomen gesucht, dass diese Fähigkeit erklärte. Doch das Können liegt tief in uns allen. Nur der Zugang war mir verborgen geblieben und jetzt hatte ich die Tür einen Spalt breit öffnen können. Dass ich dabei sofort Heilung von meinem Glaubenssatz, mit mir wäre etwas nicht in Ordnung, erfuhr, erlebte ich als weiteres Geschenk. Nun wollte ich dieses Geschenk an andere gezielt weitergeben und mich mit meiner Feinfühligkeit endgültig anfreunden. Jedem seinen inneren Schatz zu zeigen und Heilung in Eigenverantwortung zu übernehmen, war mein Ziel.

Denn wir alle sind mit diesen Selbstheilungskräften ausgestattet und müssen diese in uns nur entdecken und ins Licht des Bewusstseins rücken! Traurig, aber wahr: dass wir uns Heilung nicht zutrauen, ist ebenfalls ein Produkt der gesellschaftlichen Programmierungen, denen wir im Alltag ausgesetzt sind. Wenn man bewusst hinterfragt, woher welche Informationen über Gesundheit und Krankheit kommen, wird einem schnell klar, dass unheimlich mächtige Konzerne dies alles lenken. Es geht letztendlich um Geld und Macht. Die Leidtragenden sind wir Menschen, die wir nach Heilung suchen und den vorgegebenen Weg beschreiten.

Natürlich sind Ärzte, Psychologen und Psychiater wichtige Pfeiler im Gesundungsprozess. Jedoch kann ich nur empfehlen, wachsam zu sein und sorgsam mit sich selbst. Für die meisten ist das, was der Arzt oder Apotheker ihnen sagt, die Wahrheit, weil sie den Kontakt mit ihrem höheren Selbst verloren haben und ihrer eigenen Weisheit nicht trauen. Doch wenn ich mir ein Bein breche und der

Arzt es mir eingipst, hat er dann die Heilung herbeigeführt oder unterstützt?

Genau, die Heilung hat unser Körper selbst geschafft. Ein guter Arzt wird uns das auch bestätigen und jeden Behandlungsplan gründlich mit dem Patienten absprechen. In die eigene Verantwortung für unsere Gesundheit zu kommen ist essentiell für unser Leben. Und geht man in der Geschichte zurück, auch völlig normal. Energetisches Heilen ist so alt, wie die Menschheit selbst und in den letzten Jahren, seit die Leistungen im Gesundheitswesen drastisch gekürzt werden, auch wieder als Tendenz erkennbar.

Einzig die Tatsache, dass wir alle nicht nur unser Körper sind, bzw. dieser aus purer Energie besteht, fällt uns in der westlichen Welt noch schwer, zu akzeptieren. Wir glauben nur, was wir sehen und anfassen können, heißt es da oft. Doch jeder singt täglich Lieder im Radio mit, dessen Empfangswellen wir nicht sehen können, die jedoch genau so vorhanden sind, wie unser eigenes Energiefeld, das aller Menschen, Tiere, Pflanzen und sogar unseres wunderschönen Mutterplaneten.

Bevor ich meine Behandlungen beginne, möchten die Klienten immer gerne wissen, was ich da eigentlich genau mache und wie sie sich energetisches Arbeiten vorstellen müssen. Anfangs stellte dies eine Herausforderung für mich da, denn für mich ist die Tatsache, dass wir Energiewesen sind so selbstverständlich wie der Sonnenaufgang am Morgen. Und wie sollte man etwas so komplexes in wenigen Sätzen jemandem erklären, der damit noch nie in Berührung gekommen war? Ich fand dennoch eine Erläuterung, die für jeden verständlich und annehmbar ist.

Energetisches Heilen ist eine Wissenschaft, die die Schulmedizin meiner Meinung nach in einem hohen Maße bereichert und im Grunde älter ist, als diese und basiert auf einer ganzheitlichen Sicht auf unsere Welt und damit auch uns Menschen. Energetisches, auch geistiges Heilen genannt, geht davon aus, dass unsere Muttererde und jedes einzelne Wesen ein beseeltes und energetisches System darstellt und von einer universellen Energieebene (Gott, Allah, was auch immer ein jeder darunter versteht) aus gesteuert bzw. versorgt wird.

Erkrankt der Mensch an Leib oder Seele, wird von einer Störung dieses Systems ausgegangen und somit auch der Heilungsansatz in selbigem gesucht. Sind unsere Energieflüsse gestört oder blockiert, befinden wir uns in einem Ungleichgewicht, dass sich durch verschiedene psychische oder physische Zeichen äußern kann.

Das energetische Heilen achtet die Störmeldung und versucht nicht, sie durch Symptombehandlung zu beheben, sondern die Eigenregulation des Menschen zu fördern, sodass die Lebensenergie wieder frei fließen kann.

(Ausführliche Literatur von Dr. Rüdiger Dahlke, meiner Meinung nach ein Meister in seinem Fach, aber auch autobiografische Bücher zum Thema Selbstheilung, z.B. von Anita Moorjani, die nach langer Krebserkrankung klinisch tot war, im jenseitigen Licht jedoch Botschaften erhielt, zurückgeschickt wurde und einige Tage später nachweislich frei von Krebs war, finden sich im Anhang.)

Als ich nun begann, mein neues Wissen auf Korfu anzuwenden, wurden meine Klienten und ich Zeugen unglaublicher Phänomene, die nicht nur mir das Herz öffneten. Mit Ehrfurcht durfte ich das Werkzeug universeller Kräfte sein, die Heilung auf vielen Ebenen vollbrachten. Es war wunderbar, zu sehen, wie schwermütig die Menschen kamen, um einige Zeit später mit einem staunenden Lächeln den Raum zu verlassen. Wieder erhielt ich Bilder und Botschaften, die treffsicher die Störungen und Blockaden dieser lieben Frauen und Männer beschrieben. Doch es ängstigte mich nicht mehr, da ich nun verstanden hatte, wie natürlich diese Vorgänge waren und ich gab äußerst feinfühlig und umsichtig weiter, was ich sah oder fühlte. Viele Tränen flossen, doch es waren Tränen der Erleichterung dieser sich mir anvertrauenden Klienten.

Manchmal waren die Bilder so eigentümlich, dass ich zweifelte, ob ich sie weitergeben sollte, denn sie schienen nicht zum körperlichen Zustand zu passen. So bekam ich bei einem Mann, der Probleme mit dem Knie hatte, das Bild eines achtjährigen Jungen, der auf dem Schulhof Fußball spielte und dabei sehr wütend war. Wir waren mit der Behandlung schon fertig, als ich mir doch noch ein Herz fasste und ihn darauf ansprach. Seine Augen weiteten sich vergnügt und erstaunt, als er sich an eine solche Begebenheit in der Grundschule erinnerte. Einer seiner Freunde hatte ihm damals gesagt, er könne nicht richtig Fußball spielen und dieser Junge von damals war darüber so verärgert, dass er sich einen Ball schnappte und alles gab, um seine Bolzmannschaft zum Sieg zu führen. Was ihm auch gelang. Allerdings mit dem Preis einer Knieverletzung, die sich im Körper manifestiert hatte, zusammen mit seiner Wut. Dies ist ein häufiges Phänomen, dass Emotionen, die wir, als wir sie erlebten, nicht vollständig wieder abschütteln konnten, im Körper einen festen Platz suchen und solange Störungen verursachen, bis wir ihnen nachgehen. Im Grunde ist es der Ansatz der psychosomatischen Medizin, doch bin ich weder Arzt noch Heilpraktiker und kann nur für mein Gebiet sprechen.

Ein anderes Mal hatte ich eine Frau als Klientin, die sich nur sehr langsam und bewegen konnte, ohne erkennbare Ursache und der ein wenig die Lebensfreude fehlte. Als ich sie behandelte, hatte ich bald Bilder von schwerer körperlicher Gewalt durch die Mutter vor Augen und wusste beim besten Willen nicht, wie ich sie darauf ansprechen sollte, denn Psychologin war ich ebenfalls nicht. Also gab ich ihr die Anwendung, die meiner Meinung nach die richtige in diesem Moment war und erklärte ihr hinterher vorsichtig, dass alles, was wir erleben, sich in den Muskeln abspeichern kann und vielleicht unsere Bewegung verlangsamt, wenn wir uns den Erinnerungen nicht stellen. So war es ihr überlassen, sich mit den Ursachen ihrer Schwere auseinander zu setzen. Sie erzählte mir, dass sie seit Jahren in Therapie sei, da ihre Mutter sie schwer misshandelt hatte und sie mit dem Verstand gut vorangekommen sei, ihr Körper aber einfach nicht folgen wollte. Ich bot ihr eine Nachbehandlung mit der Matrix- und Quantenmethode an, falls sie sich am nächsten Tag nicht besser fühlen sollte. Doch bereits am Abend kam sie mir strahlend beim Essen entgegen und sagte, sie habe eine kleine Wanderung gemacht und ihre Beine fühlten sich noch immer frisch und lebendig an. Mein Herz ging mir auf, als ich in ihr entspanntes Gesicht sah. Sie kam während ihres Aufenthaltes noch zweimal zu mir, um „aufzutanken", wie sie es nannte und war erstaunt über ihre Fortschritte. Die Dame war 62 Jahre alt.

Ich durfte an jedem, der zu mir kam, diese vielen kleinen Wunder erleben und wenn sie mir hinterher danken wollten, erklärte ich ihnen jedes Mal, dass ich nur das Werkzeug bin für den Anstoß ihrer eigenen Kräfte durch die wunderbare Schöpfung, die uns alle nährt. Nach jeder Anwendung nahm ich mir etwas Zeit, um mich zurück zu ziehen und dankbar zu sein, für meine Fähigkeiten, diesen Menschen etwas zu geben, dass sie so viel entspannter werden ließ. Ich bestaunte die Schöpfung und sah die Welt mit immer größerer BeWUNDERung aus geöffneten Augen an!

Mein Bewusstsein machte wahre Quantensprünge und die Quelle, mit der ich seit meiner Seelenreise bei Silvia in ständigem Kontakt war, sprudelte unermüdlich neue Ideen für meine Arbeit heraus. Und mein Umfeld gab mir Gelegenheit, diese fast unverzüglich in die Tat umzusetzen. So fehlten irgendwann weitere Angebote im offenen Programm und ich wurde gefragt, ob ich etwas anbieten wolle. Sofort kam mir meine Idee der Delphinmeditation, die ich einige Tage zuvor einfach plötzlich im Kopf gehabt hatte und in der ich, statt in Einzelsitzungen, mehreren Menschen gleichzeitig die Gelegenheit geben könnte, die Delphin-Connection einmal zu fühlen, sich also mit dem Kraftfeld der Delphine zu verbinden. Was ich hierbei erlebte, war einfach überwältigend.

In der ersten Meditation war ich anfangs noch ein wenig unsicher, ob mein Plan auch tatsächlich so durchführbar war, wie ich es mir vorstellte und die Gäste überhaupt die hochfrequente Heilenergie der Delphine spüren konnten, da ich sonst über eine Stunde am Einzelnen damit arbeitete. Deshalb gab ich mir vorweg selbst noch eine Quantenbehandlung, um mich zu beruhigen.

Es kamen 12 Männer und Frauen, wunderbar unterschiedlich und jeder neugierig auf dieses Angebot. Also erklärte ich kurz, was die Delphin-Connection ist und begann mit der geführten Reise in die Tiefenentspannung. Es war herrlich, zu erleben, wie die Energie im Raum sich veränderte und eine himmlische Ruhe sich ausbreitete. Als alle sehr ruhig atmend auf ihren Matten lagen, ging ich von einem zum anderen und öffnete ihr Bewusstsein für die wundervolle Energie der Meeresengel. Ich blieb dabei völlig offen für diese erste Erfahrung in einer Gruppe.

Gleich beim ersten Gast sah ich einen weisen, alten Delphin an seiner Seite, der Ruhe ausstrahlte. Wieder zögerte ich einen Augenblick, ob ich diese Information so weitergeben konnte, doch ich folgte meinem Herzen und gab nicht nur ihm, sonder auch allen anderen Teilnehmern „ihren" Delphin durch. Es war unglaublich und ich rechnete schon damit, dass die Gäste hinterher meine

Glaubwürdigkeit infrage stellen würden, denn die merkwürdigsten Bilder kamen zu mir.

Eine der Frauen hatte einen winzigen Babydelphin, der sie zum Spielen aufforderte, da sie Leichtigkeit bräuchte. Als ich ihr dies sagte, rannen dicke Tränen über ihr Gesicht und ich war erstaunt über diese sofortige, anscheinend tiefe, Verbindung. Doch sie sah glücklich dabei aus und so ging ich die Runde nach und nach ab. Jeder hatte andere Delphine und eine Frau sogar drei Babys und ein Großelternpaar, was ich am ungewöhnlichsten fand. Ich kannte niemanden dieser Teilnehmer vorher und es hatte auch keine Gespräche über persönliche Anliegen gegeben. Als ich jeden verbunden hatte, ließ ich die Energie noch ein paar Minuten wirken und führte die Gruppe dann in die Gegenwart zurück. In der Abschlussrunde bekam ich von jedem Teilnehmer ein positives Feedback, alle hatten „etwas" gespürt, manche ein kleines Kribbeln, andere eine hohe Energie an verschiedenen Stellen im Körper und viele waren völlig abgetaucht in andere Welten. Es war gelungen und ich war stolz und glücklich, eine so gute Arbeit mit diesen wunderbaren Energien abgeliefert zu haben.

Als wir zum Ende kamen und einige Gäste bereits auf dem Weg nach draußen waren, kamen einige Teilnehmer auf mich zu und fragten, ob sie kurz mit mir alleine sprechen könnten. Natürlich nahm ich mir gerne die Zeit, denn Nacharbeit im energetischen Bereich finde ich absolut dazugehörig. Zuerst sprach ich mit dem Mann, der den weisen, alten Delphin bekommen hatte. Er bedankte sich bei mir und erklärte, dass sein Vater vor einigen Jahren verstorben sei und er damit seinen engsten Vertrauten und Berater verloren hatte. Doch als ich ihn mit seinem Delphin verband, glaubte er, seinen Vater gespürt zu haben und war noch ein wenig fassungslos über dieses Ereignis. Ich erklärte ihm kurz, wie sich die geistige Welt unter anderem bei uns bemerkbar machen kann und das letztendlich alles Energie sei und miteinander verbunden. Er lächelte bis über beide Ohren und ging vergnügt in den Tag.

Gleich darauf kam die Teilnehmerin mit dem Babydelphin, der sie zum Spielen aufgefordert hatte. Sie sah mich an und begann erneut heftig zu weinen. Auf meine Frage, ob sie dieser Delphin so sehr berührte, bekam ich eine Antwort, die mir Gänsehaut am ganzen Körper verursachte: sie hatte im letzten Jahr ihren Sohn verloren und war natürlich noch immer in tiefer Trauer. Sie machte sich Vorwürfe, nicht genug für ihn da gewesen zu sein, denn er hatte immer so gern mit ihr gespielt. Und als ich ihr das Bild des zum Spiel auffordernden Delphins gab, hatte sie ihn sofort gespürt. Ich war geschockt, gelinde gesagt. Doch sie freute sich und sagte, es sei noch ein langer Weg zur ihrer Heilung, doch zum ersten Mal habe sie ihn wieder wirklich gefühlt und war nun sicher, dass es ihm gut ging. Ich sagte nichts, nahm sie nur in den Arm und wir hielten uns einen Augenblick. Dann verabschiedete auch sie sich.

Zuletzt lächelte mich die Frau mit den drei Babydelphinen und dem Großelternpaar freudig an. Sie fragte, was genau meine Fähigkeiten seien und abermals erklärte ich, nach meinem Verstehen, die geistige Welt mit all ihren Möglichkeiten und sie erzählte, dass sie zu dritt bei ihren Großeltern aufgewachsen seien, ohne ihre Eltern. Sie dachte gern an die schöne Zeit zurück und dankte mir für die Verbindung dorthin. Auch ihr sagte ich, dass ich diese Dinge nur weitergeben würde und sie nicht aus mir, sondern durch mich kämen.

Nachdem auch diese Teilnehmerin gegangen war, legte ich ruhige Musik ein und genoss für einen Moment die stille im Meditationsraum. Mein Herz quoll über vor Freude über all diese wunderbaren Erfahrungen und die glücklichen Gesichter der Teilnehmer. Mein Konfirmationsspruch, den ich auf der Fahrt hierher in größter Not nach Jahren wieder erinnert hatte, kam mir in den Sinn: Behüte dein Herz mit allem Fleiß, denn daraus quillt das Leben!

Wie sehr ich gerade die tiefe Bedeutung dieser weisen Worte König Salomons im inneren meines Herzensraums fühlte. Mein Verstand ratterte unaufhörlich, weil er nach einer Erklärung für diese Erfahrung suchte. Doch ich ignorierte ihn geflissentlich, denn das, was hier passiert war, war keine Angelegenheit für den Verstand, sondern für das spirituelle, intelligente Herz!

In der nächsten Gruppe, einige Tage später, verhielt es sich gleichermaßen wunderbar. Viele unterschiedliche Delphine für die Teilnehmer und jeder konnte damit für sich persönlich etwas anfangen. Doch ich geriet ins Grübeln, als ich bei einem Mann keinen Delphin, sondern einen Wal sah. Zwar hatte ich vor einigen Monaten, vor der Ausbildung, von Walen und Delphinen geträumt, doch diese Arbeit war ausdrücklich auf die Heilfrequenz von Delphinen ausgerichtet. Trotz meiner Zweifel gab ich es an den Teilnehmer weiter und er gab mir bis zum Abschluss keine Rückmeldung. Erst, als alle Gäste gegangen waren, kam er zu mir und fragte, woher ich von seinem tiefen Erlebnis mit einem Wal hatte wissen können, dass ungefähr zehn Jahre zuvor in Australien stattgefunden hatte? Ich stand wie vom Donner gerührt und wir sahen uns einen Moment lang schweigend an. Er fuhr damit fort, dass er beim Tauchen plötzlich diesem Meeresriesen begegnet war und eine Weile mit ihm in einer anderen Dimension geschwommen war. Zuerst hatte er Angst bekommen, doch dann hatte ihn eine Ruhe erfüllt, die ihn für viele Jahre begleitet hatte. Nun fühlte er erneut eben diese tiefe Entspannung und dankte mir, dass ich ihm die Erinnerung zurückgebracht hatte. Tränen liefen ihm über die

Wangen und brachten auch mich zum Weinen. Es war einfach nicht zu fassen, welche Wege sich öffneten, wenn man mit klaren, hohen Schwingungen solch wunderbarer Tiere arbeitete!

In den folgenden Wochen und Monaten arbeitete ich nunmehr mit allen Werkzeugen, die meine eigene Heilung herbeigeführt hatten und stellte erfreut fest, dass alle Dogmen, die ich unter anderem vor Jahren an der Physiotherapieschule gelernt hatte, sich aufzulösen begannen. So kam es vor, dass ich eine Quanten-und Matrixanwendung gab und „mein" Delphin auftauchte, um mir verklebte Stellen im Energiefeld der Menschen zu zeigen, die sich mir hier anvertrauten. Immer mehr entwickelte sich eine mir eigene Behandlungsmethode, die tiefer in die energetische Arbeit hinein sank, als ich es mir je hatte träumen lassen. Mein Bewusstsein hatte eine andere Dimension erreicht, sich hinein geöffnet in die universelle Energie, die uns alle am Leben erhält. Meine Klienten entspannten sich während einer Massage, die nicht nur ihren physischen Körper von Blockaden befreite, sondern auch ihre Seele berührte. Ich hatte gefunden, wonach ich so lange gesucht hatte und mir wurde bewusst, ich hatte alles bereits in mir getragen. Erst, als ich den Mut aufbrachte, meinen Fähigkeiten Glauben zu schenken und alle Zweifel fallen ließ, begrüßte mich mein wahrer Kern, der so lange im Dunkeln auf das Licht gewartet hatte! Alle meine Erfahrungen, auch die dunkelsten aus meiner Kindheit, wurden in dieses helle Licht getaucht und transformiert, denn sie hatten mir zu diesen Fähigkeiten mit verholfen. Es war ein Geschenk, zu verstehen, was mir einige dieser wunderbaren Männer und Frauen unter Tränen anvertrauten, denn ich hatte das meiste davon am eigenen Leib erfahren und wusste, wie sich der Schmerz darüber anfühlte. Doch ich wusste und sagte auch, dass es einen Weg heraus aus dem Sumpf gibt, wenn man den Mut und den Glauben in sich selbst findet! Viele konnten mir gerade deshalb ihr Wohlbefinden anvertrauen, weil ich wusste, was sie fühlen es ihnen leicht viel, sich einem authentisch Behandelndem zuzuwenden. Jeden Abend dankte ich dem Schöpfer für dieses wertvolle Geschenk und bat gleichzeitig um die nötige Demut, die diese verantwortungsvolle Arbeit braucht.

Dies war meine Zukunft, mein BeRUF und das, was ich den Menschen damit geben konnte, eine reichliche Belohnung für den steinigen Weg hierher! Doch das Universum war mir wohlgesonnen und hielt eine weitere, bereichernde und atemraubende Überraschung für mich bereit!

SEINE WEGE

„Die Liebe ist der Endzweck der Weltgeschichte und das Amen des Universums."

(Novalis)

Dieses Kapitel stellt eine echte Herausforderung für mich dar, denn ich habe lange überlegt, wie ich die Erlebnisse, die ich dazu hatte, in einfache Worte kleiden kann für jene, die überhaupt noch keinen bewussten Kontakt zum universellen Bewusstsein hatten. Was an sich bereits eine Unwahrheit ist, denn meiner Meinung nach haben wir alle diesen göttlichen Funken in unserer Seele, der dieses und alles Leben überhaupt erst möglich macht. Nur haben wir, gerade in der westlichen Welt leider verlernt, uns dessen bewusst zu sein. Ich habe dann beschlossen, es einfach so zu schreiben, wie es aus meinem Herzen herauskommt und vertraue darauf, dass die göttliche Weisheit mir die richtigen Worte eingibt.

Während meines ersten kurzen Aufenthaltes auf Korfu hatte ich in der zweiten Nacht einen Traum, den ich damals noch nicht verstanden habe, der jedoch jetzt einen so tiefen Sinn ergibt, dass ich mein Haupt vor der göttlichen Weisheit senke. Er war kurz, fast nur ein Bild, jedoch mit einer für mich segnenden Botschaft, die mir im Nachhinein zeigt, wie liebevoll wir geführt werden, wenn wir uns endlich aufmachen, um in uns anzukommen!

Ich ging über einen kleinen Hügel in der Abenddämmerung, nicht wissend, wohin der Weg mich führt. Oben angekommen sah ich im

Tal vor mir eine Höhle, vor der eine Frau kniete und mich durchdringend ansah. Ich stieg hinab zu ihr, denn ihr Blick zog mich magisch an. Als ich näher kam, erkannte ich, dass sie etwas aus der Tiefe der Höhle auf ihren Schoß zog. Es war ihr Sohn, der begraben lag und diese Frau war die Mutter Maria. In ihren Armen niemand geringeres als der Christus. Sie drehte sich zu mir um und sagte: „Er ist nicht tot, er kommt zurück in die Welt." Ich sah in das Gesicht des Mannes und blickte aus klaren Augen direkt in meine Seele. Erschüttert wachte ich auf, es war mitten in der Nacht und ich fand mich im Hotelzimmer auf Korfu wieder. Damals dachte ich, der Traum wäre ein Wunschdenken meinerseits aus der Trauer über meinen Vater heraus. Doch in den folgenden Monaten wurde mir bewusst, dass er eine Ankündigung für den Weg war, den ich nach meinem Urlaub hier einschlagen würde.

Eines Tages hatte ich im Hotel einen Termin für eine energetische Massage mit einem jungen Mann, der hier war, um sich von seinem beruflichen Stress zu befreien. Wir verstanden uns auf Anhieb fantastisch, was eine wunderbare Vertrauensgrundlage für die folgenden zwei Stunden darstellte. Irgendetwas an ihm faszinierte mich, ich war auf eine seltsame Art aufgeregt, jedoch nicht, weil er mir als Mann gefiel, sondern eher aufgrund eines bevorstehenden Ereignisses, das ich noch nicht benennen konnte. Wir starteten und nach nur wenigen Minuten war dieser Gast bereits tiefenentspannt, was mir das Eintauchen in sein Energiefeld wesentlich leichter machte. Schnell erkannte ich seine Störfelder und ging meiner Intuition nach, um diese aufzulösen. Dabei bemerkte ich, dass, wann immer ich mit meiner Stirn in die Nähe seiner kam, eine Art elektrischer kleiner Schlag durch meinen Körper ging. Ich probierte dies mehrfach aus mit immer derselben

Reaktion. Er schien davon nichts zu bemerken und lag völlig entspannt auf der Behandlungsbank. Meine Neugier war geweckt, denn wenn in Höhe unseres dritten Auges eine solche Reaktion erfolgt, ist dies ein Zeichen hoher Energien, die hier fließen, für mich. Also sagte ich mir innerlich, dass ich mich frei machte von Erwartungen und offen war für die Erfahrung, die hier auf mich wartete.

Ich bekam Bilder zu seinen Störfeldern, die vor allem mit nicht geweinten Tränen seinerseits zu tun hatten, aber auch mit einem Verlust, den er als Kind hatte hinnehmen müssen. Dies waren soweit keine ungewöhnlichen Vorkommnisse, die mir erklären würden, warum diese außergewöhnliche Energie, die ich wahrnahm, mich derart anrührte. Nach fast zwei Stunden, als ich kurz vor dem Beenden der Behandlung war, fühlte ich plötzlich eine Art Ekstase in meinem Herzen, die sich schnell ihren Weg in jede meiner Zellen bahnte. Ich war wie elektrisiert und brauchte einen kurzen Moment, um dem standhalten zu können. Tränen strömten über mein Gesicht, ich war bis zum Rand ausgefüllt mit einer Form von Liebe, wie sie Worte nicht beschreiben können. Der junge Mann lag noch immer mit geschlossenen Augen vor mir und schien nichts davon mitzubekommen. Als ich mich gerade einigermaßen beruhigt hatte, denn ich zitterte ein wenig unter dem Strom dieser Energie, spürte ich eindeutig die Gegenwart eines hochenergetischen Wesens, was mich augenblicklich vor Ehrfurcht erstarren ließ. Ich hatte meine Hände zum Abschluss der Behandlung an bestimmten Punkten am Kopf des Gastes angelegt, sodass mein Erstarren nicht weiter auffiel. Dann hatte ich immer wieder die gleichen Worte im Kopf: „Sag ihm, dass er einer von uns ist, dass er mit der Christusenergie arbeiten wird." Ich versuchte, einen klaren Gedanken zu fassen und ließ meine Augen im Raum umherwandern, um ins Hier und Jetzt zurück zu kommen. Der Raum erschien mir heller und auf eine besondere Art vibrierend. Doch ich war anscheinend völlig klar, denn die Worte wiederholten sich. Dabei floss ununterbrochen ein warmer Strom dieser puren Liebesenergie durch meinen Körper und ich hatte das Gefühl, hohes Fieber zu haben, so schien ich zu glühen.

Nach einigen Minuten ließ die Energie nach und ich konnte kein anderes Wesen im Raum mehr spüren. Die Behandlung war vorüber und ich weckte den Gast langsam auf. Er sah mich an und streckte die Arme nach mir aus. Ich wunderte mich über diese Geste, erkannte aber in diesem Moment, dass er wohl doch etwas von dieser wunderschönen Präsenz wahrgenommen hatte. Also umarmten wir uns er fragte, was denn passiert sei, er habe eine hohe Energie gefühlt und gedacht, er wäre Universen weit entfernt gewesen. Ich antwortete ihm, dass ich diese Präsenz ebenfalls gespürt hatte, verschwieg jedoch die Einzelheiten, da ich so überwältigt war, dass ich erst einmal in Ruhe das gerade erlebte nachfühlten wollte. Im Nachgespräch mit ihm erfuhr ich, dass er gerade an einem Wendepunkt in seinem Leben stand und von einem Beruf in der Wirtschaft in den spirituellen Bereich wechseln wollte. Ich konnte kaum glauben, wie sehr diese Aussage zu der Botschaft passte, die ich vor wenigen Minuten erhalten hatte.

Doch ich war erst einige Wochen später in der Lage dazu, ihm von der Gegenwart des Christusbewusstseins, das ich gespürt hatte, zu erzählen. Denn dies war für mich das erste Mal, dass ich so deutlich wahrgenommen hatte, woher die Dinge, die ich sah, spürte, fühlte und hörte, genau kamen und ich wusste natürlich, dass nicht jeder offen darauf reagieren würde. Doch wir blieben in Kontakt und als er mir eines Tages ein Bild von Jesus auf dem Ölberg schickte, dass er bei einer Malerin in Auftrag gegeben hatte, weinte ich vor Freude über dieses Zeichen, dass ich gerade erhielt. Dann erst berichtete ich ihm von der Botschaft über die Christusenergie an ihn und er konnte meine Beweggründe für die Verspätung verstehen. Er selbst konnte es sich auch nicht erklären, doch er spürte eine enge Verbindung zum Christus, der er nachgehen wollte. Es war faszinierend, wie reichlich beschenkt ich wieder einmal geworden war und ich dankte meinem Schöpfer viele Male für dieses Erlebnis.

Ich begann, mich näher mit der Christusenergie zu befassen, denn ich wollte, wenn es zu solchen Erfahrungen kam, nicht spukhaft damit umgehen, sondern verstehen, was ich hier und bereits während meiner Seelenreise Arbeit bei Silvia vor wenigen Wochen erlebt hatte. Bereits vor vielen Jahren verstand ich, dass Gott kein rachsüchtiger alter Mann auf einer Wolke, sondern eine Form von allumfassender Energie sein musste und Jesus sein Sohn im Geiste gewesen war, einfach eine Erleuchteter, wie es viele gab und gibt. Glücklicherweise hatte ich Menschen kennengelernt, die von ähnlichen Erlebnisse berichteten und diese völlig normal fanden. Sich mit ihnen auszutauschen war eine große Hilfe für mich. Trotzdem wollte ich wissen, wie ich dazu gekommen war, diese Energie zu fühlen, denn das würde auch bedeuten, dass ich die Vorgänge besser verstehen und lenken können würde. Als ich gedanklich in der Zeit zurück ging, fielen mir einige Ereignisse mit derselben Energie ein, die ich über den Alltag wieder vergessen hatte. Oder, weil ich damals noch glaubte, man könne mich für verrückt halten. Doch jetzt, als ich anscheinend dauerhaft Zugang zu dieser Quelle hatte, fügten sich die Erinnerungen der Vergangenheit sinngebend ein.

Die erste bewusste Berührung mit dieser Energie habe ich an ein Erlebnis im Alter von ca. 9 Jahren. Durch die Umstände Zuhause ließen meine Leistungen in der Schule zwar nicht in den Noten, jedoch in der Disziplin nach und so vergaß ich ständig meine Hausaufgaben. Wurde ich von den Lehrern nach den Gründen gefragt, sagte ich natürlich nicht, dass meine Tage darin bestanden, irgendwie die Gewaltausbrüche meiner Mutter zu überstehen und ich daher nicht an irgendwelche schulischen Aufgaben denken konnte. Meine Antwort war grundsätzlich: „Das weiß ich nicht.", begleitet von einem Achselzucken. Meinen Klassenlehrer regte meine, für ihn freche, Ausrede derart auf, dass er irgendwann, ohne Vorankündigung an mich, einen Brief an meine Eltern schrieb, indem er mitteilte, dass ich selten Hausaufgaben vorzuweisen und unhöfliche Antworten gegeben hätte.

So kam ich eines Mittags nach Hause und meine Mutter wartete bereits in der Haustür auf mich. Erschrocken sah ich in ihrem Gesicht bereits den bekannten Zorn, der auf einen furchtbaren Verlauf des Tages schließen ließ. Sie schrie mich an und befahl mir, schon mal ins Haus zu gehen, um mich auf meine Strafe gefasst zu machen, da sie einen Brief aus der Schule erhalten habe. Zitternd ging ich hinein, während sie hinüber zur Schule lief, die sich nur ein paar Häuser weiter befand. Als sie zurückkam, erhielt ich gleich die erste Ohrfeige, kaum, dass sich die Tür hinter ihr schloss. Sie schlug so heftig zu, dass ich mich auf den Fliesen wiederfand und mich langsam wieder aufrappelte. Währenddessen schrie sie wie eine Furie, dass ich ein faules Stück sei, nicht wert, auf der Welt zu sein und mein Lehrer auch genug von mir hätte, da ich ihn anscheinend nur veralbern würde. Mir war weder klar, warum mein Lehrer so über mich dachte, noch, warum ich dafür diese Schläge bekam. Doch sie war außer sich und nicht zu stoppen. Erneut schlug sie zu und ich fiel abermals zu Boden. Dann schlug sie von oben herab ununterbrochen auf mich ein, sodass ich die Arme schützend über meinen Kopf legte. In diesem Moment flehte ich zu Gott, dass er mich entweder holen möge, oder sie zum Aufhören bewegen konnte. Ich hielt es einfach nicht mehr aus.

Wenige Sekunden später klingelte es an der Haustür und meine Mutter ließ abrupt von mir ab. Als sie öffnete, stand eine Dorfbewohnerin dort, die gerade zufällig am Haus vorbeigekommen war und fragte entsetzt, was denn hier vor sich ginge, sie hätte die Schreie und das Weinen gehört. Meine Mutter überschlug sich mit Erklärungen und stotterte ein wenig dabei. Ich stand in der Zeit auf, setzte mich an den Küchentisch und dankte dem lieben Gott für meine Rettung. An die Tür traute ich mich nicht, doch ich hoffte, dass diese Frau nicht so schnell wieder gehen würde. Ich hörte meine Mutter gekünstelt lachen und wusste, sie hatte eine gute Geschichte erzählt, damit niemand entdeckte, was sich hier hinter verschlossener Tür abspielte. Irgendwann kam sie zu mir in die Küche und mein ich wurde starr vor Angst, dass es nun weitergehen würde. Doch dieser Zwischenfall hatte sie anscheinend wieder klar werden lassen und so sagte sie mir nur, dass ich weitere Strafen zu erwarten hätte und zwar von meinem Vater, wenn dieser am Wochenende nach Hause käme. Denn auch , wenn er mich noch nie geschlagen habe, einen Brief aus der Schule würde er aufs härteste bestrafen, davon sollte ich ausgehen und mich schon mal auf den Tag vorbereiten.

Unnötig, zu erwähnen, dass ich die folgenden Nächte kaum schlief und in der Schule noch unkonzentrierter war. Zum einen aus Angst vor dem, was mein Vater mit mir machen würde, auch wenn dies noch nie vorgekommen war und zum anderen, weil ich jetzt ständig Angst hatte, meinem Lehrer eine falsche Antwort geben und damit einen erneuten Brief heraufzubeschwören. Es ging mir gelinde gesagt dreckig, ich war randvoll mit Angst. Mein Vater rief jeden Mittwochabend Zuhause an und ich durfte auch immer kurz mit ihm sprechen, bevor meine Mutter mit dem Telefon in der Küche verschwand. Doch an diesem Mittwoch verwehrte sie mir das Gespräch, obwohl es gerade so wichtig für mich gewesen wäre, mit ihm persönlich zu sprechen, um ihm von dem Brief zu erzählen und zu hören, wie er darauf reagierte. Also sprach ich weiter zu Gott. Jeden Abend, wenn ich nicht einschlafen konnte, bat ich ihn, dass mein Vater sich nicht gegen mich wenden und mir zuhören würde. Eines Abends hatte ich das Gefühl, als würde jemand mich in den Armen halten und sagen, es würde alles gut werden und es gäbe nichts zu fürchten. Fast gruselte es mich damals ein wenig.

Als der Freitag kam, saß ich bis zur Ankunft meines Vaters an meinem Fenster und die Angst beherrschte mein ganzes Denken. Meine Mutter hatte mir verboten aus dem Zimmer zu kommen, ehe mein Vater mich nicht rief. Als er endlich eintraf lauschte ich wachsam dem Gespräch, das meine Eltern in der Küche führten. Meine Mutter wurde sofort laut und berichtete meinem Vater über meine Faulheit und mein unmögliches Verhalten in der Schule gegenüber meinem Lehrer. Ich sei ein undankbares Gör und verdiene eine ordentliche Tracht Prügel. Dass ich diese schon von ihr bekommen hatte, verschwieg sie allerdings. Mir drehte sich der Magen um, als mein Vater mich dann schließlich rief. Langsam ging ich die Treppe runter, innerlich noch immer zu Gott sprechend. Alles, was mein Vater sagte, während meine Mutter ihn weiter versuchte, von Schlägen zu überzeugen, war, dass ich in Zukunft meine Hausaufgaben machen solle. Er lächelte verschmitzt und erzählte, er habe auch mal einen Brief aus der Schule bekommen und die Welt würde davon nicht untergehen. Während meine Mutter erzürnt die Küche verließ, liefen mir Tränen der Erleichterung über das Gesicht und ich schmiegte mich eng an meinen Vater. Wie gern hätte ich ihm von der entsetzlichen Reaktion meiner Mutter erzählt, doch ich wagte es nicht. Ich dankte dem lieben Gott und die Angst der letzten Tage wich in einem Anfall von körperlichem Zittern endlich von mir. Von dieser Zeit an wurde Beten zu einem festen Bestandteil meines Lebens.

Doch erst viele Jahre später kam ich das nächste Mal bewusst mit dieser Energie in Kontakt. Mein damaliger Partner und ich hatten ein Haus gebaut, aus dem wir wegen eines schweren Baumangels nach nicht mal 6 Monaten wieder ausziehen mussten. Wir lebten abwechselnd in verschiedenen Ferienwohnungen mit den Kindern, da wir über ein Jahr auf den gerichtlichen Gutachter warten mussten und das Haus wegen krebserregenden Schimmelbefalls nicht mehr bewohnbar war. Irgendwann waren unsere Ersparnisse aufgebraucht, die Trockengeräte, die Anwalts- und Gutachterkosten sowie Abtrag und Miete waren zu viel für ein Gehalt, da ich meine Arbeit inzwischen durch eine schwere Angststörung verloren hatte. Ständige Krankenhausaufenthalte brachten keine Diagnose und so fuhren wir zu einem energetischen Heiler nach Hamburg, von dem wir gehört hatten.

Dieser Mann hatte eine gut laufende Praxis und arbeitete mit den Ärzten der Hochschule zusammen, somit hielt ich ihn für vertrauenswürdig, denn zu einem Geistheiler war ich vorher noch nie gegangen. Er erklärte kurz, dass er mir vom Kopf bis zu den Füssen die Hände auflegen würde und ich mich einfach nur entspannen solle. Bereits kurz, nachdem er begonnen hatte, konnte ich tatsächlich zum ersten Mal seit Monaten meinen Körper komplett loslassen und zur Ruhe kommen. Die Behandlung dauerte etwa eine Stunde und ich fühlte mich wunderbar getragen. Kurz bevor die Stunde endete nahm ich plötzlich wahr, wie meine innere Umgebung sich veränderte. Es wurde alles irgendwie etwas heller. Dann sah ich das Bild des Christus. Ganz klar und deutlich stand er vor mir und lächelte. Dann wechselte das Bild und ich sah ein gleichschenkliges Kreuz mit einer dreiblättrigen Blüte an jedem Ende, im Hintergrund Sonne und blaues Meer. Im Nachgespräch der Behandlung traute ich mich vorsichtig, auszusprechen, was ich gesehen hatte. Ein wenig schüchtern, da ich befürchtete, dieser wundervolle Mann würde mich für durchgedreht halten. Doch er nickte nur beiläufig und erklärte, er würde ausschließlich mit der Christusenergie arbeiten und ich hätte wohl einen Zugang zu selbiger. In dem Kreuz vermutete er eine Erinnerung an ein früheres Leben. Er riet mir damals, dieser Verbindung nachzugehen, da nicht viele eine solche Vision während seiner Behandlung erlebten und gab mir das ursprüngliche Vater Unser mit nach Hause. Die unverfälschte Version. Ich hatte damals noch nicht viel Wissen über diese Dinge und verließ ehrfürchtig und ein wenig verunsichert die Praxis. Es war jedoch nicht zu leugnen, wie viel besser ich mich fühlte und das für Wochen! Auch mein Partner erzählte mir, er habe die Energie zwar nur spüren können, doch sie sei wunderschön gewesen. Er hatte eine tiefe Ruhe dort erfahren. Mich ließ dieses Bild von Jesus lange Zeit nicht los, er hatte mein Herz berührt und erst, als das Schicksalsrad sich weiter drehte und mein Partner mich verließ, geriet das Erlebnis langsam in Vergessenheit.

Und nun, über zehn Jahre später, bekam ich erneut diese Bilder jenes wundersamen Mannes, auf den eine ganze Religion gegründet worden war, die mir absurd erschien. Doch ihm war ich immer gefolgt, stellte ich glücklich fest. Er war immer bei mir, auch, wenn es dunkel um mich geworden war. Doch er hatte mich nie verlassen, im Gegenteil, wieder lud er mich ein, in seiner Energie zu baden, an der Großartigkeit der Schöpfung bewusst teilzuhaben. Deshalb war er mir vor wenigen Wochen während der Seelenreise begegnet und ich beschloss, nicht mehr an meinen Zweifeln festzuhalten, sondern mich dem Fluss dieser wunderschönen Kraft hinzugeben. Ich sprach mit ihm, auch wenn ich nicht recht wusste, wie. Doch wenn er immer bei uns ist, würde er auch jede Sprache verstehen und ich ließ einfach meinen Gedanken freien Lauf.

Und ich bekam Antworten! An meinen freien Tagen erkundete ich nach und nach die Insel. Eines Tages fuhr ich auf den höchsten Berg, den Pantokratoras, auf dem sich ein Kloster befand. Ich genoss die herrliche Aussicht und ging anschließend in die kleine Kapelle. Bereits beim Eintreten fühlte ich die Kraft dieses Ortes. Wunderschöne, sehr alte Deckenfresken erwarteten mich und ich staunte, denn sie zeigten ausschließlich Jesus und seine Geschichte. Sogar mit einem Mudra war er abgebildet, was auf seine Zeit als Yogi in Indien hinwies und von der Kirche nicht gern gesehen wurde. Ich war verblüfft. Eigentlich kannte ich aus den südlichen Ländern wie Spanien und Italien nur die Marienverehrung, Jesus war dort immer nebensächlich abgebildet worden. Ich genoss die Atmosphäre dieser Kapelle und fühlte mich anschließend, als hätte ich all meine Akkus wieder aufgeladen. Von nun an fuhr ich mindestens einmal im Monat hier hinauf, einfach um dort in der Stille zu verharren.

An einem anderen Tag besuchte ich ein altes, verlassenes Dorf, ebenfalls auf einem Berg und als ich die Serpentinen hinauffuhr, entdeckte ich am Straßenrand eine etwa einen Meter große Jesusstatue, der Sonne entgegenblickend und einen Arm dem Himmel einladend entgegen gestreckt. Ich hielt, um sie mir genauer zu betrachten und freute mich ein weiteres Mal über diese Art der Jesusverehrung auf dieser Insel. Da ich nichts über die Religion der Griechen wusste, beschloss ich, mich darüber zu informieren. Die Gelegenheit dazu erhielt ich bei einem Besuch eine Kirche in der Altstadt Korfus. Dort traf ich auf einen Priester, der mir die orthodoxe Religion erklärte und die Bedeutung Jesu für selbige. Das Hauptmerkmal ist hier auf die menschliche Seite Jesu gerichtet, weshalb die Orthodoxen ihr Kreuz auch von rechts nach links und nicht umgekehrt, wie die Katholiken auf der Brust schlagen. Es war ein interessantes Gespräch und danach war ich ein weiteres Mal sprachlos. Ich war also zu-fällig auf dieser heilbringenden Insel gelandet, die auch noch zu-fällig der Christusenergie angehörte. Es wäre eine Sünde gewesen, all diese Zeichen nicht endlich anzunehmen und meine Zweifel gehen zu lassen. Ich war, wo ich genau jetzt hingehörte.

Eine Weile später besuchte ich ein kleines Dorf, auf dessen Kirche genau jenes gleichschenkelige Kreuz aus der Vision damals in Hamburg stand. Nun erst wusste ich, dass es typisch orthodox und typisch für Griechenland war. Denn ich hatte dieses Land niemals zuvor besucht. Von nun an tauchte ich vollkommen ein in diese Energie, gab mich ihr vorbehaltlos hin, denn ich hatte genug

Zeichen bekommen. Nach und nach erhielt ich immer mehr Unterstützung und Offenbarungen auf meinem Weg und ich war voll der Dankbarkeit!

Ein weiterer Zufall traf etwa zwei Monate nach meiner Ankunft auf der Insel hier ein. Ein Buch, auf das ich im Internet gestoßen war und dass mir der Verleger herzlicherweise nach Griechenland nachsandte. Dass es allerdings so lange brauchen würde, verwunderte uns beide und gerade, als er ein weiteres Exemplar auf den Weg schicken wollte, erreichten mich diese weisen Worte, die er wiederentdeckt und herausgebracht hatte. Es kam genau zum richtigen Zeitpunkt, mitten in meinen Entdeckungen der Christusenergie dieser Insel. Der Titel verwirrte mich anfangs ein wenig: „Das Yoga des Christus", wirkte eigentümlich auf mich und ich begann nicht sofort mit dem Lesen. Es sollte erst noch eine weitere Begebenheit brauchen, um mich in diesen Zeilen versinken zu lassen. Und ich hätte es vorher auch nicht so verstanden, wie nach diesem Erlebnis im Meer.

DAS LEBEN KOMMT IN WELLEN

„Wenn Menschen auch Zugrunde gehen,
Sie werden neu geboren,
Sie bauen Ideale dann,
Die in den Wind sie stellen. –
Aus jeder Welle, die verrann,
Entsteigen neue Wellen.“

(Mihai Eminescu)

All die Ereignisse seit meiner Ankunft auf Korfu ließen mich vor Glück fast zerspringen. Ich konnte kaum glauben, was mir zuteil wurde und obgleich ich darüber unendlich froh war, spürte ich doch tief in mir etwas, dass es mir nicht erlaubte, dies alles anzunehmen. Ich fühlte mich unwürdig, diese Geschenke anzunehmen und meinem inneren Licht zu erlauben, weit über mich hinaus zu leuchten. Und ich kam nicht heran an das, was mich klein hielt, konnte nicht aufdecken, was sich dort noch im hintersten Winkel verbarg. Jeden Nachmittag verbrachte ich am Meer, ließ die Sonne und diese wunderbaren Farben auf mich wirken und versuchte, das Lied meiner Seele zu hören. An einem dieser Tage fühlte ich eine Traurigkeit in mir, die nicht zu erklären war und über diese Traurigkeit wurde ich ärgerlich, denn ich hatte allen Grund glücklich und dankbar zu sein. Was war es, das mir einen Schatten auf meine Freude legte?

Gedankenverloren stand ich am Ufer, zarte Wellen umspülten meine Füße und ich blickte auf den unendlichen Horizont, nahm das schimmernde Sonnenlicht auf der Oberfläche des Wasser wie einen Weg dorthin wahr. Zögernde stieg ich tiefer in das Meer, voller Ehrfurcht vor dessen ureigener Kraft. Immer schon hatte ich den Sog gefürchtet, der mich hinausziehen konnte in unsichere Tiefen. Doch mein ganzes Leben lang hatte ich nur am Ufer gestanden, nicht wissend, was sich dort draußen verbarg. Ich wollte die Tiefe spüren, erfahren, welche Geheimnisse und Schätze sie vor mir verbarg. Immer weiter ging ich hinaus und bemerkte, dass es schwerer wurde, gegen die immer größer werdenden Wellen anzugehen. Mein Verstand meldete Furcht, doch ich ignorierte ihn. Er würde mir nie helfen, die Tiefe zu erforschen.

Es kostete mich große Mühe, meine Bewegungen in den Wogen weiter draußen zu kontrollieren. Kontrolle-sie hatte mich in meinem Leben so viel Energie gekostet, doch gewonnen hatte ich durch sie nichts. Nein, auch die Kontrolle würde mich nur von der Erfahrung in der Tiefe abhalten. Ich wollte sie nicht mehr, die Wellen sollten sie fortspülen und meinen Verstand reinwaschen von dem, was mich niederdrückte. Ich wusste nicht, was ich suchte und kämpfte gegen die gewaltige Kraft der Wellen an, die sich bereits so hoch vor mir auftürmten, dass sie mir die Sicht auf den Horizont versagten. Doch ich konnte das Licht der Sonne noch auf ihren Höhen erkennen und versuchte weiter, standzuhalten.

Erst, als eine dieser Wellen direkt auf mein Gesicht traf und mir die Beine wegzureißen drohte, stieg Panik in mir auf. War ich zu weit gegangen? Würde ich der nächsten, sich bereits hoch vor mir aufbauenden Welle noch standhalten können oder wurde ich durch sie in jene Tiefe gerissen, für die ich, um sie zu erfahren, so weit gegangen war? Mir wurde kalt und ich dachte daran, dass mein Wollen nach mehr auch bedeuten konnte, dass ich darin untergehen konnte. War das der Preis für meine Unzufriedenheit mit einem Leben am Ufer?

Mächtig und tiefschwarz, einem Bergmassiv gleich, hatte sich die Wand der nächsten, alles entscheidenden Welle vor mir aufgetürmt. Ich blickte hinein in die Schwärze und fragte mich, ob sie den dunklen Fleck auf meiner Seele in sich trug. Wie ein Spiegel meines Innersten kam sie mir vor, ich erwartete, von ihr verschlungen zu werden und als ich bereits unter dem Dach ihrer sich im nächsten Moment brechenden Spitze stand, schien die Zeit still zu stehen. Ich sah ihre Schönheit, ihre ganze Pracht. Ja, da war das Dunkle, direkt vor mir im Bauch dieser Riesenwoge. Doch als ich meinen Blick aufwärts richtete, wurde sie immer heller und über mir konnte ich durch sie hindurch das Licht sehen, dass sich in den Tropfen des Umbruchs reflektierte. Reinigte sie nicht ständig ihren schwarzen Grund mit diesem Licht, das niemals erlosch? Ich erblickte die Dualität dieser Welt in diesem Turm, der sich aufbaute und bald ergießen würde in die Unendlichkeit des Ozeanes.

Die sich ständig erneuernde Kraft der Schöpfung wurde mir bewusst. Wir alle waren diese Welle. Wir wurden geboren, erlebten Schmerz und Leid, das sich tief in unsere Seele im Dunkeln verbarg, doch wir strebten ebenso nach dem Licht und machten Erfahrungen der Liebe und Güte. So, wie sich die Welle nach oben zum Licht aufbaute, so war alles Leben dieser Welt bestrebt, sich der Sonne entgegen zu strecken. Doch wie ein Baum, der seine Wurzeln tief in die dunkle Erde wachsen lassen muss, um ein vielfaches davon in die Höhe wachsen zu können, brauchten auch wir die Schatten, um unser Gesicht der Sonne entgegen strecken zu können.

Im Bruchteil von Sekunden schossen Gedankensplitter durch meinen Kopf, die mir erklärten, wofür ich meine Dunkelheit gebraucht hatte und das die verborgenen Geheimnisse der Tiefe von allein ins Licht gebracht würden, wenn ich mich der natürlichen Ordnung übergab.

Ich streckte die Arme aus, bereit, mich dieser Gewalt des Meeres hinzugeben, im Vertrauen darauf, dass ich nicht tiefer sinken konnte, als in die Schönheit dieser Schöpfung, die alles Leben hervorbrachte. Dann spürte ich, dass ich den Halt verlor und vom Sog fortgerissen wurde. Für einen Augenblick sah ich, wie das Licht über mir verschwand, als die Welle brach und mich umschloss. In der Stille des Meeres hörte ich meinen Herzschlag, langsam und gleichmäßig pulsierte er in meinen Ohren und ich lauschte in mein Innerstes. Dies war mein Körper, mein Herz schlug mir hier entgegen und ich fühlte eine unendliche Dankbarkeit für dieses Wunder, das wir alle waren. Zum ersten Mal wurde ich mir meines Körpers aus mir heraus bewusst. Immer hatte ich ihn von außen betrachtet und dabei übersehen, was für ein Wunderwerk die göttliche Intelligenz sich hier ausgedacht hatte. Dies war der Zustand, in dem wir im Mutterleib heranwuchsen. Allein mit unserem Herzschlag, umgeben von den sanften Wellen des Wassers, in den wir lagen. Mir wurde klar, dass wir uns unseres SELBST bereits bewusst waren, bevor wir geboren wurden. Ich liebte dieses Gefühl und in diesem Moment fand ich zu meiner SELBSTliebe zurück, die ich bereits für mich empfunden hatte, als ich im Körper meiner Mutter heranwuchs und begann, mich zu entdecken! Dies war unsere erste Erfahrung auf dem Weg ins Leben und sie war einzigartig!

Dieser Moment schien eine Ewigkeit anzudauern und endete, als ich das Sonnenlicht auf meinem Gesicht spürte und Salz auf meinen Lippen schmeckte. Die Welle hatte mich aus der Tiefe, in der mir so viel offenbart worden war, an die Oberfläche gebracht. Ich lag auf dem Wasser und die Ausläufer der Wogen trugen mich in einer ständigen Auf-und Abbewegung in Richtung Ufer zurück. Ich breitete die Arme aus und ließ mich auf dem Fluss des Meeres mit einem Lächeln auf dem Gesicht treiben. So, wie die Geburtswellen uns aus dem Mutterleib bringen, überbrachten mich die nun sanften Uferwellen dem Strand entgegen. „Das Leben kommt in Wellen!", erkannte ich. Wir können nur durch die Kontraktionen beim Mann, der seinen Samen ausbringt und die der Frau, deren Gebärmutter diesen ebenfalls durch wellengleiche Kontraktion aufnimmt gezeugt werden und liegen dann in den Wellen, bis diese uns herausbringen. Jeder Tag war eine Welle, aufbauend mit dem Sonnenaufgang, auslaufend mit deren Untergang. Und in der Nacht lagen wir in der Dunkelheit des Schlafes, um in unsere Tiefen abzutauchen! Das Erblühen der Natur im Frühjahr und das fallende Laub im Herbst, gefolgt von der Finsternis des Winters-eine Welle. Unsere Tagesform mit ansteigender und abfallender Lebensenergie-ebenfalls eine Welle. Und letztendlich Geboren werden und Sterben-alles in Wellen! Unendlich viele Beispiele für dieses Erkennen kamen mir in den Sinn und als ich aus dem Wasser an den Strand stieg dachte ich an die Bedeutung meines Namens: die aus dem Meer kommt. Ich musste leise auflachen. In diesem Augenblick war ich neu geboren! Ich hatte in die Tiefe allen Seins geblickt und erfahren, wie unendlich weise unsere Schöpfung war. Ich suchte nicht mehr, denn ich wusste, alles, was ich suchte, war immer in mir gewesen! Wie konnte es mir an irgendetwas mangeln im Angesicht der Intelligenz, die uns ins Leben brachte und mit allem versorgte, was wir benötigten?

Dieser Nachmittag brachte Erkenntnisse, die meine Suche beendeten. Es gab nichts im Außen zu finden, denn wir haben alles in uns, was wir zum Wachsen und Erwachen brauchen. Ich hatte dort draußen im Meer gefunden, was ich außerhalb von mir vermutete hatte. Jetzt fühlte ich mich eins mit allem Leben, allem Sein und verstand, dass wirklich nichts voneinander getrennt ist. Denn es kann keine Trennung existieren außer in unserem Verstand. Die unvorstellbare Intelligenz der Schöpfung würde dies nicht zulassen, ja, die Schöpfung würde in dieser Form gar nicht existieren können. Wirklich in Worte kleiden konnte ich diese neue Sicht nicht, lediglich tief in meinem Herzen fühlen. Doch die passende Beschreibung fand ich in dem Buch, das darauf wartete, geöffnet und erlebt zu werden. Es war mir wie eine Gebrauchsanweisung für mein neues Dasein. Einzigartig und allumfassend weise, gleichzeitig viele Jahrtausende alt! Ich verschlang es förmlich, weinte Tränen des Glücks dabei und las es gleich noch einmal! Wie konnte es möglich sein, dass hier geschrieben stand, was meine Seele erkannt und mein Herz sich zurückerobert hatte?

CHRISTUS BEWUSST SEIN

„Antike Tempel konzentrieren den Gott im Menschen; des Mittelalters Kirchen streben nach dem Gott in der Höhe."

(Johann Wolfgang von Goethe)

In den nächsten Wochen erfühlte ich mir den Weg in die Christusenergie zurück, obgleich ich deutlich spürte, dass ich nie von ihr getrennt gewesen war. Doch ich hatte in einem Nebel gelebt, einer Welt, in die ich hinein programmiert worden war und der Schleier lüftete sich nunmehr endgültig. Ich erfuhr die Wahrheit hinter dem, was wir für wahr halten, als es endlich still in mir wurde. Die völlige Freiheit von hinderlichen, alten Denkmustern wurde mir zuteil und ein Feuerwerk in all meinen Zellen löschte falsch verstandene Botschaften und Überzeugungen, machte Platz für das heilende Licht, das mit der Wahrheit durch mich hindurch floss.

Ich konnte nicht anders, als ständig vor Freude zu weinen und zu strahlen. Es war der Himmel auf Erden, das Paradies der Erneuerung.

Die Worte des Schotten Murdo MacDonald-Bayne, der auf einer Reise durch den Himalaya das Yoga des Christus erfuhr und in die westliche Welt brachte, öffneten das letzte Tor in mein Christusbewusstsein und machten verständlich, was ich seit jeher gefühlt hatte. Sie wischten jeden Zweifel über mein Verständnis der Hinterlassenschaft Jesu Seite für Seite weg und mir war, als fände ich nach Hause, in die Energie, die dieser wunderbare Mann vor über 2000 Jahren für uns geschaffen hatte, damit wir Erlösung finden können. Und ich fand sie. So viel Zeit hatte ich im Leben bereits darauf verwendet, hinter die Parabeln der Bibel blicken zu können, hatte gefühlt, dass das Bild, das die Kirche uns von ihm vermittelte, ein Lügengebilde war, um die Menschen zu kontrollieren. Dann wieder hatte ich versucht, mich ganz davon zu entfernen, denn wann immer ich darüber sprach, wurde ich milde belächelt.

Noch nie hatte ich verstanden, warum Menschen in den Gottesdienst gingen oder Wert auf kirchliche Zeremonien legten, wenn sie hinterher beim Kaffee Witze über den Christus machten. Als ich klein war, starrte ich während der wenigen Gottesdienste, die ich besuchte, ständig auf das Kreuz über dem Altar in der Hoffnung, eine Antwort auf meine Frage nach dem Gefühl, dass ich in mir trug, zu bekommen. Im Konfirmandenunterricht bekamen wir Nachhilfe in angeblicher Nächstenliebe, doch wie ich mit dem Christus in Verbindung kommen konnte, erklärte mir der Pastor damals nicht. Wenn ich ihm sagte, dass ich „so ein Gefühl" für Jesus hätte, es aber nicht näher beschreiben konnte, bekam ich zu hören, dass wir Menschen nur im Gebet zu ihm finden konnten. Was für eine lächerliche Antwort!

Also las ich alles für mich sinnvolle über diesen Hebräer, der mir so wichtig erschien und lernte nach und nach, seine Geschichte aus einem anderen Blickwinkel zu betrachten. Was mir seit dem Religionsunterricht in der Schule als Frage auf den Lippen brannte, nämlich, wieso in der Bibel so viele Lebensjahre des Predigers und Heilers fehlten, beantwortete mir eines Tages ein Archäologe in Frankreich, den ich während eines Urlaubs dort kennen lernte. Er berichtete von Nachweisen über einen Aufenthalt Jesu in Indien und anderen Ländern, auf denen er spirituelle Einweihungen erhalten hatte und empfahl mir die passende Literatur dazu. Nun endlich bekam meine Seele Antworten. Doch diese konnten mein Herz nicht erreichen und alles Wissen hielt ich eines Tages für unnütz. Was ich wollte, war ihn zu fühlen. Die Erlebnisse meiner Kindheit mit dem sicheren Wissen um eine schützende Präsenz an meiner Seite verlangten nach einer Wiederholung! Da war etwas, das größer war als wir alle. Daran zumindest glaubte ich fest.

Und nun endlich holte das Gefühl mein gesammeltes Wissen mit einem Schlag ein, um mich aus der Tiefe meiner Seele mit Jubel zu erfüllen. Was für ein Geschenk!

Es gehört nicht zu den verborgenen Geheimnissen dieser Welt, dass es in der Geschichte seit jeher immer wieder Menschen in ihr gab, die durch ihre Aussagen und ihr Handeln Unsterblichkeit erlangten. Propheten wie Jesus, Mohammed oder Buddha, um nur die bekanntesten zu nennen, waren spirituelle Lehrer oder Heiler, die nach mehreren Inkarnationen zu Meistern auf ihrem Gebiet wurden und aufsteigen, d.h. ihren Körper ablegen konnten. Sie erreichten, einfach erklärt, eine andere Bewusstseinsebene, von der aus sie bis heute wirken. Sie waren ganz „normale" Menschen, nur wurden sie sich ihrer wahren Identität bewusst und schafften ein Energiefeld, dass, wie jede Form von Energie, unsterblich ist. Dieses Feld dient uns Menschen heute dazu, ebenfalls bewusst werden zu können. Das ist die Aussage, die Essenz der Worte Jesu. Wir alle haben diesen göttlichen Funken, sind miteinander verbunden und er hat sich für uns geopfert in dem Sinne, dass er seine Aufgabe, die Göttlichkeit zu präsentieren, sehr ernst genommen hat.

Aufgestiegene Meister (die eigentliche Bedeutung von Christi Himmelfahrt) sind Lichtwesen in der reinsten Form und wundervolle Helfer für unseren Weg durchs Leben. Mit ihrer Hilfe, ihrer hinterlassenen, von ihnen erschaffenen Energie, können wir unsere Lebensthemen von Selbstmitleid, Angst, Hass, Wut usw.

auflösen, da sie selbst diese Wege gegangen sind. Sie überwanden die Dualität, indem sie erkannten, dass Gut und Böse, Licht und Dunkelheit zwei Gegensätze derselben Energie sind und aufhörten, dagegen anzukämpfen. Sie akzeptierten einfach, dass beides besteht und beendeten ihr urteilen darüber. Wenn dieser Kampf endet, kommt die Liebe ins Sein, mit der sich die Probleme dieser Welt auflösen. Diese Meister befreiten sich von ihrem Ego (Ich), (dass uns in den Verstrickungen des Lebens gefangen hält, durch Programmierungen, Glaubenssätze usw.), um sich dem Licht, aus dem alles Leben genährt wird, vollkommen bewusst zu werden.

Ich verstand, dass, wenn ich weiterhin meine Täter der Vergangenheit verurteilte, ich in der Dualität der Welt gefangen bleiben würde und mein Schmerz nicht erlöst werden konnte. Er würde niemals weichen, wenn ich nicht akzeptieren konnte, dass das Böse neben dem Guten existierte und ich das Geschehene nicht würde ändern können. Ich versuchte, meine Peiniger mit den Augen der Liebe zu betrachten, was mir anfangs nicht gelingen wollte, da mein Ego mir zuflüsterte, dass sie die Bösen waren, denen man nicht vergeben durfte. Doch ich spürte, dass ich auf dem Weg zur Heilung frei sein musste von meinen alten Überzeugungen und blieb beim Blick auf die Vergangenheit in der Liebe, die ich trotz allem in meinem Herzen trug.

Wie ein Kinobesucher sah ich auf der Leinwand verschiedene Filme meines Lebens an, die noch immer unkontrolliert in mir abliefen und ich sah diese mit den Augen der Liebe einfach nur an, ohne als Opfer einzusteigen, wie ich es früher getan hatte. Ich sah den Hass und die Bitterkeit im Gesicht meiner Mutter und verschiedener anderer vermeintlichen Täter. Und ich fühlte auch den Schmerz, der mich damals durchbohrte. Doch ich beurteilte nichts davon, sondern blieb einfach im Gefühl, was eindeutig unangenehm und schmerzhaft war. Doch auch diese Tatsache sah ich einfach als solche an, ohne sie zu bewerten. Stattdessen blieb ich in tiefem Mitgefühl für alle Beteiligten dieser Szenen. Denn ich wusste, diese Täter waren selber Opfer gewesen und auch ich war schon zum Täter geworden, wenn auch nur mit verletzenden Worten. Und ich spürte, wie sich aus diesem Mitgefühl ein warmer Strom von Liebe durch diesen Film ergoss.

In diesem Moment, als ich das Urteilen meines Verstandes ausgeschaltet ließ, öffnete sich mein Herz und ich ließ all die Menschen, die mir vermeintliches Leid zugefügt hatten, hinein und konnte vergeben. Und noch etwas wurde mir in diesem Moment klar: ich musste auch mir selbst vergeben, wenn ich geheilt werden wollte. Denn unbewusst verurteilte ich auch mich für die Dinge, die ich hatte geschehen lasse, ohne mich zu wehren. Unabhängig davon, dass ich mich als Kind nicht wehren konnte, gab es einen Anteil in mir, der mir diese Tatsache bisher nicht verziehen hatte. Dieser Anteil glaubte, er hätte etwas dagegen tun können.

Als ich auf diesen Anteil liebevoll akzeptierte, verzieh ich mir meine eigene Täterschaft. Denn durch das Verurteilen und hassen der

Peiniger war auch ich zum Täter geworden, obwohl ich nur mein Opferdasein hatte sehen können. Doch Hass, Wut und Urteilen waren die Leidenschaft des Egos. Und so lange das Ego aus mir sprach und nicht meine Herzintelligenz, würde ich ein Opfer bleiben und keine vollständige Heilung erfahren. Doch was war mir wichtiger? Für den Rest meines Lebens mit dem Finger auf andere zeigen zu können oder Erlösung von meiner Vergangenheit zu erlangen? Wem schadete ich wirklich damit, wenn ich meinen Hass und meine Wut lebendig erhielt? Nur meiner eigenen Seele, die doch aber nach alle dem Leid etwas besseres verdient hatte.

Ich betrachtete die Szenen mit meiner Mutter aus ihrer Sicht, was ich mir bisher aus Trotz einfach verboten hatte. Wie würde sie den Film betrachten? Ich blieb in der Liebe, als ich den Film aus ihrer Perspektive ablaufen ließ und fühlte, ohne zu bewerten, was sie gefühlt haben mochte. Doch da war kein Gedanke daran, ihr eigenes Kind zerstören zu wollen. Stattdessen waren dort Angst, Verzweiflung und große Not in ihr selbst, die sie in Momenten wie dieser Szene außer sich sein ließen. Sie war nicht sie selbst. Sie war ein verletztes Kind, mit unendlich vielen unerlösten Filmen ihres eigenen Leids. Ich fühlte ihren Schmerz darüber, aus einem Zwang heraus ihr Leid an mich weiterzugeben.

Sie litt unter ihren Peinigern genauso, wie ich unter ihr. Was würde die Liebe hier anderes tun, als zu vergeben? Ich hatte nun die Wahl, weiter zu machen, wie bisher und vielleicht selbst aus meinem Schmerz heraus andere zu verletzen, oder diese Kette zu unterbrechen. Und damit frei zu sein! Ich umarmte alles, was ich sah und fühlte liebevoll und wurde heil. Es war ein warmes, umhüllendes Gefühl. Das ist das Christus BEWUSST SEIN!

Dies war sein Erbe, sein Geschenk an uns, das von der Kirche später falsch ausgelegt wurde, um Macht über uns Menschen zu erlangen. Seine Lehre galt dem Bewusstwerden darin, dass wir alle göttlich sind, ausgestattet mit der Schöpferkraft, aus der das Leben hervorgeht. Alles Leid, das wir durchleben, weil wir beigebracht bekommen, was angeblich falsch und was richtig ist, verwehrt uns das Erkennen unseres göttlichen Kerns. Gott ist die eine, allumfassende Liebe, die als Schatz in unserer Herzintelligenz verborgen liegt und wonach wir verzweifelt in Liebesbeziehungen suchen. Doch die Tür zu diesem Schatz öffnet sich erst, wenn wir unser Ego auflösen, wenn unser Verstand schweigt und wir unser Herz leer machen von Angst und Sorgen, die nur in unserem Geist existieren. Während der Einweihung wird nun das Herzzentrum, unser göttlicher Kern, unser

Dann erkennen wir unser Seelenlicht, das in der Dunkelheit gefangen war und wir können es durch unseren Körper strömen lassen, wo es heilende Prozesse in Bewegung bringt, uns reinigt und aufrichtet. Unsere Schwingung erhöht sich, unsere Organe werden in ihrer Tätigkeit unterstützt, Zellen erneuert. Die Selbstheilungskräfte werden entfesselt und Heilung auf allen Ebenen kann beginnen. Diese Energie des Christus führt uns zurück in die göttliche Ordnung aller Dinge, aus der wir entstanden sind, wenn wir die Verantwortung für unser Leben übernehmen.

Dann finden wir aus der Opferrolle in die Schöpferkraft, finden zu unserer eigentlichen Wahrheit und Bestimmung zurück.

Doch nicht nur die Beziehung zu meiner Mutter änderte sich in diesen erhebenden Tagen. Eigentlich mein gesamtes Verständnis, das ich bisher für diese Welt hatte, wurde komplett auf den Kopf gestellt. Manches verwirrte mich, da ich immer noch als erstes versuchte, zu verstehen, anstatt zu fühlen. Doch alles, wirklich jede Einzelheit fühlte sich wahr in meinem Herzen an. Und da ich mich auf diese Intelligenz verlassen konnte, stieg ich weiter ein die Lehre des Christus. Mit jedem Schritt auf seinem Weg durfte ich einen mehr auf mich selbst zugehen.

Das Yoga des Christus fesselte mich ungemein, doch musste ich manche Stellen wiederholt lesen. Ich fühlte mich in meine Schulzeit zurückversetzt, als ich verzweifelt versuchte, mathematische Formeln zu verstehen. Immer war ich der Lösung ganz nah und dann war

plötzlich mein gesamtes Verständnis darüber wieder verschwunden.
So erging es mir auch in diesem Fall. Ich FÜHLTE, dass ich der
Lösung meines Strebens nach einem voll entfalteten Bewusstsein
sehr nahe war, doch mein Verstand verursachte auf dem Weg
dorthin chaotische Zustände.

Sehr bald wurde mir klar, dass der Verstand (Ego) dieses Chaos
entwarf, aus Angst, nicht mehr weiter zu existieren, wenn sich mir die
vollständige Wahrheit über unsere Existenz zeigen würde. Und er
hatte allen Grund dazu, denn nur, wenn der Verstand zur absoluten
Ruhe kommt, können wir dieses Bewusstsein erfahren. Solange
unser Denken unsere Realität bestimmt, haben wir immer nur eine
leise Ahnung vom allumfassenden Bewusstsein. Diese Tatsache
las ich nicht zum ersten Mal und ich hatte bereits viele Versuche
unternommen, meinen Verstand zum Schweigen zu bringen.
Meditation, Gebet, Achtsamkeitstraining, doch mein Denken
stand nie still. Es war letztendlich ein einziger Satz aus diesem
Buch, der meinem Verstand Einhalt gebot: der Verstand muss
begreifen, dass nichts von dem, was er zu wissen glaubt, wahr ist.
Als ich diese Worte las, setzte es wortwörtlich in mir aus. Mein
Denken kam zum erliegen und Tränen der Erleichterung liefen mir
über das Gesicht. Ich erfuhr, dass unser Denken, unser Ego aus
einer Kette von angesammelten Erfahrungen, Ideen und hinein
projizierten Glaubenssätzen bestand, die niemals die Wahrheit

zeigen konnten, denn sie waren wiederrum aus dem Denken anderer Menschen und deren Egos entstanden. Doch das allumfassende, göttliche Bewusstsein würde sich immer nur im jeweiligen Moment, im Jetzt zeigen können. Es war allgegenwärtig und nicht in den Erinnerungen aus der Zeit zu finden, sondern lag in uns selbst verborgen, in jedem Moment unseres Seins. Aus den Erinnerungen meiner Vorfahren würde sich nie etwas Neues entwickeln können, sondern aus ihnen heraus konnte man nur die alten Straßen begehen. Ich erkannte, dass ich in all meinem Leid so lange gefangen gewesen war, weil ich die Lösungen dazu in meinem Verstand gesucht hatte. Dieser jedoch konnte mir nur Wissen und Material aus der Vergangenheit anbieten, dass ich weitestgehend von den Menschen erhalten hatte, die ebenso in ihrem Leid gefangen waren. Es war schier unmöglich, daraus eine Lösung zu erhalten. In diesem Moment der Stille in meinem Denken fühlte ich die Allmächtigkeit unseres Schöpfers, die Schönheit in allem und ich empfand kein Leid, keinen Schmerz, keine Angst.

Und schon wünschte ich mir, dass es doch immer so sein könnte, diesen inneren Frieden in sich zu tragen. Ich hatte diesen Gedanken gerade zu Ende gedacht, da wurde mir bereits bewusst, dass ich wieder dabei war, in die Trauer der Vergangenheit und Furcht der Zukunft abzudriften. Wer sagte mir denn, dass es nicht immer so sein konnte? Wer suggerierte mir hier gerade, dass es unmöglich sei, diesen Zustand dauerhaft zu erfahren? Ganz klar mein Verstand, der mir aus den Erlebnissen und dem angesammelten Wissen der Vergangenheit ein Projektion in die Zukunft werfen wollte, um mich aus dem bewusste, gegenwärtigen Moment zu holen. Denn er wollte benutzt werden, zeigen, wofür er konstruiert worden war. Ich nahm diesen Gedanken der Vorwarnung lächelnd wahr und verabschiedete ihn sogleich. JETZT gerade, in diesem wunderschönen Bad göttlicher Präsenz ging es mir hervorragend und ich würde mich bei meinem Denken zurückmelden, wenn ich es tatsächlich benötigte. Irgendwie gefiel meinem Verstand diese Information und er beruhigte sich wieder. Erneut kam ich in die Stille und betrachtete meine Umgebung, ohne irgendetwas davon zu bewerten. Ich nahm einfach nur wahr, was sich mir zeigte. Und plötzlich konnte ich die Schöpferkraft hinter all diesen Dingen sehen. Jede Blume, jeder Schmetterling kam mir besonders wichtig vor und ich bewunderte die Farben, die die Natur uns zeigte. Von wie vielen Wundern waren wir täglich umgeben, die wir gar nicht mehr als solche betrachteten, weil unsere Programmierung auf Denken anstatt Wahrnehmen ausgerichtet worden war.

Bilder aus der Zeit mit meinen Kindern stiegen in mir auf. Wie sehr hatte ich es genossen, mit ihnen spazieren zu gehen und die Welt durch ihre Augen zu bestaunen. Ihr glucksen, wenn sie Tiere sahen oder hörten, ihre ersten Versuche, barfuß auf dem Rasen zu laufen und die Freude, wenn dieses an ihren Füßen kitzelte. Es war klar erkennbar, wie sehr wir bei uns selbst sind, bevor wir in die Konditionierungen von Erziehung und Schulzeit kommen. In unserer westlichen Welt wird uns das Bewusstsein für die Schöpferkraft wahrhaftig abtrainiert. Man stellt uns auf Programme ein, die uns erfolgreich machen sollen anstatt die natürliche Sinnhaftigkeit unseres Lebens, mit der wir geboren werden, aufrecht zu erhalten. Dazu erhalten wir Religionsunterricht in Märchenform von einer Kirche, die die Wahrheit über Gott derart verbogen hat, dass sie die Menschen lenken und kontrollieren kann. Wir werden in eine Abhängigkeit geführt, aus der es nahezu kein Entrinnen zu geben scheint. Obwohl unser Körper mit brillanten Selbstheilungskräften ausgestattet ist, beginnt man bereits im Kindesalter damit, ihm derart viel Chemie zu verabreichen, dass er neue Krankheiten als Reaktion darauf hervorbringt, gegen die dann mit noch mehr Chemie angegangen wird. Macht und Geldgier führen uns systematisch vom Bewusstsein über unsere göttliche Existenz hin zu einem grauen Dasein in einen Tiefschlaf.

All diese Informationen waren plötzlich aus der Stille in mein Bewusstsein gedrungen und ich staunte über die Quelle, aus der sie entsprang. Diese Existenz hinter unserem Ego war immerzu präsent gewesen, nur durch den grauen Schleier meines programmierten Denkens verhüllt. Wenn dies zur Ruhe gelangte mitsamt seinen Erinnerungen, dann erfuhr ich mein wahres Selbst und es rührte tief in mein Herz, denn ich wurde gewahr, was dort verborgen so lange auf mich gewartet hatte. In nur einem Moment der absoluten Präsenz der Gegenwart, wurde mir bewusst, dass mein Ego ein Konstrukt aus Rache, Geltung, Macht, Intrige und Gier war, nur hübscher verpackt als bei einigen Mitmenschen. Doch solange ich nach Rache für mein Leid strebte, so lange würde ich in der Vergangenheit stecken bleiben und damit im Ego. Die Einfachheit, mit der ich aus meinem Denken heraustreten und das Paradies wahrnehmen konnte, ließ mich auflachen. So nah war die Lösung für das Elend der Welt und so töricht aufwändig suchten wir danach. Immer hatte ich nach Sicherheit im Außen gestrebt und damit meine wahre Existenz mit ihrer alles beinhaltenden Fülle verleugnet. Gehofft hatte ich , auf ein besseres Leben, auf Heilung. Doch mit dieser Hoffnung hatte ich meine Kraft der Gegenwart, die ich immer in mir trug, aufgegeben. Zu hoffen trägt uns immer in die Zukunft, in der wir uns dieses oder jenes Ereignis erhoffen, um unser Leben zu verbessern. Doch damit sagen wir im Grunde nur aus, dass wir im Jetzt einen Mangel erleben. Und als Resonanz für unser inneres Erleben, erfahren wir diesen Mangel dann auch. Wenn wir also ständig in der

Vergangenheit unserem Leid anhaften und in die Zukunft unsere Hoffnung tragen, verpassen wir den Moment, in dem wir leben. Wir leben eigentlich gar nicht wirklich, bevor wir dieses Denken erkannt und damit aufgelöst haben.

Mit dieser Erkenntnis blickte ich auf mein Leben und sah, dass wirklich alle meine Probleme in meinem Verstand beheimatet waren. Natürlich sind Erinnerungen auch schön und unser Verstand ein hilfreiches Werkzeug, wenn wir ein Haus bauen oder ein Auto reparieren wollen. Doch wir ziehen damit vergangenen Schmerz wie ein Kaugummi in unsere Gegenwart und projizieren Ängste in unsere Zukunft, die noch gar nicht begonnen hat. Die es eigentlich gar nicht gibt. Es gibt immer nur den gegenwärtigen Moment. Das, was wir für die Zukunft halten, sind aneinander gereihte gegenwärtige Momente, es gibt immer nur das Jetzt. Angst und Hoffnung sind nur Resultate unseres Denkens, entstanden aus unseren Erfahrungen vergangener gegenwärtiger Momente. Denn auch in der Vergangenheit leben wir nicht mehr. Wir ver- und beurteilen Situationen aus den erlebten Momenten, die vorüber sind und glauben, dies würde uns schützen. Vor Gefahren, vor Enttäuschungen usw.! Doch dies ist ein Irrtum, der uns davon abhält, die Schöpferkraft in uns ganz zu entfalten. Rückblickend auf meine Erfahrungen machte diese Wahrheit so viel Sinn, dass ich traurig wurde ob der verpassten Chancen, die mir dadurch entgangen waren. So viele Glaubenssätze hatte ich bereits aufgelöst in harter Arbeit an mir selbst. Doch noch immer verurteilte ich mich in einem kleinen Kämmerlein meines Herzens selbst, alle Glaubenssätze hatte ich noch nicht aufgelöst. Also beschloss ich, mein Denken bewusst zu beobachten. Denn wenn wir verstehen, auf welche Weise wir uns durch den Tag denken, werden wir den Programmierungen gewahr, die noch immer auf unserer Festplatte für Chaos sorgen. Mein Sehnen danach, ein anderer Mensch zu werden, war eine solche Fehlinformation. Wenn wir danach streben, uns zu verändern, erzeugen wir ein falsches Bild von uns Selbst in unserem Unterbewusstsein und drehen uns irgendwann im Kreis. Zu erkennen, woher diese Gedanken kommen, ist der einzige Weg zu unserem inneren Frieden. Denn nur, wenn wir unser Denken erkennen, können wir unser Ego auflösen, ihm die Macht nehmen, unser Leben unbewusst zu lenken und selbst wieder der Schöpfer sein. Wir müssen erkennen, dass wir NICHT unsere Gedanken SIND und aufhören zu glauben, was der Verstand uns suggerieren will.

Doch dieses Beobachten unseres eigenen Denkens ist keine leichte Aufgabe, denn wir schauen nicht gerne auf uns selbst. Meistens ist die Opferrolle, in die wir irgendwann eingetaucht sind, wesentlich bequemer. Als dauerhaftes Opfer nach einer schlechten Kindheit oder was auch immer, bekommen wir

Aufmerksamkeit und können uns laufend damit entschuldigen. Eigenverantwortung jedoch ist das, was uns die Freiheit bringt. Die wirkliche Freiheit von allem. Indem wir uns für unser Denken und Handeln eigens verantworten, sind wir erlöst. Das Ego versichert uns jedoch unterschwellig immer wieder, dass diese Verantwortung zu viel für uns sei und einen Haufen Probleme mit sich bringen würde. Darum lassen wir uns von ihm einlullen, wie ein Baby in den Schlaf. Das Gegenteil ist der Fall. Wenn wir eigenverantwortlich handeln und in Liebe, lösen sich unsere Probleme auf, den wir leben ohne Anhaftung an unsere Geschichte oder Erfahrungen. Wir kreieren jeden Augenblick neu, schöpfen aus der Fülle, die uns das Universum anbietet. Das Ego lügt, um zu überleben. Dessen müssen wir uns bewusst werden. Wir sind immer Opfer UND Täter gewesen, diese Erkenntnis ist vielleicht die härteste im Bewusstwerden unseres Denkens. Denn wir urteilen am laufenden Band über andere Menschen. Zu dick, zu dünn, böse, gut, faul, gierig.

All diese Reaktionen kommen aus unserer Vergangenheit. Vielleicht haben wir mal ein Verletzung erlebt, als uns eine Freundin sagte, wir seien zu fett. Das Ego merkt sich diesen Augenblick und trägt ich fleißig mit sich herum, um sofort eine Reaktion in Gang zu setzen, falls noch mal eine ähnliche Situation entsteht. Ist es dann soweit und wir treffen z.B. diese Freundin nach Jahren wieder, schießen wir mit Sicherheit eine verletzende Bemerkung heraus, bevor sie auch nur „A" sagen kann. Für einen kurzen Moment mögen wir uns dann besser fühlen, jedoch hält dieser Triumph nicht lange an. Eigentlich fühlen wir uns sogar leerer als zuvor. Im schlimmsten Fall erhalten wir als Reaktion der Freundin eine erneute Verletzung und überlegen bereits, wie wir sie im Gegenzug nun richtig treffen können. Unser Ego blüht förmlich auf, denn es bildet sich ein, uns damit zu beschützen. Tatsächlich ist genau diese Programmierung der Auslöser für die Kriege dieser Welt. Kein Ego dieser Welt, kein noch so intelligenter Verstand wird jemals unsere Probleme lösen, allein die Liebe ist der Weg dorthin. Selbst-Kenntnis führt zur Weisheit, ein Prozess durch den alle aufgestiegenen Meister durchlaufen haben und der es ihnen ermöglichte, diese hohe Energie für uns zugänglich zu machen. Doch zuerst gilt es, unseren Verstand zu entleeren von all den angesammelten Erfahrungen, aus denen wir nichts Neues zu kreieren vermögen. Aus dieser Leere entsteht dann ein kreatives, der Gegenwart ausgerichtetes Denken und ein Herz, dass angefüllt ist mit allumfassender Liebe. Wenn wir beginnen, aus dieser Liebe und nur aus ihr heraus zu handeln, gibt es die Probleme, die wir für so wichtig hielten, nicht mehr. Wir kommen dann in Kontakt mit der Quelle und Inspiration, Talente, Weisheit, Güte und Kraft sind fortan unsere Wirklichkeit.

Die Gefängnisse, die wir uns bis hierher selbst gebaut haben, verlieren dann ihren Nutzen. Die Vorstellung davon, dass Gott außerhalb von uns irgendwo im Weltall existiert, wie die Kirche uns weis machen wollte, verschließt das Tor zum wahren göttlichen Kern. Gott, oder was immer der einzelne darin sehen mag, existiert nicht getrennt von uns. Wir alle sind ein Teil dieses Gottes und tragen seinen Funken in uns, um uns schöpferisch und mit Leichtigkeit in diesem Leben auszudrücken. Die Illusion der Trennung ist ein großer Irrtum, der uns lediglich einprogrammiert wurde, um zu verhindern, dass wir in unsere Schöpferkraft treten und die Intelligenz, die unseren Körper erschuf, existiert bereits, bevor wir diesen erhielten. Und sie wird weiterhin existieren, wenn wir unseren Körper wieder verlassen. Sie ist ewig und unzerstörbar, wie die Quantenphysik heute sogar belegen und beweisen kann.

Gerade deshalb ist es von enormer Bedeutung, aus unseren Herzen zu leben und zu lieben, denn diese Erfahrungen sind es, die wir mitnehmen. Ich glaube, es gibt nur wenige Menschen, die sich auf ihrem Sterbebett wünschten, sie hätten ein noch größeres Haus gebaut, teurere Autos gefahren oder mehr Geld hinterlassen. Dringlicher ist vielleicht der Wunsch, auf ein von innen erfülltes Leben zurück zu blicken, in dem wir geliebt und uns leicht gefühlt haben. Es ist für mich undenkbar, dass nach unserer Rückkehr zur Quelle eine Belohnung auf uns wartet für das Durchhalten in einem Beruf, der uns gequält hat, einem Leben, das uns schwer auf den Schultern lag. Wir können Gott nie erfahren, wenn wir blind glauben, was uns von außen gelehrt und diktiert wird und wenn wir auf die Probleme dieser Welt blicken, ist das klar erkennbar. Die Selbstmordattentäter, die so viel Unglück über andere Menschen bringen, sind nur ein Beispiel für den programmierten Verstand. Politiker, Inhaber gieriger Machkonzerne, und auch die augenscheinlichen Täter wie meine Mutter oder mein Großvater sind Opfer. Ich bin mir dessen vollkommen bewusst, dass diese Ansicht ungeheuerlich erscheint und noch vor gar nicht allzu langer Zeit hätte ich ebenso aufgeschrien, wie vielleicht die meisten Gewaltopfer hierbei. Doch diese Menschen sind Opfer ihrer Programmierungen, die ihnen auferlegt wurden oder die sie ererbt haben. Das heißt nicht, dass ihr Verhalten akzeptiert oder entschuldigt werden kann und es bedeutet auch nicht, dass die Opfer kein Recht auf ihren Schmerz haben. Es meint lediglich, dass, wenn wir diese Ereignisse mit den Augen der wirklichen Herzensliebe betrachten, in der wir nicht ver- oder beurteilen, unsere Sicht auf die Dinge beginnt, sich zu verändern. Wir erfahren dann, dass es Gut und Böse im Eigentlichen Sinne nicht gibt, sondern akzeptieren die Tatsache, dass all diese Energien in unserer Dualität vorhanden sind und wir uns ihr nur entsagen können, wenn wir aus dem Verstand in unser Herz kommen.

Natürlich haben wir die Wahl. Das ist der vielbesagte freie Wille, den wir von der Schöpfung erhalten haben. Oft werde ich gefragt, wie ich an Gott glauben kann, wenn er diese quälenden Ereignisse zulässt. Lange habe ich auch so gedacht und ihn deshalb immer wieder angezweifelt. Doch wenn ich ihn anzweifele, dann zweifele ich letztendlich an mir selbst. Erst durch meine Selbst-Kenntnis, durch das Beobachten meiner Gedanken wurde mir bewusst, dass unser freier Wille es ist, der uns in die Hölle auf Erden oder die Erlösung des Paradieses hier führen kann. Denn wir können entscheiden, ob wir gleiches mit gleichem vergelten oder aus unserem Herzen heraus in echter Liebe verzeihen und akzeptieren, was geschieht. Ich persönlich habe lange nach Vergeltung gestrebt, wollte Wiedergutmachung für meinen Schmerz einfordern. Was hat es mir gebracht außer noch mehr Schmerz? Denn die Menschen, die anderen diesen Schmerz zufügen, kann ich nicht ändern. Und gehe ich in das Rachespiel, werde ich eine nicht endende Kette endloser Ohnmachtserlebnisse knüpfen, die mich offensichtlich ebenso zum Täter werden lässt. Denn Rache und Vergeltung haben noch nie in der Geschichte zu einem glücklichen Ende geführt. Güte und Akzeptanz hingegen schon. Doch muss diese Güte echt sein und ein Verzeihen in Liebe stattfinden, sonst erheben wir uns mit halbherzigem Verzeihen einfach nur über den Anderen und dies wiederum wäre ein weiteres Handeln aus dem

Ego heraus, was ebenfalls nicht zu einer wahren Erlösung führen kann. Das Böse ist lediglich der Ausdruck eines verwirrten Verstandes, der aus seinen Programmierungen nicht herausfindet. Kein Mensch wird böse geboren. Doch in dieser Welt, in der dunkle Mächte wie Politik, Nationalität, organisiertes Verbrechen wie Religionen und veraltete, abhängig machende Traditionen dafür sorgen, dass wir alsbald nach Antritt unseres Erdenlebens in deren Interesse programmiert werden, sind die Fesseln der Menschheit. Die Wahrheit und der Weg in die Freiheit liegen in uns, nur einen grauen Nebel der Selbst-Kenntnis entfernt.

Dies ist das wahre Christusbewusstsein. Und durch sein Wirken hat er eine Energie für uns geschaffen, die den Weg zur Göttlichkeit in einer Art und Weise bereitet hat, die es uns leicht macht, unsere wahre Existenz zu erfahren. Vor seinem Schaffen war die Energie auf der Erde derart verdichtet, durch Sodom und Gomorra im wahrsten Sinne, dass die göttliche Existenz ihn zur Erlösung sandte. Aus reiner Liebe für diese Welt. Jesus ist nicht mit all diesen Fähigkeiten des Hellsehens, Hellfühlens, Heilens und dem vollkommenen Bewusstsein geboren worden. Er hat ebenso den Weg durch die Selbst-Kenntnis nehmen müssen, wie es uns gut tun würde. Er jedoch hat früh zu seinem Lebensplan, seiner Berufung gefunden und ist dieser gefolgt. Er wusste um die Unvollkommenheit der Menschen und hat sich in dem Sinne geopfert, dass er mit seinem Wirken ein mächtiges Energiefeld schuf, das uns allen die Bewusstwerdung erleichtern sollte. Es ist ein Jammer, was die Kirche aus diesem wunderbaren Mann gemacht hat und es ist an der Zeit, dass sie davon zurücktritt. Jahrhunderte lang wurden Menschen in seinem Namen gequält, unterdrückt und ermordet. Doch der Christus selbst gründete keine Religion. Er hat die Tempel zerstört, in denen nicht die wahre Göttlichkeit gelehrt wurde. Seine Lehre hatte einzig zum Ziel, uns bewusst zu machen, dass wir all das bereits sind, wonach wir suchen. Die Parabeln, in denen er sprach, dienten der Verschlüsselung der Botschaften, denn er wollte gerade NICHT, dass wir blind einer Lehre folgen, sondern uns anleiten, selbst zu entdecken, welcher Schatz in uns liegt.

Die Dimension der geistigen Welt zu erfahren bedarf keiner ewigen Suche im Außen durch Anhängerschaft an Gurus, auswendig lernen alter Schriften oder jahrelanger Meditation. All diese Dinge sind lediglich hilfreich, um uns in die Stille zu führen. Doch diese können wir ebenso während eines Strandspaziergangs, Saunagangs oder was auch immer uns still werden lässt, erleben. Wann immer wir bereits diese stillen Momente in unserem Leben erfahren haben, waren wir bereits mit dieser Dimension, mit unserem Selbst, verbunden. Vielleicht nur einige Sekunden, bestenfalls Minuten. Doch die Verbindung war da, nur unser Verstand, der nicht darauf programmiert ist, dies als Erleuchtung (LICHT SEIN) zu erkennen, trennt uns von der Erkenntnis dieses Einsseins. Eine vereinfachende Erklärung dafür ist, dass unser Verstand ein Werkzeug ist, das wir hier auf der Erde mit unserem Körper bekommen. Daher wirkt er in der verdichteten Energie, die wir hier erleben. Unsere Seele aber, das Ewige in uns, schwingt wesentlich höher in einer sehr feinen Energie. Dies ist der Grund, warum unser Verstand die vielen kleinen lichten Bewusstseinserlebnisse gar nicht als solche erkennt. Jeder kennt jedoch diese Erfahrung und wir benennen sie meistens als Losgelöstheit, totale Entspannung, vielleicht sogar als einen Schwebezustand. „Ich war irgendwie weggetreten!", „Ich hab total die Zeit vergessen in diesem Moment!", sind einige Hinweise darauf, dass wir uns selbst kurz gefühlt haben. Meistens holt uns unser Denken mit einem suggerierten Problem oder einer Aufgabe zurück in die Dimension von Zeit und Raum, denn dieses Denken (Ego) kann mit dem aufkommenden Frieden, der in der Selbsterfahrung liegt, nichts anfangen. Es fühlt sich bedroht, denn die Existenz unseres Egos sind all die negativen Wichtigkeiten, mit denen wir zwischen Vergangenheit und Zukunft pendeln. Stress und Angst rücken dann wieder in unseren Fokus, um uns von der Stille fortzuführen, die das Ego auflösen würde. Wenn wir ein wenig fortgeschritten in unserem Erwachen sind, kommt unser

Verstand gerne mit der Überzeugung daher, dass diese Erfahrungen unmöglich die Erleuchtung darstellen können, denn dazu bräuchte es ja wesentlich mehr Übung, eine weite Reise oder sonntägliche Kirchgänge, um uns zum Meister werden zu lassen. Oder er suggeriert uns, dass wir nun endgültig größenwahnsinnig werden, denn es wäre hochmütig und ketzerisch, sich mit Gott oder Christus auf so einfache Art und Weise verbinden zu wollen. Es ist jedoch unsinnig, diesen Gedanken Glauben zu schenken. Es bedarf keinerlei äußerlichen Bedingungen, um vollständig zu erwachen. Auch die Geschichten von spontanen spektakulären spirituellen Erlebnissen, die zur Erleuchtung führen, benötigen wir nicht hierfür. Tatsache ist, dass viele Weise, aus alter und neuer Zeit, einen mühsamen Weg im Leben beschritten haben und in einer Sekunde zur nächsten bewusst wurden, weil das Leid, das sie erlebt hatten, sie dorthin geführt hatte. Byron Katie (The Work) zum Beispiel hatte ihre Erleuchtung nach einem Totalabsturz, während sie gerade aufgeben wollte und ein Insekt beobachtete. Neill Donald Walsh (Gespräche mit Gott), wurde sich seiner Verbindung zum Göttlichen bewusst, nachdem er alles verloren und einige Zeit auf der Straße gelebt hatte. Es gibt unzählige Beispiele dafür, dass gerade ein solches Leben mit einem Sprung ins Bewusstsein führt.

Unbewusst hindern uns auch Ängste vor Kontrollverlust, totaler
Veränderung der Lebensumstände oder das unvermeidliche
Verlassen unserer Komfortzone, in der wir uns häufig verstecken
vor der absoluten Bewusstwerdung. Ich erinnere mich oft an die
subtile Angst vor meiner ersten Ausbildung bei Sarah, als ich mit
der Gewissheit, dass sich mein Leben hierdurch vollkommen
verändern würde und es kein Zurück geben konnte, wenn ich diesen
Schritt in meine Berufung ginge, einen kurzen Moment zögerte,
teilzunehmen. Diese Ängste kommen aus unserem Verstand, der
uns von unserer wahren Identität trenne möchte, um weiterhin
gebraucht zu werden. Wenn wir uns unserer Schöpferkraft
bewusst werden, ändert sich unser Leben vollkommen. Denn wir
können nie wieder die alte Sichtweise annehmen, die uns jahrelang
den Blick auf die unendliche Schönheit dieser Welt vernebelt hat.
Wir können nicht mehr mit Tante Erna über die Nachbarin
herziehen, nach Rache für unsere Verletzungen schreien, uns hinter
unserem Leid verstecken. Denn wir nehmen fortan jeden
Menschen, jedes Geschehen unvoreingenommen an als das, was es
ist: Gottgegeben. Doch wir verlieren nichts, wir können nur
gewinnen. Denn unser Leid hat sich aufgelöst. Probleme sind
fortgespült und wir werden zum kreativen Schöpfer unseres
Lebens.

Plötzlich verstehen wir, dass wir nicht diese Probleme und dieses Leid SIND, sondern reine, göttliche Energie, die sich stetig erneuert und unendlich ausweiten kann. Wir treten aus dem Raum/Zeit Denken heraus, denn so etwas wie Vergangenheit und Zukunft existiert in der Wahrheit hinter der angeblichen Realität nicht wirklich. Es ist eine von Menschen geschaffene Illusion, die uns natürlich dazu dient, den Zug nicht zu verpassen oder Pünktlich zu einer Verabredung zu kommen. Doch es ist lediglich eine psychologische Zeit. Wir existieren immer nur im gegenwärtigen Moment, im Jetzt. Erleben und fühlen können wir uns nur in diesem gegenwärtigen Augenblick. Denken wir an Bilder und Ereignisse in der Vergangenheit oder stellen uns die Zukunft vor, geschieht auch dies immer nur im JETZT! Wir können und während der vorgestellten Zeitreisen nicht dort erleben, da unser Körper von Augenblick zur Augenblick existiert. Das ist eine tiefgreifende Einsicht, denn gerade traumatisierte Menschen, die von Flashbacks heimgesucht werden, können mit dieser Erkenntnis absolute Heilung erfahren. Wenn wir in den Erinnerungen, also der Vergangenheit, feststecken und Qualen leiden, die im gegenwärtigen Augenblick gar nicht stattfinden, brauchen wir die Erkenntnis, dass es unser VERSTAND ist, der diesen Schmerz aus dem Vergangenen in das Jetzt projiziert, um sich als Retter aufzublähen. Jahrelange Therapien, in denen ich über meine Erfahrungen wieder und wieder sprach, haben nichts anderes bewirkt, als mich ständig im gegenwärtigen Moment zu retraumatisieren!!! Erst, als ich eine Therapeutin fand, die mir half, aus den Bildern auszusteigen und stattdessen mein inneres Kind aus all diesen Stationen, die sich mittlerweile durch ständige Wiederholung einen festen Platz in meinem Denken gesichert hatten, abzuholen und in die Gegenwart zu bringen, also in mein ERWACHSENDASEIN, erfuhr ich endlich die ersten heilsamen Momente. Die Erinnerungen an die Vergangenheit sind Erinnerungen an vergangene gegenwärtige Augenblicke. So wie die Zukunft auch nur eine Vorstellung kommender gegenwärtiger Augenblicke sein kann. Es gibt nur das JETZT! Dass wir vergangene Schmerzen im Angesicht des Momentes erleben können, ist im Grunde ein wunderbares Merkmal unserer wahren Existenz, nur leider nicht sinnvoll genutzt. Zum Beispiel habe ich bis vor einiger Zeit grundsätzlich Unterleibsschmerzen bekommen, wenn mich die Erinnerung an den Missbrauch überfiel oder eine ähnliche Situation stattfand. Was für ein Wunderwerk vermag ein körperliches Erleben über die Zeit hinaus in die Gegenwart zu tragen? Diesen Schmerz im Jetzt zu spüren, aus einem Gedanken an vergangene Momente des tatsächlichen Geschehens, stellt bereits ein Wunder dar. Und wenn wir dazu so einzigartig in der Lage sind, dann ist es vollkommen logisch, dass wir auch das

Gegenteil davon bewirken können, nämlich Heilungsprozesse in Gang zu setzen. Wir können also mit der gleichen Kraft, mit der wir unseren körperlichen Schmerz aus vergangenem heraus in die Gegenwart projizieren, alles andere manifestieren, dass wir uns vorzustellen vermögen. Wir sind fast alle Meister darin, doch wenn es um Heilung geht, die von vielen Menschen bereits spontan im gegenwärtigen Augenblick erzeugt wurde, verlieren wir augenblicklich unseren Glauben an unsere Schöpferkraft und vertrauen stattdessen unsere Gesundheit fremden Menschen an. Es ist ein Paradoxum, wenn man es genau betrachtet. Wir beweisen uns täglich, zu was wir fähig sind, doch meistens im negativen Sinne und sind davon einfacher zu überzeugen als von unser eigenen Schöpferkraft!

Unser Verstand hält uns mit seinen vorgetäuschten Problemen in der ihm eigenen Dualität dieser Welt gefangen und suggeriert uns das Vorhandensein von Zeit. Ununterbrochen plappert er uns etwas aus Vergangenheit oder Zukunft vor, und verhindert unser Einssein mit dem gegenwärtigen Augenblick, in dem wir Stille und Frieden erfahren können. Oft werde ich gefragt, warum denn Gott diese Dualität oder den Verstand zulässt, worin der Sinn dabei liegt. Nun, Gott ist genial und macht absolut keine Fehler. Ausgehend davon, dass wir unsterbliche Energie sind, die sich in diesem Erdenleben erfahren will, also auch in der Dualität, hat er uns ein Geschenk mitgegeben, dass uns, auch wenn wir noch so sehr im Verstand unterwegs sind, in unsere wahre Existenz abtauchen lässt. Den Schlaf!

Dieser einzigartige Zustand, dem wir uns meistens nachts hingeben, ist ein Abtauchen in die göttliche Existenz. Wir lassen alles los, unser Verstand wird ausgeschaltet und wir geben die Kontrolle über unseren Körper an das göttliche Selbst in uns ab. Von dem Moment an, in dem wir Einschlafen, übernimmt Gott persönlich die Führung. Wir kommen in Kontakt mit unseren Engeln, Weisen, Meistern oder was auch immer und schützend und beratend zur Seite steht. Und während wir nachts durch die Raum-und Zeitlosigkeit reisen, schweben, laufen alle unsere Körperfunktionen reibungslos weiter. Wir atmen gleichmäßig und meistens ruhiger als am Tag, unser Herz schlägt unermüdlich seinen Takt, um unseren Körper einzigartig zur versorgen. All das ohne unser Zutun. So genial hat Gott uns erschaffen, um sich selbst durch uns erfahren zu können. Und wir nehmen all das als gegeben hin, ohne wirklich darüber nachzudenken oder dankbar zu sein für unsere Schöpfung. Im Schlaf sehen wir, wenn uns nicht gerade ein Alptraum plagt, der in der Verarbeitungsphase unseres Alltaggeschehens auftauchen kann, friedlich und entspannt aus. Was ist der Grund dafür? Ich denke, weil unsere Seele den Körper verlassen hat und ihre Flügel ausspannt in der Weite der

Unendlichkeit. Wir treffen andere Seelen, inkarnierte oder bereits zurückgekehrte und können mühelos mit ihnen kommunizieren. Manchmal erinnern wir uns am nächsten Morgen daran, doch zwingend von Nöten ist dies nicht. Denn die Weisheiten, Botschaften und der Austausch, den wir auf unseren nächtlichen Reisen erleben, führen uns unbewusst auf unserem Weg, um uns voranzubringen, auch wenn wir dem Verstand anhaften. Die unendliche Intelligenz, die uns erschaffen hat, wird sich uns niemals versagen, wenn wir uns nicht selbst aufgeben.

Die nächtlichen Ereignisse bewusst zu erinnern, lässt sich trainieren und es ist ein Weg ins Bewusstsein. Denn vielen fällt es leichter, an die Kraft unseres Unterbewusstseins zu glauben als an eine bewusste Reise in unser Selbst. Tatsächlich ist es auch für unsere geistigen Helfer einfacher, uns während der Nacht zu erreichen. Dort kann man Botschaften, die man von ihnen erhält, als Traum verkleiden, wegen derer man in bewussten Momenten während des Tages an seinem Verstand zweifeln würde. So wurden wir leider programmiert. Doch es zeigt, wie ausgeklüngelt unsere gesamte Existenz durchdacht wurde. Gott ist nicht verschwenderisch.

Ohne unsere nächtlichen Exkursionen, in denen wir die schwere Materie unseres Körpers für einige Stunden verlassen und ganz in der höheren Schwingung unserer Seele aufgehen, würden wir nicht lange überleben. Nacht für Nacht laden wir unsere Energien dort auf, von wo wir kommen-in der Quelle der unendlichen Intelligenz. Das ist der Grund, warum wir erfrischt erwachen, jedenfalls wenn wir unsere schweren Energien nicht bereits durch Krankheit oder ähnliches mit in den Schlaf nehmen. Der kurze Moment nach dem Aufwachen, wenn wir noch verschlafen ohne die Last des Verstandes sind, ist einer der kreativsten des Tages. Denn wir fühlen noch die Verbindung zu uns selbst und den Frieden der vergangenen Nacht. Kurz darauf übernimmt unser Verstand wieder die Führung und vertreibt uns aus diesem Paradies. Unsere Schwingung reduziert sich auf das Niveau der Materie und wir steigen in unser Hamsterrad ein. Der Friede und die höheren Schwingungen jedoch, bleiben ringsum erhalten. Nur leider bemerken wir dies nicht, solange wir nicht bewusst WAHR-nehmen. Es ist ein bisschen wie Sonne und Wolken-nur, weil die Wolken gelegentlich die Sonne verdecken, bedeutet dies nicht, dass sie verschwunden ist. Sie ist immer da, mit der gleichen Intensität. So verhält es sich auch mit der göttlichen Existenz. Sie ist immer da, nur verdeckt von den Wolken, die unser Verstand mit seiner Problembehaftung produziert. Wir müssen lediglich diese Wolken beiseite schieben oder bestenfalls durch Bewusstwerdung auflösen. Schon können wir den Frieden und die Stille wieder in uns spüren, mit unserem göttlichen Kern in Kontakt sein. Wir sind das Licht Gottes, nicht die Wolken unseres Denkens.

Wenn wir uns dessen wieder bewusst werden, und sich sage absichtlich WIEDER, weil ich davon überzeugt bin, dass wir unsere Herkunft erst vergessen, wenn wir in die Programmierungen von Erziehern und Schule aufgenommen werden, dann füllt sich unser gesamtes Dasein mit einem Sinn. Und die Leere, die so viele Menschen in sich spüren, verschwindet. Die Suche nach Erfüllung in den falschen Dingen, wie Alkohol, Drogen oder in der Liebes- und Spielsucht, findet zu einem Ende. Nur der Blick nach innen führt uns zu unserem erfüllenden Selbst, wir haben alles mitbekommen, was wir hierfür benötigen. Nichts im Außen kann uns dauerhaft befriedigen, was im Grunde ein Geschenk ist. Denn würden wir im Außen sinnerfüllend leben können, würden wir versäumen, nach dem Grund unserer Inkarnation zu suchen, nach dem Erkennen unserer Göttlichkeit.

Die größte Herausforderung im Prozess der Bewusstwerdung ist nicht, Momente der Stille herbeizuführen. Dazu gelangen wir mit relativ einfachen Übungen, die ich in einem späteren Kapitel noch erläutern werde. Es ist die Bereitschaft, uns selbst und alles, was wir im Außen erleben, vorbehaltlos und urteilsfrei anzunehmen. Wenn wir akzeptieren, dass wir Dinge und Menschen nicht ändern , sondern nur uns selbst ins Bewusstsein führen können, dann erhalten wir den dauerhaften Zustand der Erleuchtung, des Licht seins. Alles anzunehmen heißt nicht, das wir alles über uns ergehen lassen müssen. Doch wenn wir davon Abstand nehmen, alles kontrollieren und lenken zu wollen und stattdessen zum Beobachter dessen werden, was uns widerfährt, erleben wir eine Freiheit vom Hochmut unseres Egos und lassen dem göttlichen Plan vorbehaltlos seinen Lauf. Auch, wenn wir nicht verstehen wollen oder können, worin der Sinn in vielen Dingen liegt. Dies ist nicht unsere Aufgabe. Wir handeln dann natürlich noch immer, wenn wir Anlass dazu haben. Doch wird es ein Handeln aus unserer Herzintelligenz heraus sein und nicht, wie zuvor, aus unserem verstrickten, Problem beladenden Verstand. So können wir jede Situation neu erkennen und angemessener agieren als nach alten Programmierungen. Dies mag für den Verstand sehr verwirrend sein, doch im Nachhinein erweisen sich unsere Handlungen aus dem Herzen heraus als weise und hilfreich.

Wenn wir die alte Schwingungsfrequenz unseres Egos verlassen und unser Leben sich dadurch verändert, ziehen wir mehr und mehr Gleichgesinnte Menschen und erfüllende Ereignisse in unser Leben, die unsere Veränderung widerspiegeln. Es kann passieren, dass wir manchen Freund oder einige Familienmitglieder auf diesem Weg zurücklassen werden. So ist es mir ergangen. Einige Freunde verstanden mein neues Denken nicht und verabschiedeten sich. Meine Ursprungsfamilie, die in ihren Verstrickungen fortbesteht, habe ich dagegen bewusst verlassen. Dies jedoch nur im Außen, da sich bisher kein anderer Weg aufgetan hat. Im Inneren arbeite ich sehr viel mit ihnen und trage meine Liebe zu ihnen in meinem Herzen. All diesen Menschen danke ich zutiefst für die Erfahrungen, in die sie mich geführt haben. Ohne diese hätte ich nicht den Weg zu meinem Bewusstsein finden können. Sie waren wertvolle Wegbegleiter. Nun jedoch bemerke ich, wie immer mehr Menschen in mein Leben treten, die meiner veränderten Schwingungsfrequenz entsprechen. Dies bedeutet jedoch keinesfalls, dass ich in irgendeiner Form besser bin als andere Menschen. Wir alle sind aus der einen Quelle und deshalb unendlich wertvoll. Es kann ebenso bleiben. Das innere Licht, dass bei unserer Bewusstwerdung nach außen zu strahlen beginnt, zieht unsere Mitmenschen magisch an. Das kennen wir selbst auch. Jeder ist schon einmal einem Menschen begegnet, der uns mit seinem Strahlen in unseren Bann gezogen hat. Unsere Seele ist permanent nach der Verbindung mit der Quelle bestrebt und sucht wie ein Magnet nach Möglichkeiten hierfür.

Wenn wir den zurück verbunden sind mit unserer göttlichen Existenz und dauerhaft in einem Zustand des Friedens und der Stille verweilen können, bedeutet dies natürlich nicht, dass wir fortan keine Höhen und Tiefen mehr durchlaufen werden. Doch da wir nicht mehr aus auferlegten Unwahrheiten über das Leben heraus darauf reagieren, sind die Auswirkungen nicht mehr katastrophal oder betrübend. Gefühle, die wir früher unterdrückt haben und loswerden wollten, nehmen wir künftig bewusst wahr und vor allem nehmen wir sie an. Die negativer Gefühle aber auch wahrer Liebe aus Angst vor Verletzung, hat uns in die Irre geführt und unser Innenleben zum Erstarren gebracht. Mit unserer Bewusstwerdung jedoch erhalten sie einen neuen Wert, werden gesehen und akzeptiert. Wir schämen uns künftig nicht mehr unserer Tränen, ob aus Traurigkeit oder Freude. Wir feiern sie!

Wir können den Sinn der Ereignisse mehr und mehr aus unserem Selbst heraus erkennen und werden Schritt für Schritt wirklich weiser. Unsere Seele geht damit immer weiter in ihrer eigentlichen Existenz auf und wir können unseren Seelenplan erfüllen. Wir hören auf, uns als von der Welt getrenntes Individuum zu verstehen, sondern fühlen die Verbindung mit allem und jedem durch unsere wahre Herkunft. Wir lieben und leben angstfrei und bewusst, weil der göttliche Wille ,wieder frei durch uns fließen kann. Wir erleben, wie unsere karmischen Verstrickungen durch unsere Akzeptanz der Dinge sich aufzulösen beginnen. Menschen, die negative Gefühle in uns auslösen, können wir von nun an mit anderen Augen betrachten. Wo wir früher in einen Gegenangriff starteten, weil wir uns verletzt fühlten, beginnen wir jetzt, Chancen zur endgültigen Erlösung dieser negativen Gefühle zu erkennen. Selbst in äußerst heiklen Situationen, in denen wir vielleicht noch aus unserer alten Programmierung heraus handeln, liegt Heilung. Wir können uns dann zurück ziehen und ohne das Ereignis zu bewerten einfach diesen Gefühlen, die noch in uns brodeln Raum geben, aufsteigen lassen und uns von ihnen verabschieden. Mehr braucht es nicht zur Heilung als das Zulassen dieser Gefühle, damit sie aufhören, ein Eigenleben in unserem Inneren zu führen. Das ist die ErLÖSung, die uns immer lichter werden lässt!

DIE SPRACHE GOTTES

„Gedanken machen groß, Gefühle reich."

(Quintilian)

Gefühle sind wertvolle Hilfsmittel für uns auf dem Weg zu uns Selbst und sie sind die Sprache unserer Seele, unseres göttlichen Seins. Sie sind reine Energie, so wie wir. Man kann sie nicht weder anfassen noch sehen, sie sind in ihrer Entstehung zart wie ein neugeborenes Leben. Und doch sind sie kraftvoll und existent! Wir haben verlernt, uns zu fühlen, was maßgeblich zum kollektiven Leid dieser Welt beigetragen hat, wenn es nicht gar die einzige Ursache dafür ist. Gefühle auszudrücken ist besonders in der westlichen Welt nahezu inakzeptabel geworden. Männer dürfen nicht weinen, Mädchen nicht schreien, es ist ein Dilemma. Es wurde uns abtrainiert, Emotionen zu zeigen und wenn man wieder dorthin gelangt, wird man paradoxerweise oftmals behandelt, als sei man weltfremd. Doch was genau sind eigentlich Gefühle und Emotionen und wie können wir zurückkehren zu dieser Sprache Gottes?

Es gibt unzählige Definitionen hierzu und ich erhebe keinen Anspruch auf Vollkommenheit, wenn ich im Folgenden meine eigenen Erklärungen darüber preisgebe.

Gefühle sind die reine Energie, die durch Empfindungen über unsere inneren und äußeren Sensoren entstehen. Wir nehmen täglich unzählige Dinge wahr, die in unserem Gehirn sorgsam gefiltert werden, da wir sie ansonsten gar nicht verarbeiten könnten. Wir haben ein wunderbar ausgeklügeltes System von der Schöpfung erhalten, dass nur die für uns wichtigen Wahrnehmungen durch diesen Filter kommen lässt. Kommen wir dann vom Empfinden ins Fühlen, erreichen wir eine Stufe dieser Wahrnehmung, die uns unsere Gefühle zeigt. Unser Grundgefühl ist meiner Ansicht nach die Liebe und hat ihren Sitz in der Herzregion. Oft wird beschrieben, dass auch die Angst dazugehört. Dies ist meiner Meinung nach nicht so, denn wenn wir geboren werden, bringen wir die pure göttliche Liebe in diese Welt mit. Erst unsere Erfahrungen in der Dualität lassen verschiedene Ängste entstehen. Lernen wir später im Prozess der Bewusstwerdung wieder in die göttliche Liebe zurück zu kehren, befreien wir uns gleichzeitig von diesen Ängsten, die nur aus einer Bewertung unserer Gefühle entstanden sind.

Wir fühlen also in dieser Dualität, in der wir leben, alle möglichen Dinge, wie Hunger, Kälte, Durst, Trauer usw., doch solange wir dies nur fühlen, bewerten wir noch nicht. Wir nehmen nur wahr, was wir fühlen, ohne mit dem Verstand etwas hinzuzufügen. Während wir nur fühlen, sind wir im Zustand unserer grundsätzlichen Liebe und frei von Angst vorm Verhungern oder Verdursten oder anderen Bewertungen.

Erst, wenn unser Verstand sich einmischt, kommen Beurteilungen über unsere Gefühle zustande und jetzt kommt der Punkt, an dem aus dem Gefühl eine Emotion wird, die ihren Sitz in unserem Solarplexus und den Sexualorganen hat. Emotion bedeutet Energy in motion, was sich folgendermaßen erklärt: Haben wir zum Beispiel wahrgenommen und gefühlt, dass wir Hunger haben, möchten wir diesem Gefühl nachgehen und Nahrung aufnehmen. Hierfür benötigen wir unseren Körper, denn jetzt werden wir tätig. Das bedeutet, das Gefühl wird mit einer Aktion ausgestattet und wir setzen etwas in Bewegung. Der Körper setzt Energie frei, damit wir unser Bedürfnis befriedigen können. Sind wir satt, ist diese Energie aufgelöst und wir fühlen uns gut. Das Gefühl hinter dieser Emotion ist einem Gefühl der Befriedigung gewichen.

Diesen Ablauf können wir auf alle anderen Gefühle anwenden und meistens sind wir uns dieser Reaktionen überhaupt nicht bewusst. Was aber, wenn wir unsere Gefühle falsch bewerten und die freigesetzte Energie nicht umgewandelt werden kann?

Nehmen wir das Beispiel des Hungergefühls. Wenn das Gefühl zur Emotion wird und wir unseren Hunger nicht befriedigen können, verbleibt die zur Verfügung gestellte Energie im Körper und wartet darauf, als Aktion nach außen gebracht zu werden. Denken wir an ein neugeborenes Kind, dass sein Hungergefühl als Emotion nur durch Laute ausdrücken kann, wird schnell klar, was passiert, wenn diese Energie länger im Körper verweilt. Sie wird von einer kleinen Energiewolke zu einem Gewitter, wenn nicht zeitnah der Hunger befriedigt wird. Denn dieses Neugeborene gerät nach einiger Zeit in Panik, da es noch nicht weiß, dass es einfach nur mit einiger Verspätung gefüttert wird. Wir alle kennen das ansteigende Schreien kleiner Erdenbürger. Kommt es nun endlich zur Sättigung, schläft der Winzling in Sekundenschnelle danach ein. Denn die aufgebrachte Energie macht müde. Je länger sie im Innen bleibt, weil keine Aktion nach außen erfolgt, desto mehr Energie kostet sie uns. Das Neugeborene wird diese einmalige Verspätung vergessen, da letztendlich sein Bedürfnis erfüllt wurde. Wiederholt sich diese verspätete Befriedigung jedoch, speichert das Kind dies unbewusst ab und verbindet fortan das wahrgenommene Hungergefühl mit der Angst vor dem Verhungern. Dann wird es nicht mehr zuerst leise Töne von sich geben beim nächsten Mal, sondern fortan umgehend laut brüllen, was einen Mehraufwand an Energie bedeutet und dauerhaft unzufrieden macht. Ich bin in den 1974er Jahren geboren und mein Vater erklärte mir einmal, dass man damals als Empfehlung vom Krankenhaus bei der Entlassung nach der Geburt die Fütterung im 4-Stunden-Takt bekam. Man ließ mich und unzählige andere Neugeborene also stundenlang mit dem unbefriedigten Bedürfnis nach Essen, Nähe und Trockenheit einfach schreien, bis ich irgendwann einfach ruhiger wurde. Ich gebe niemandem die Schuld daran, doch ist diese ein perfektes Beispiel dafür, wie Baby in ihrem Urvertrauen in die Welt erschüttert werden können. Elternschaft bedeutet, sich auf sein eigenes Herzgefühl für das

Neugeborene zu verlassen und niemals, zu keiner Zeit, einfach zu glauben, was die Wissenschaft gerade publiziert.

Kommen wir zurück zu unserem Bild der kleinen Energiewolken, die jede Emotion bildet, können wir klar erkennen, dass bei einer solchen Vorgehensweise diese Wolken sich zu Tornados nach einem Weg ins Außen suchen. Ich selbst hatte über viele Jahre große Probleme im Bereich des Solarplexus. Ein ständiges Druckgefühl, regelmäßige Magenschleimhautentzündungen, Verstopfung und am Ende eine Operation am Gebärmutterhals wegen sich bösartiger verändernden Zellen. Die feststeckenden Energietornados suchen sich früher oder später ihren Weg ins Sichtbare, das ist eine unumgängliche Tatsache. Denn Energie löst sich nicht auf. Sie ist lediglich umwandelbar. Dies hat die Quantenphysik hinreichend belegt und muss an dieser Stelle nicht weiter erläutert werden. Es ist bereits ein großer Fortschritt, dass die psychosomatische Medizin sich in den letzten Jahren erfolgreich durchgesetzt hat. Doch noch immer glauben viele Kopfmenschen, sie könnten eine Tablette gegen ihre Beschwerden schlucken und daran gesunden. Doch wenn unsere Energietornados sich zum Beispiel mühsam einen Weg als auftretende Magenschleimhautentzündung gesucht hat und wir mit einer Tablette die Symptome, die ja der winkende Zaunpfahl des Tornados ist, unterdrücken, versperren wir ihm damit den Weg dahin, von uns gesehen zu werden. Was wird dieser Tornado dann wohl tun?

Er wird noch mehr wüten, noch mehr Wut entwickeln, um endlich heraus zu können, denn das ist schließlich seine Aufgabe. Er tut nichts geringeres, als dem Gefühl, das ihn einst ausgelöst hat, in die Sichtbarkeit zu verhelfen. Und er wird nicht damit aufhören, bis wir, auf welche Weise auch immer, die Tür für diese geballte Energie öffnen und anerkennen, welch großartige Arbeit dieser Tornado geleistet hat. Doch meistens sind wir blind dafür, denn wenn wir erkranken, beklagen wir allerhöchstens unseren Zustand und sind weit davon entfernt, dafür Dankbarkeit zu zeigen.

Ein anderer Weg als der durch Krankheit ist die plötzliche Entladung dieser Tornados, zum Beispiel durch unkontrollierte Wutanfälle, latente Aggressionen oder Überreaktionen. Da wir hierfür in unserer Gesellschaft meistens gerügt werden, verfallen viele durch Unterdrückung dieser Entladungen in Depressionen. All dies sind Anzeichen für die vielen Tornados in unserem Inneren. Da wir uns der Ereignisse, die zum Entstehen dieser gestauten Energien geführt haben, meistens nicht mehr bewusst sind, reagieren wir meistens selber verwundert auf unser Verhalten und wissen oftmals nicht, was eigentlich mit uns los ist oder wie uns geschieht. Ich hatte in meiner späten Pubertätsphase auch unkontrollierte Wutausbrüche und andere Anzeichen, doch da ich mir all dieser Prozesse nicht bewusst war, fühlte ich mich einfach immer scheußlicher, da diese Ausbrüche und Verhaltensweisen überhaupt nicht zu mir gehörten und natürlich dafür sorgten, dass ich wenig soziale Kontakte hatte. Es folgte eine lange depressive Phase, da ich mich selbst verabscheute und verurteilte, während tief in mir drin alles weh tat und drückte.

Wie können wir nun, wenn wir diese Theorie anerkennen, all unsere Energiebälle ausfindig machen und nach außen bringen, damit wir in einen Zustand des inneren Friedens und der Freiheit gelangen?

Wie immer führen auch hier viele Wege nach Rom. Die Grundvoraussetzung ist natürlich die Bereitschaft, hin zu fühlen, auch, wenn es zuerst unangenehm ist. Es gibt unzählige Anleitungen und Meditationen dafür. Für mich ist die Lösung immer die, die sich am leichtesten anfühlt. Ich frage ganz einfach meinen Körper nach übrig gebliebenen Energiebällen. Und zwar genau dann, wenn ich wahrnehme, dass ich gerade ein grobes Unwohlsein verspüre, wütend oder traurig werde. Es ist wirklich so einfach. Behandelt euren Körper wie euren besten Freund und fragt ihn innerlich oder laut, wo der Schuh drückt. Ihr erhaltet die Antwort umgehend. Ich bin darin mittlerweile so geübt, dass ich es wahrnehmen und aufspüren kann, auch wenn ich gerade beim gemütlichen Kaffeeplausch sitze. Solltet ihr dann gerade keine Lust haben, weil etwas anderes Vorrang hat, dann gibt es die Möglichkeit, dem Körper zumindest mitzuteilen, dass ihr seine Bedürfnisse wahrnehmt oder seine Not spürt, was zu einer sofortigen Beruhigung des Nervensystems führt und euch später darum kümmern werdet. Es funktioniert wunderbar, denn die Intelligenz, die euren Körper erschuf, arbeitet zu jeder Zeit FÜR euch und wird sich euch niemals versagen.

Diese „Erste-Hilfe-Versorgung" sollte dann jedoch später ausführlich nachgearbeitet werden. Ich unterscheide dabei zwischen einem körperlichen Symptom und einem seelischen. Habe ich z.B. Unterleibsschmerzen, gehe ich mit meiner Aufmerksamkeit direkt in die betroffenen Körperregion oder das Organ hinein, z.B. während eines heißen Bades oder bei einem Spaziergang. Ich fühle mich in den Schmerz hinein und spreche auch diesen direkt an. Vor einigen Wochen kam ich hiermit zu einem wunderbar heilsamen Erlebnis.

Innerhalb weniger Stunden hatten sich Symptome in meinem Unterleib von einem leichten Ziehen zu einem derart gewaltigen Schmerz ausgeweitet, dass ich mich freiwillig in die Notaufnahme des Krankenhauses begab. Ich konnte weder stehen noch sitzen und jeder Schritt stellte eine furchtbar schmerzhafte Erschütterung meines gesamten Bauchraums dar. Unterleibsschmerzen war ich gewöhnt. Doch dieses Mal bekam ich wirklich Angst.

Also wartete ich zwei qualvolle Stunden, bis ein Arzt Zeit hatte. Die erste Station war die Chirurgie. Nieren, Darm, Blutentnahme, Ultraschall, ein vorsorglich gelegter Zugang im Arm. Die ganze Palette an medizinischer Versorgung. Ich will dies nicht schlecht reden, doch hielt ich es für leicht übertrieben und im Übrigen kostenaufwändig. Als man nichts fand und ich vom vielen Abtasten des Bauches bereits schweißgebadet war, übergab man mich der Gynäkologie, in die ich gleich zu Beginn gewollt hatte, da ich meinen Körper ja schon einige Jahre bewohnte und doch recht gut kannte.

Dort angekommen wurde ich gleich von drei Ärztinnen und einer Schwester behandelt, da außer mir niemand zur Behandlung dort war. Gynäkologische Untersuchung und innerer Ultraschall wurden mir zuteil. Da es sich bei zwei der Ärztinnen um Assistenzärzte handelte, durfte jede mal schallen. Meine Schmerzen waren allerdings groß genug, um nicht zu widersprechen. Tatsächlich fand man eine geplatzte Zyste, die diesen Schmerz verursachte und einen Polyp, den sie mir auf dem Monitor zeigte. Sofort wurde mir geraten, diesen operativ entfernen zu lassen, was ich entrüstet ablehnte. Ich wusste, dieser Polyp wollte mir eine Energie zeigen, die noch nicht aufgelöst war und fragte die Ärztin, ob er nicht einfach von selbst wieder verschwinden könnte. Ich bekam zur Antwort, dass dies unmöglich sei und er im Gegenteil noch wachsen und mir Probleme verursachen würde.

Ich war entrüstet, mich welcher Endgültigkeit hier jemand über meinen Körper Gericht hielt. Doch ich wusste auch, sie handelte nach ihren programmierten medizinischen Kenntnissen. Wegen der Zyste sollte ich zwei Wochen später noch einmal zur Kontrolle dort erscheinen. Gegen die Schmerzen bekam ich ein Medikament.

Betrübt machte ich mich auf den Heimweg. Die Aussage der Ärztin über den Polyp hatte mir Furcht eingeflößt und mich unsicher werden lassen. Es erinnerte mich an mein Ohnmachtsgefühl Jahre zuvor, als man mir die bösartige Zellveränderung am Gebärmutterhals entfernen musste. Damals war ich noch nicht in meinem Körper Zuhause und erkannte erst viel später, dass sich hier die angestaute Energie meiner Missbrauchserfahrung manifestiert hatte, die ich damals noch komplett verleugnete.

Ich wurde wütend. Auf sie, auf mich und auf den Polyp. Ich arbeitete doch nun schon seit geraumer Zeit an und mit mir. Warum machte der sich jetzt in meiner Gebärmutter breit? Schon griffen meine eigenen alten Programmierungen, die mir weis machen wollten, ich sei halt nicht gut genug und die Ärzte wüssten es doch besser. Schnell besann ich mich auf meine neue Sichtweise und als ich später im Bett lag, fühlte ich mich in meine Gebärmutter ein und in den Polyp. Ich versuchte mir vorzustellen, welche Farbe und Beschaffenheit er hatte und als erstes bedankte ich mich für sein Erscheinen in dem Wissen, das er eine Botschaft für mich bereit hielt. Dann setzte ich mich in Gedanken direkt hinein in den Polyp und fragte, was er mir sagen wollte. Es dauerte eine Weile bis die Antwort kam, da meine aufgekommene Furcht dieser Arbeit im Wege stand. Doch dann kam sie. Und überraschte mich zutiefst. Ich hatte an ein erneutes Bild bezüglich des Missbrauchs gedacht. Doch es war eine Trauer über den Verlust eines Fötus viele Jahre zuvor, die sich hier zeigen wollte. Damals hatte ich sie nicht genug beweint und nun war es Zeit, noch einmal hinein zu fühlen in die Emotionen, die ich damals verdrängt hatte, weil sie einfach zu schmerzhaft gewesen waren. Schuldgefühle, Trauer und auch viel Wut auf meinen damaligen Partner und mich selbst kamen an die Oberfläche und ich ließ meinen

Tränen freien Lauf. Ich weinte, bis ich fühlte, dass dieser Emotionstornado sich vollständig ausgetobt hatte. Dann bedankte ich mich bei dem Polyp für die Überbringung dieser Botschaft und nachdem ich mir und allen damals Beteiligten verziehen hatte, bat ich ihn, sich wieder aufzulösen.

Zwei Wochen später ging ich zur Nachuntersuchung und fragte als erstes nach dem Polypen. Er war noch immer da. Tränen stiegen mir in die Augen und nachdem ich mich verabschiedet hatte, machte ich mich niedergeschlagen auf den Heimweg. Dann war ich wohl doch nicht in der Lage, mit meinem Körper zusammen zu arbeiten. So schien es mir. Doch aufgeben kam nicht in Frage und so ging ich erneut gedanklich in den Polyp hinein und stellte die gleiche Frage wie zwei Wochen zuvor. Diesmal kam die Antwort sofort. Beim ersten Mal hatte ich aus Furcht heraus diese Arbeit gemacht und die Botschaft zwar erkannt, doch nicht aus meinem Vertrauen in meinen Körper heraus gehandelt. So hatte ich eine neue Emotion, nämlich die der Angst, hineingegeben. Nun war ich wirklich gefordert. Ich stieg also ebenfalls die Furcht und sah mir genau an, woher sie gekommen war und welche alte Programmierung genau darin lag. Und diesmal kam ein sehr altes Bild aus einem gewalttätigen Erlebnis dabei heraus, bei dem ich den Kontakt zu meinem Körper und somit das Vertrauen in ihn verloren hatte. Abermals ließ ich nun die gestaute Energie frei fließen und spürte noch einmal die ganze Angst von damals in dem Wissen, dass ich mich im gegenwärtigen Augenblick befand und bald von dieser Energie befreit sein würde. Ich sah mir meinen gesamten Unterleib innerlich liebevoll an und bedankte mich dafür, dass wir zusammen so viel durchgemacht hatten und all meine Organe noch immer für mich arbeiteten. Danach fühlte ich eine von meinem Sakralchakra aufsteigende

Wärme, die meinen Bauchraum erfüllte und bis in mein Herz floss. Ich war befreit.

Bei der nächsten routinemäßigen Vorsorgeuntersuchung, die drei Wochen später anstand, fand sich kein Polyp mehr. Ich war außer mir vor Freude und fragte, wie das denn sein könnte. Zur Antwort bekam ich von der jetzt behandelnden Ärztin, dass ihre DREI (!!!) Kolleginnen sich wohl geirrt haben müssen. Vorsichtshalber ging ich am nächsten Tag noch einmal in ein Praxis, um mich von einer weiteren Ärztin untersuchen zu lassen. Doch auch sie konnte keinen Polyp feststellen.

Unnötig, zu erwähnen, dass ich mir die Diskussion über Selbstheilungskräfte ersparte. Was keinesfalls bedeutet, dass ich die Schulmedizin ablehne oder Ärzte in ihrer Arbeit bewerten möchte. Es gibt unzählige fantastische Ärzte, die wahre Wunder vollbringen und auch jene, die sich den neuen Wegen der Medizin gegenüber aufgeschlossen zeigen. Früher war ich schnell dabei, meine Meinung lautstark kundzutun und in Kraft raubenden Diskussionen zu versinken. Heute bin ich gottfroh, die Gelassenheit zu haben, nur noch in wertvolle Debatten einzusteigen.

Mein Erlebnis, im Übrigen existiert ein Ultraschallfoto von dem Polyp, dass mir die andere Ärztin dann auch nicht mehr erklären konnte, ist ein wunderbares Beispiel dafür, was wir SELBST bewegen können, wenn wir liebevoll und aufmerksam mit unserem Körper und unserer Seele umgehen, wir sie in Einklang bringen.

Bei seelischen Beschwerden, wie z.B. einem dauerhaften unguten Gefühl, Angstzuständen oder ähnlichem, wird das Aufspüren der Engergiebälle schon schwieriger. Jedoch nicht, weil es im Grunde auch schwierig ist, sondern weil unser Verstand es unnötig verkompliziert, wie ich es bereits im Kapitel „Seine Wege" ausführlich beschrieb. Und auch, weil viele unserer Tornados in einem sehr frühen Alter entstanden sind. Wollen wir diese unguten Emotionen auflösen, die wir ja deutlich während solcher Momente spüren, jedoch nicht benennen können, ist es wenig ratsam, verzweifelt in den Bildern der vergangenen Jahre zu wühlen, um krampfhaft eine Lösung zu erzwingen. Denn, selbst wenn wir endlich ein Bild haben, bringt dieses meistens nicht den ersehnten inneren Frieden, sondern im Gegenteil mehr Anspannung. Dies mag zunächst unlogisch erscheinen, da wir auf Lösungen aus dem Verstand programmiert wurden, ist jedoch an folgendem Beispiel leicht nachzuvollziehen, das ich selbst erlebte, nachdem ich eines Tages den im Kapitel „Tiger in Sicht" Erinnerungsblitz an das Trauma der Missbrauchserfahrung mit meinem Großvater hatte:

Die wenigen Erinnerungsfetzen, die mein Unterbewusstsein frei gegeben hatte, reichten mir nicht aus. Ich wollte den gesamten Ablauf dieses Tages deutlich vor mir sehen, mich jedes Details genau entsinnen. Noch immer verstand ich nicht vollständig, warum unser Unterbewusstsein Erlebnisse traumatischer Art so verdeckt halten kann oder besser gesagt, verstand ich den zu Grunde liegenden Mechanismus einfach nicht. Also erkundigte ich mich bei Ärzten und

Psychologen nach Methoden, die unsere Erinnerungen zutage fördern können. Die Aussage meiner damaligen behandelnden Psychologin, dass die Seele nur das frei gibt, was wir zum jeweiligen Zeitpunkt zur Heilung benötigen und man nicht darin herumrühren sollte, ignorierte ich geflissentlich. Ich wollte das ganze Spektakel, denn mein Großvater war zwar schon lange tot. Doch alle anderen eventuell Beteiligten oder Mitwissenden lebten noch und meine größte Angst war es, dass ich ihnen heute freundlich begegnete, obwohl sie von meiner Pein wussten und damals einfach geschwiegen hatten. Dieses Verhalten kannte ich bereits von den Mitgliedern meiner Familie bezüglich der Gewalt gegen mich durch meine Mutter. Und alle hatten auch mit ihrem Schweigen unterstützt, dass mein Großvater meine Großmutter an andere Männer verkaufte. Warum also sollten sie nicht auch von meiner Qual wissen?

Ich war eindeutig auf Rache und Wiedergutmachung aus. Ich identifizierte mich damals mehr mit einem Racheengel als dem der Güte und Liebe. Und so erhielt ich die Adresse eines Therapeuten, der mit der EMDR Methode arbeitete. (Eye Movement Desensitization and Reprocessing) Diese in den USA entwickelte Methode wirkt ähnlich wie die REM-Schlafphase und soll helfen, traumatisches, nicht aussprechbares Material zu erinnern. Die genaue Wirkungsweise wird derzeit noch erforscht, jedoch gab es bereits große Erfolge zu verzeichnen, wenn man den Berichten glauben darf.

Ich hatte circa drei Sitzungen mit dieser Technik und es ging mir danach so schlecht, wie selten zuvor in meinem Leben. Zwar befand der Therapeut seine Arbeit als erfolgreich, da ich nun tatsächlich das gesamte Geschehen erinnerte, jedoch wünschte ich mir direkt danach, es gleich wieder zu vergessen. Es war derart grauenhaft, dass ich nun bestens nachvollziehen konnte, warum meine Seele mir nur Fetzen daraus gezeigt hatte. Denn unsere Seele arbeitet für uns, sie ist der göttliche Anteil in uns, der uns beschützt und weise führt. Und ich hatte mir anmaßen wollen, diese Weisheit übergehen zu können, um auf meinem Rachepfad voran zu kommen. Während der Sitzung empfand ich einen so gewaltigen Schmerz, dass ich nicht einmal mehr auf meinem Stuhl sitzen konnte. Ich glitt einfach zu Boden, gleich einem nassen Sandsack. Jegliche Kraft schien aus meinem Körper gewichen zu sein und ich wimmerte jämmerlich. Ich war wieder in der Zeit und im Erleben dieses kleinen Kindes, absolut ohnmächtig in der Opferrolle gefangen. Der Therapeut ließ mich auch dort liegen, bis die Sitzung beendet war und entließ mich mit der Bemerkung, dass dies eine äußerst erfolgreiche Sitzung gewesen sei. Dies mag aus seiner Sicht vollkommen richtig sein. Doch aus meiner war es ein Alptraum.

Man erklärte mir, dass es in wenigen Tagen besser werden würde und ich halt Geduld haben müsse. Unterdessen geriet ich zu jeder Tages- und Nachtzeit in absolute Panik, brach schreiend zusammen, wenn ich ähnlich blaue Augen sah, wie die meines Großvaters oder wachte zusammengekrümmt, meinen Bauch fest umklammert, nachts aus Alpträumen auf. Ich wusste, hier war etwas gründlich schiefgelaufen und als Nachfragen diesbezüglich nichts einbrachten, brach ich die Sitzungen bei diesem Mann ab. Kurz darauf fand ich die wunderbare Therapeutin, die sofort meine spirituelle Natur erkannte und mit mir auf die Reise zu meiner Seele ging, wo sich fortan alles in seinem eigenen Tempo zeigen durfte.

Deshalb sollte es auf unserem Weg in die Heilung nicht primär um das Erinnern an jede Einzelheit gehen. Wir dürfen darauf vertrauen, dass unsere innere Weisheit, die direkt mit dem göttlichen verbunden ist, uns leitet und beschützt. Machen wir sie uns zum Freund und Vertrauten, werden wir Wunder erleben, die alles übertreffen, was wir uns je vorstellen können.

Wenn wir dieses unbestimmte Unwohlsein, nicht benennbare Ängste usw. aufkommen spüren, dann ist der Zeitpunkt gekommen, sich mit unsere Quelle bewusst rück zu verbinden. Diese Arbeit funktioniert mit wenigen einfachen Fragen, die wir uns innerlich stellen und mit der wir die nebligen Gefühle im Körper lokalisieren können. Sie haben immer einen Sitz im Körper, wo sie sich früher oder später manifestieren und dort können wir wunderbar mit ihnen arbeiten.

In besonders brenzligen Situationen ist es auch hier hilfreich, sich laut oder innerlich einzugestehen, dass man sich gerade elendig fühlt und überhaupt nicht weiß, warum. Wir können dann unsere Seele, Gott oder was auch immer der Einzelne für sich als heilig empfindet, direkt ansprechen und fragen, als stünde sie uns gegenüber wie eine gute Freundin, was sie uns mitteilen will oder was wir tun können, um diesen unangenehmen Zustand zu beenden. Allein die Tatsache, dass wir sie wahr- und ernstnehmen, dass wir mit ihr kommunizieren wollen, lässt und ruhiger werden. Genauso, wie auch bei der Arbeit mit unserem Körper.

Eine genaue Anleitung zu diesen Techniken findet sich im Anhang.

Wir können mit unserem Körper und unserer Seele kommunizieren. Und zwar so, wie mit einem Freund und einer Freundin. Wobei ich den Körper mit seiner Existenz in der

Materie und seinem Verstand als männlich, die Seele, in sich ruhend und aus der göttlichen Quelle entspringend, als den weiblichen Teil sehe. Körper und Seele wollen zusammenarbeiten und wenn wir dies zulassen, können Wunder geschehen.

Deshalb ist es von so großer Bedeutung, wieder zu Fühlen, was in uns vor sich geht. Und zwar, bevor die Emotion sich zu einem Tornado entwickelt. Obwohl die unendliche Intelligenz, die uns erschuf, selbst danach noch wunderbare Heilungen zulässt und diese sogar unterstützt. Weltweit gibt es Forscher, die Spontanheilungen untersuchen und unzählige sind dokumentiert. Der Grund, warum wir diese als ein übernatürliches Ereignis betrachten ist der, dass wir zum einen so programmiert werden, dass unsere Selbstheilungskräfte ein Dasein im stillen Kämmerlein tristen müssen, damit die Pharmaindustrie neue teure Mittel auf den Markt bringen kann und zum anderen, dass wir nicht lernen, uns in unserem Körper Zuhause zu fühlen. Uns wird die Illusion der Trennung anerzogen, damit wir möglichst leicht zu lenken sind und mit dem Strom schwimmen.

Wir sind jedoch ein wahres Wunderwerk Gottes und dürfen seine Sprache der Gefühle zurückerobern. Wir dürfen weinen, wenn wir traurig sind, ausdrücken, wenn wir wütend sind und lieben, wenn wir verliebt sind. Bringen wir alle unsere Gefühle zum Ausdruck, wenn sie sich als Emotion auf den Weg ins Außen machen, finden wir

automatisch zu uns selbst und damit zur Einheit mit unserer
göttlichen Quelle zurück!

DEINE SEELE WARTET AUF DICH!

Durch das bewusste Ablegen meiner alten Glaubenssätze und
Überzeugungen und die willentliche Hingabe an die göttliche
Existenz sowie das Erkennen derer IN MIR SELBST,
konnte ich diese mehr und mehr in meinem Alltag wahrnehmen und
mir dem Wunder, dass ein jeder von uns ist, in vollem Umfang
bewusst werden. Ich fand es nahezu unglaublich, dass ich je daran
gezweifelt hatte und war auch hin und wieder entsetzt darüber, wie
sehr die Machtgierigen dieser Welt darum bemüht waren, uns
diese Erkenntnis vorzuenthalten und uns für ihre Ziele zu
versklaven. Alle Informationen, die es dazu benötigt, sind
mittlerweile für jeden von uns zugänglich, was dem Segen des
technischen Fortschrittes zu verdanken ist. Auf alle Fragen, die
ich mir bereits als Kind gestellt hatte, bekam ich nun die
Antworten. Sie waren einfach da, sobald ich daran dachte. Und
ich ging ihnen nach, suchte im Internet nach passendem Material.
Was ich fand stimmte immer absolut mit dem überein, was mir die
geistige Welt in jedem Augenblick offenbarte. Es ist weder ein

fauler Zauber, noch hat es mit Spuk zu tun, wenn wir Informationen aus der geistigen Welt erhalten. Es ist so normal, wie unser Herzschlag und gleichzeitig ein Wunder.

Stellt euch zur Vereinfachung einmal vor, wir hätten bei der Einschulung nicht unser Selbsterleben als Ganzheit abgeben müssen und wir wären statt in märchenhafter Religion darin unterrichtet worden, dass wir Körper UND Seele SIND, wie es in vielen Regionen dieser Welt und allen Urvölkern der Fall gewesen ist. Wir hätten dann gelernt, darauf acht zu geben, sowohl unseren Verstand, als auch unsere Intuition zu schulen. Und unsere Intuition ist nichts anderes, als unsere Seele. Wir wären im ständigen Einklang gewesen und müssten heute nicht nach unserem ersten Infarkt oder Burn-Out mit Yogastunden beginnen oder gar in einer Psychiatrie unterkommen, um die Balance im Inneren wieder herzustellen. Wie viel geliebter hätten wir uns unabhängig von der äußeren Welt gefühlt, wenn man uns gelehrt hätte, dass wir göttliche Wesen sind, direkt verbunden mit der unendlichen Quelle reiner Liebe? Allein die Erklärung des neuen Testamentes, in dem uns der Christus genau erklärt, was wir wirklich sind, hätte uns ein Leben als Schöpfer von Beginn an beschert und nicht durch das Feuer gehen lassen müssen, um uns unserer Kraft bewusst zu werden. Wenn wir ebenso gelernt hätten, dass Heilung aus uns selbst heraus geschieht und nicht einer übermächtigen Pharmaindustrie zu verdanken ist? Und wenn informiert worden wären über die Tatsache, dass wir alle miteinander verbunden sind und uns per Resonanzgesetz alles widerfährt, was wir unseren Mitmenschen und Mutter Erde antun, wie viel liebenswerter wäre diese Welt?

Du hälst dies für ein unwirkliches Märchen? Diese Welt hat existiert. Und das ist gar nicht allzu langer her. Sie war so real wie deine heutige Welt und änderte sich erst, als nach Macht strebende Menschen begannen, Urvölker auszurotten, ihren Lebensraum zu zerstören, um sie in Abhängigkeiten zu leiten von scheinheiligen Religionen, Bildungs- und Gesundheitssystemen. Ausnahmslos alle Urvölker dieser Welt waren sich ihrer wahren Existenz bewusst. Sie hatten Heiler, Priester und Schamanen, die über jegliche medizinische Kenntnisse verfügten, um die Menschheit über Jahrtausende gesund genug zu erhalten, um fortzubestehen. Sie brauchten keine Gefängnisse oder Psychiatrien, weil das Miteinander so selbstverständlich war, wie heute leider das Gegeneinander. Erst die sogenannte Zivilisierung der Menschheit mit dem Hintergrund der Gier- und Machtbesessenheit, ließ die heilsamen Strukturen in Vergessenheit geraten und trieb die Menschheit in wahrhafte Finsternis. Wir sehnen uns heute zurück nach der Gemeinschaft, da wir realisieren, dass wir ohne ein Miteinander und ohne uns der Existenz unserer Seele bewusst zu sein, mit absoluter Sicherheit in einer Katastrophe enden werden. Der Markt für Bewusstseinsforschung, spirituelles Erwachen und so weiter, erfährt gerade ein Explosion dank der Nachfrage ausgebrannter Menschen, die ihre innere Leere füllen möchten.

Es ist jammerschade, dass und der Weg zurück oftmals durch die Hölle geführt hat und gut, dass die Zahl der Suchenden derartig ansteigt. Doch wer sucht, verliert abermals kostbare Zeit. Denn alles, was wir brauchen, um uns wieder an unsere Seele zu erinnern, sie wieder wahrzunehmen, liegt bereits in uns. Wir SIND bereits, was wir suchen! DU bist bereits, wonach du suchst! Die Antwort liegt in der Stille. Und um in diese Stille zu kommen, ist es nicht notwendig, jahrelang in ein Ashram zu verschwinden oder täglich stundenlang zu meditieren. Obgleich ich damit keinesfalls behaupten will, dass dies falsche Wege wären. Alle Wege, die sich dir zeigen, sind richtig. Doch am Ende wirst du Erleuchtung erfahren, wenn du in dir selbst nach der Antwort auf alles suchst und nicht darauf wartest, dass sie dir von außen zugeflüstert wird. Alles, was wir von außen erfahren, kann immer nur ein Hauch der Wahrheit sein, ein Aufzeigen von dem, was möglich wäre. Jeder von uns trägt die Wahrheit bereits in sich und zwar von Geburt an. Denn wir haben sie mitgebracht in dieses Leben! Wenn du dich nun fragst, wie du Kontakt zu deiner Seele aufnehmen kannst, da sie dir immer noch als etwas abgetrenntes, im Außen oder neben dir existierendes vorkommt, dann kannst du sofort, in der nächsten Minute diese Illusion ablegen und ein erstes, zartes Spüren des Einklangs in deinem Inneren erleben:

Engelshauch

Eine Überlieferung besagt, dass wir uns, während wir im Mutterleib heranwachsen, noch an unser wahres Sein, unsere vorherigen Inkarnationen (in carna=im Fleisch) vollständig erinnern können und die Zeit nutzen, um uns auf die Aufgaben und den Plan für unser künftiges Leben vorzubereiten. Wenn wir dann geboren werden, kommt unser Schutzengel und klopft uns auf die kleine Furche unter unserer Nase, damit wir unseren ersten Atemzug tun und gleichzeitig alles vergessen, um uns ganz der neuen Erfahrung und Verwirklichung als Seele im Körper hingeben zu können!

Am besten schließt du für diese Übung deine Augen. Sollte dir dies unangenehm sein oder schwerfallen, kannst du sie ebenso geöffnet halten.

Setz dich bequem auf einen Stuhl und lege deine Hände locker auf deinen Schoß, am besten mit der Innenfläche nach oben.

Nimm einen tiefen Atemzug, halte eine Sekunde inne und atme dann entspannt und langsam durch deine leicht aufeinander gepressten Lippen wieder aus.

Lege nun die Spitze deines Zeigefingers deiner rechten oder linken Hand in die kleine Furche unter deiner Nase, während du in deinem eigenen Atemrhythmus ganz selbstverständlich weiter ein- und ausatmest.

Spüre nach, wie sich dein Finger in der kleinen Einkerbung anfühlt.

Wird die Haut an deinem Finger oder in der Nasenfurche warm?

Spürst du vielleicht ein Kribbeln?

Oder einen Puls?

Beobachte drei Atemzüge lang, wie sich dein Finger dort anfühlt.

Dann leg deine Hand zurück auf deinen Schoß, öffne deine Augen und spüre nach, ob sich deine Atmung verändert hat.

Ist sie vielleicht ruhiger geworden?

Fühlst du dich ein wenig ruhiger als zuvor? Friedvoll?

Schließe nun erneut deine Augen und lege den Zeigefinger wieder leicht in die Furche, ohne Druck.

Atme normal weiter ein- und aus.

Nun nimm wahr, wie sich der Atemhauch aus deiner Nase beim Ausatmen warm über deine Fingerspitze ausbreitet.

Nun den ganzen Finger hinunter.

Geht dein Atemhauch vielleicht rechts und links an deiner Fingerspitze vorbei und streicht sanft deine Lippen?

Und weiter bis zum Handgelenk.

Kannst du spüren, wie sich unter deiner Ausatmung die kleinen Häärchen auf deinem Unterarm bewegen wie Grashalme im Wind?

Nun lege deine Hand zurück in deinen Schoß und spüre, wie dein sanfter Atem seinen Weg hinein in deinen Körper und wieder hinaus durch diese kleine Furche unter deiner Nase nimmt.

Stoppe nach dem nächsten Einatmen noch einmal kurz, bevor du lang und sanft allen Atem wieder frei lässt.

Nun atme ruhig in deinem eigenen Rhythmus weiter und stelle dir, am besten laut, folgende Frage:

„Wer atmet mich?"

„Wer oder was bin ich?"

„Wer stellt diese Frage?"

Und dann warte einige Sekunden.

Öffne langsam deine Augen und sieh dich im Raum um.

Ist es heller oder dunkler als vorher? Wärmer oder kälter?

Was ist geschehen, nachdem du dir diese Fragen gestellt hast? Konntest du einen kurzen Moment der Gedankenfreiheit erfahren? Hast du vielleicht sogar ein Kribbeln, ein Wärmegefühl im Inneren wahrnehmen? Ja? Gut! Wenn nicht, darfst du gern noch einmal deine Augen schließen und dir die Fragen erneut stellen.

Und? Konntest du die sekundenlange Stille spüren? Prima. Dann hast du soeben deine Seele begrüßt!

Das ist auch schon das ganze Geheimnis. Still werden und nach innen richten, denn dort wartet deine Seele auf dich, geduldig und allgegenwärtig. Als du dir die Fragen gestellt hast, musste dein Verstand eine kurze Pause einlegen, denn auf diese Fragen kann er in seinen Programmierungen keine Antwort finden. Vielleicht hat er nach ein paar Sekunden Ausweichantworten zur Auswahl gestellt und du hast begonnen, über verschiedene Möglichkeiten nachzudenken. Doch in der kurzen Stille zwischen Fragestellung und Wiedereinsetzen des Denkens warst du im Hier und Jetzt, im gegenwärtigen Moment, dem reinen Gewahrsein. Und damit im bewussten Kontakt zu deiner Seele, die verbunden ist mit der Quelle allen Seins.

Du kannst diese Übung auch verkürzt anwenden und dich, wo immer du auch gerade bist, mit einem bewussten tiefen Atemzug daran erinnern, dass du geatmet wirst und dieses nicht zu kontrollieren brauchst. Gott atmet dich, genauso, wie er auch dein

Herz schlagen lässt. Wir nehmen diese Dinge als selbstverständlich hin und hinterfragen sie höchstens dann, wenn Atmung oder Herzschlag aus dem Takt geraten unter dem Stress des Alltags.

Wichtig auf dem Weg zu uns selbst zurück, in die göttliche Quelle, ist einzig, dass wir wieder beginnen, unser Bauchgefühl, unsere Intuition, WAHRzunehmen. Denn die ist unsere Seele und sie IST die einzige und ewige Wahrheit!

ZWISCHEN DEN WELTEN

„Wenn wir Spiritualität im Alltag erleben wollen, müssen wir uns daran erinnern, dass wir spirituelle Wesen sind, die einige Zeit in einem menschlichen Körper verbringen."

(Barbara de Angelis)

Nach all diesen Erkenntnissen und wiedergefundenen Wahrheiten der letzten Wochen in meiner neuen Heimat, blieb ich mehr und mehr dauerhaft mit der Quelle verbunden. Im Gespräch mit Gästen oder Freunden erlebte ich immer wieder „Zwischenrufe", aufsteigende Erkenntnisse, die nicht aus meinem

Verstand kamen. Klagte jemand sein Leid, hatte ich im selben Moment oftmals die Lösungen oder die energetischen Gründe dafür als Antwort im Herzen. Es verwirrte mich ein wenig, denn noch hatte ich Zweifel an meinen Fähigkeiten und auch großen Respekt vor spirituellem Hochmut. Wer war ich schon, dass die Quelle so direkt mit mir kommunizierte? Es glich einer Achterbahnfahrt, ich wechselte zwischen der Realität, in der ich lebte und der geistigen Welt hin und her. Doch die unendliche Intelligenz ließ mich nicht im Stich, sondern bot mir eine wundervolle Gelegenheit, weiter in das Vertrauen zur Quelle einzusinken.

Eines Tages traf eine Frau als Gast im Hotel ein, die ein wunderschönes Appartement für sich alleine bekam. Ich nenne sie hier Miriam, da ich ihre Identität schützen möchte. Doch als ich sie dort hinbrachte, sagte sie mir ängstlich, dass sie große Furcht davor habe, alleine zu schlafen. Es erstaunte mich nicht, denn mir war es jahrelang ebenso ergangen. Immer hatte ich das Gefühl gehabt, nicht alleine zu sein und heute weiß ich, dass ich es auch nie war. Nur fürchtete ich damals noch die Präsenz der geistigen Welt, während ich es mittlerweile genoss, sie nachts zu spüren. Denn ich fühlte, sie beschützten mich. So kam ich mit der herzlichen, gleichaltrigen Frau ins Gespräch und fragte, wovor sie sich fürchtete. Ich erklärte, dass es so gut wie keine Kriminalität auf dieser Insel gab und sie absolut sicher sei. Doch dies war nicht der Grund für Miriams Bedenken. Sie sah mich kurz schweigend an, als wolle sie prüfen, ob sie mir das Folgende auch wirklich offenbaren könne. Dann erzählte sie aufgeregt von der Gewissheit, dass sie Besuch von ihrer verstorbenen Freundin erhalte. Verschmitzt sah ich sie an und erzählte von ihr von meinen eigenen früheren Ängsten und dass ich ihre Situation für mich absolut nachvollziehbar war. Erleichtert umarmte sie mich und ich versuchte ihr zu vermitteln, dass die geistige Welt für und nicht mit uns arbeitete und ihre Freundin vielleicht einfach gern bei ihr war. Gleich darauf verabschiedete ich mich, um weitere Gäste zu empfangen und Miriam bedankte sich freudig für das Gespräch.

In den folgenden Tagen kam diese lebensfrohe Frau immer wieder auf mich zu, um mich einfach in ihre Arme zu schließen. Wir plauderten ein wenig über ihr Seminar, das sie besuchte und sie vereinbarte einen Massagetermin bei mir, weil sie sich sehr verspannt fühlte. Während der Behandlung einige Zeit später freundeten wir uns ein wenig an und fanden viele Gemeinsamkeiten. Sie hatte eine erfrischende Lebensenergie und ein ansteckendes Lachen. So kam es, dass sie mich in der folgenden Woche einlud, sie in die Stadt zu einem Einkaufsbummel zu begleiten. Da ich meinen freien Tag hatte und ihre Gesellschaft als äußerst angenehm empfand, sagte ich freudig zu. Wir hatten viel Spaß und lachten die meiste Zeit, es war einfach herrlich entspannt.

Auf dem Rückweg, während der Autofahrt, begann Miriam dann zum ersten Mal seit ihrer Ankunft, von ihren Schlafproblemen zu reden. Es ginge ihr schon besser, erklärte sie, die Massage habe sie sehr entspannt, doch sie habe immer noch das Gefühl, ihre Freundin käme nachts an ihr Bett. Bevor ich etwas antworten konnte, fand ich mich in einem Zustand wieder, in dem ich durchaus noch wahrnahm, dass ich mit Miriam im Auto saß, jedoch in etwa so, als würde ich das Geschehen von einer Leinwand aus betrachten. Ich hatte keine Gelegenheit, darüber nachzudenken, denn schon spürte ich deutlich die Präsenz einer weiblichen Energie auf der Rückbank, die mir drängelnd erschien. Als hätte ich nie etwas anderes getan, erzählte ich meiner neuen Freundin davon und sie sah mich erstaunt an, als sie mich fragte, ob es ihre verstorbene Freundin sei? Ich wusste es nicht und ließ die Energien einfach frei laufen, da ich mich gar nicht richtig anwesend und etwas benebelt fühlte.

Als ich Miriam beschrieb, dass diese Frau Anfang 40 war, braunes, schulterlanges Haar und eine zierliche Figur hatte, tat sie fast eine Vollbremsung. Hocherstaunt erklärte sie mir, dass ich genau ihre Freundin beschrieb. Es blieb jedoch nicht viel Zeit zum Staunen, denn diese Freundin hatte tatsächlich eine Botschaft, wegen derer sie nach wie vor hier war. Es ging um die Kinder der Verstorbenen. Sie hatte Miriam das Versprechen abgenommen, sich nach ihrem Übergang hin und wieder um ihre Kinder zu kümmern. Miriam nickte nur und sagte, dass sie ein sehr schlechtes Gewissen deswegen habe, denn sie hatte sich nicht an dieses Versprechen gehalten und lediglich ein einziges Mal eine Nachricht auf dem Anrufbeantworter hinterlassen. Die Verstorbene übermittelte mir, dass sie deshalb traurig sei, denn

Miriam hatte immer einen guten Kontakt zu ihren Kindern gehabt und sie wünschte sich, dass sie ihren Kindern beistehen und sie bei ihnen in Erinnerung halten würde. Miriam gab erneut das Versprechen ab, sich um die beiden zu kümmern, als ich ihr die Worte wiedergab. Dann bat mich die Freundin, Miriam noch zu sagen, wie sehr sie ihre regelmäßigen Treffen genossen hatte, an denen sie ihre Gemeinsamkeit auslebten und Miriam bestätigte mir, dass sie sich monatlich über Heilenergien ausgetauscht und viel Spaß daran gehabt hätten. Es folgte noch eine sehr persönliche Botschaft über den Mann der Verstorbenen an Miriam, die ich hier aus Respekt nicht wiedergeben möchte. Auch diese stimmte mit Miriams Erinnerung überein.

Dann verschwand die Verstorbene ebenso schnell, wie sie gekommen war und ich wurde wieder etwas klarer, wenn auch völlig ermattet. Diese Begegnung hatte mich unglaublich viel Energie gekostet und mein Verstand versuchte verzweifelt, Beschreibungen und Erklärungen für dieses Ereignis zu finden. Kurzum: ich war platt! Miriam ebenso. Sie konnte noch weniger fassen, was da gerade abgelaufen war und wir verabschiedeten uns kurz darauf, um alles erst einmal zu verdauen.

Später am Abend trafen wir uns beim Essen wieder und Miriam war noch immer gefangen in ihrer Erstauntheit. Ich konnte dies gut nachvollziehen, denn wenn man mit der geistigen Welt so gar nicht vertraut war, musste dies nach Wunderwerk ausgesehen haben. Mir ging es mittlerweile wieder besser, denn zum einen hatte ich bereits ähnliche Erlebnisse mit meinen Eltern nach deren Tod gehabt und zum anderen glaubte ich nicht an eine Trennung der geistigen Welt und unserer Realität. Außerdem hatte ich Sarah kontaktiert und ihr von meinem Erlebnis berichtet. Sie war überhaupt nicht erstaunt, da sei diese Fähigkeit bereits in mir erkannt hatte. Jedoch riet sie mir zu einer weiteren Schulung im energetischen Bereich, damit ich lernte, diese Energien zu lenken, um nicht noch einmal derart überrascht zu werden, aber auch, damit mich diese Kontakte nicht so ermüdeten, wie es an diesem Tag der Fall gewesen war. Sarah sagte mir zu diesem Zeitpunkt bereits, dass dies ihrer Überzeugung nach mein zukünftiger Weg sei. Ich glaubte jedoch noch an ein zufälliges Ereignis, obgleich ich voller Dankbarkeit darüber war und dies auch der geistigen Welt kundtat. Doch noch war es befremdlich für mich, mein Verstand versuchte mir zu suggerieren, dass diese Dinge nur wenigen Auserwählten zustanden und ich ganz sicher nicht dazu gehören konnte. Auch befürchtete ich, dass ich vielleicht etwas Falsches durchgeben könnte. Furcht und Zweifel waren also meine Besucher nach dieser Erfahrung und erneut bekam ich eine Chance, alte Programmierungen gehen lassen zu können. Und ich nahm sie dankbar an, denn, wenn diese Erlebnisse aus dem Nichts kamen, ohne, dass ich danach gesucht hätte oder dies mein erklärtes Ziel gewesen war, dann hatte die geistige Welt etwas mit mir vor!

Einmal geöffnet, schien aus diesem Gefäß der jenseitigen Welt ein unendlicher Quell an Erkenntnis und Informationen zu strömen. Wäre ich nicht bereits einigermaßen auf meinem Weg ins Bewusstsein vorangeschritten, ich hätte an meinem Verstand gezweifelt. Doch wieder einmal erlebte ich demütig, dass die unendliche göttliche Intelligenz uns alles dann zuteil werden lässt, wenn wir auch bereit dazu sind. Es ist absolut verlässlich, dass wir nicht mehr universelle Energie und Einblick in die Wahrheit erhalten, bevor wir nicht auch bereit dazu sind und dies alles verarbeiten können. Die Erlebnisse, die ich geschenkt bekam, waren ähnlich dosiert wie vor einigen Jahren die traumatischen Erinnerungen, die ebenfalls in verträglichen Häppchen an die Oberfläche drangen. Dieser Tatsache war und bin ich mir absolut sicher: die geistige Welt umsorgt und versorgt uns liebevoll und zärtlich, wie eine Mutter ihr Neugeborenes. Sobald wir uns ihr anvertrauen, hält sie allen Segen für uns bereit, den wir benötigen.

Einige Tage nach diesem medialen Erlebnis mit Miriam war ich gerade dabei, im Meditationsraum des Hotels die Kerzen nach einer Gruppe für Quantenheilung, die ich angeleitet hatte, zu löschen, als ich plötzlich den verstorbenen Sohn einer Freundin wahrnahm. Sofort schossen mir Tränen in die Augen, denn auch, wenn er bereits zwei Jahre nicht mehr bei uns war, so tat die Erinnerung an diesen einzigartigen Jungen und seine schwere Erkrankung doch noch ungemein weh. Die Bilder des Abschied Nehmens an seinem Bett, nachdem er eingeschlafen war, kamen mit ungeheurer Wucht aus meiner Erinnerung hoch. Es war mir damals unendlich peinlich gewesen, dass ich dort so sehr geweint hatte. Doch ich hatte einfach nicht glauben können, dass ein so wunderbarer Heranwachsender mit unglaublichem Potential viel zu früh gehen musste. War dies real oder eine Projektion aus meiner schmerzlichen Erinnerung? Ich erinnerte mich, dass ich schon einmal das Gefühl seiner Anwesenheit wahrgenommen hatte, als ich noch in Deutschland war. Damals hatte ich es schnell abgetan und als Wunschdenken deklariert. Doch nach all dieser Zeit hier auf Korfu und meinen öffnenden Erlebnissen vertraute ich der geistigen Welt und meiner medialen Begabung wesentlich mehr, als noch vor einigen Monaten. Ich konnte und wollte es diesmal zulassen.

Vorsichtig spürte ich der Anwesenheit des Jungen nach, sprach ihn mit seinem Namen an und fragte leise, ob er da sei. Augenblicklich erhielt ich die Antwort, ähnlich wie bei der Freundin Miriams, als einen nicht enden wollenden Sprudel aus Worten und Gefühlen. So gut es ging, ließ ich alles ohne Bewertung oder Anhaftung geschehen und versuchte, aus dem vorbeiziehenden Informationsfluss zu lesen, wie in einem Buch und mir das wichtigste zu merken.

Als die Flut stoppte hatte ich erfahren, warum er so früh zurück gehen musste, das alles einen tiefen Sinn ergeben würde, wenn wir zur Quelle zurückkehrten und dass ich seiner Mutter, seinem Bruder und seinen Großeltern etwas ausrichten sollte. Diese Nachrichten werde ich aus Rücksicht auf die Privatsphäre der Familie hier nicht veröffentlichen. Nachdem der Junge wieder verschwunden war oder ich ihn nicht mehr wahrnehmen konnte, brauchte ich einige Minuten, um mich wieder zu fangen. Er hatte vollkommen gesund ausgesehen und kraftvoll gewirkt. Dies war ein großer Trost, doch schämte ich mich gegenüber meiner Freundin, dass ich ihn so sehen konnte und sie nicht. Ich wünschte mir in diesem Augenblick, diese Fähigkeit wäre übertragbar, denn ich liebe meine Freundin aus tiefstem Herzen und sie so leiden zu sehen, wissend, dass sie vielleicht nie wieder richtig lachen wird, war kaum auszuhalten. Wie sollte ich ihr bloß diese Botschaften überbringen? Sollte und durfte ich warten, bis ich wieder in Deutschland wäre? Wie würde sie reagieren? Natürlich war mein erster Impuls, sie sofort anzurufen. Doch ich besann mich und beschloss, erst einmal eine Nacht darüber zu schlafen. Denn ihr noch mehr Schmerzen zuzufügen war so ziemlich das Letzte, was ich wollte.

Am nächsten Tag bat ich einfach den Jungen noch einmal um ein ganz sicheres Zeichen, dass ich seiner Mutter von seiner Nachricht erzählen sollte. Kurz darauf kam ein Gast ins Büro und fragte nach Voltaren Creme. Erst als ich die Packung aus dem Schrank nahm, kam mir die Erinnerung an die Tube, die ich Zuhause in einem Karton aufbewahrte. Es war die des Jungen, denn in seinen letzten Wochen hatte er oft Schmerzen und fragte, ob ich ihn massieren und mit Voltaren einreiben konnte. Ich lächelte. Und dankte ihm für diesen eindeutigen Hinweis!

Später machte ich mich daran, vorsichtig bei meiner Freundin nachzufragen, ob sie eine eventuelle Botschaft von ihrem Sohn hören wollte. Sie sagte sofort ja. Wir hatten uns oft über das Leben nach dem Tod unterhalten und sie hatte ihre eigenen ganz persönlichen Erfahrungen mit Zeichen ihres Sohnes gemacht. Daher war sie nicht völlig schockiert und ich schrieb, was er mir jeweils übermittelt hatte. Und es stimmte. Sie konnte mit allen Inhalten etwas anfangen und ich musste vor Erleichterung unvermittelt weinen.

Dieser Kontakt oder vielmehr die Übermittlung der Botschaft danach, war die bisher schwerste Aufgabe für mich. Denn die Verantwortung hierfür sollte ernst genommen werden, wie ich meine. Man kann viel Schaden anrichten, wenn man nicht sensibel genug damit umgeht. Ich dankte dem Schöpfer für die Unterstützung und war gottfroh, meiner Freundin diese Botschaft weiter gegeben zu haben. Wie heilsam bei allem Schmerz konnte doch die geistige Welt für uns sorgen!

Auch meine eigene Heilung schritt weiter voran, denn durch mein verändertes Bewusst Sein und der damit verbundenen Sicht auf das, was ich vorher für meine Realität gehalten hatte, wurde das Leben einfacher und leichter.

KRISTALLTRÄNEN

„Suizid ist die rascheste und leidsparendste Lösung für den Abschied von dieser Welt, wenn unsere Situation hoffnungslos ist. Aber er dokumentiert auch unseren letzten Egoismus.“

(© Waltraud Puzicha)

In den nächsten Wochen war ich so sehr bei mir selbst, wie niemals zuvor in meinem Leben. Einfach alles um mich herum erschien mir wunderschön und ich sog die Energie der Natur um mich herum auf, wie ein Schwamm. Die Menschen, die ich hier kennen lernte, erzählten mir ihre Geschichten und ich stellte erstaunt fest, dass, obgleich jeder ein anderes Leben lebte, sich die Inhalte und eines jeden Sehnsucht doch immer ähnelten. Egal, in welchen Verstrickungen oder Dramen die Menschen sich befanden, am Ende suchten sie im Kern alle nach dem gleichen Gefühl- bedingungslose Liebe! Die Offenheit meiner Gesprächspartner freute mich und ich stellte fest, dass ich ohne Anhaftung, ohne Resonanz und ohne Bewertung aufrichtig zuhören konnte. Ein tiefes Gefühl von Frieden hatte in meinem Herzen seinen Platz gefunden und ich ruhte buchstäblich in mir. Eine erholsame Zeit!

Doch die Prüfung des Universums ließ nicht lange auf sich warten!

Es war mein freier Tag und ich suchte eine meiner Lieblingstavernen auf, um etwas zu essen und ein wenig zu schreiben. Als ich gerade meine Bestellung aufgegeben und meinen Facebook Account geöffnet hatte, sah ich die Meldung über den Suizid von Robbin Williams. In der gleichen Sekunde krampfte sich mein Körper schmerzhaft zusammen und dicke Tränen rannen mir übers Gesicht. Diese Nachricht warf mich sofort mit voller Wucht aus meiner Mitte, derer ich mir so sicher geworden war. Die Bedienung kam, um mir mein Essen zu bringen und sah mich fragend an. Ich schob den Teller zur Seite, der Appetit war mir abhanden gekommen. Mein Nervensystem rumorte und ich war unfähig, einen klaren Gedanken zu fassen, als ich mir die Kommentare unter dem Post durchlas. Alle möglichen menschlichen Regungen fanden sich dort wieder. Von Schuldzuweisungen über aufrichtige Anteilnahme hin zu abscheulichem Sarkasmus.

Nur zu gut kannte ich all diese Aussagen. Und den Schmerz, den die Familie gerade mit Sicherheit erlebte. Schuld- und Versagensgefühle, Fragen nach dem Warum, Verzweiflung über die Unumkehrbarkeit dieses Schrittes und die unsägliche Trauer-all das war so lebendig in mir, in nur wenigen Sekunden. Niemand, der nicht selbst durch diese Hölle gegangen ist, die durch den Suizid geschaffen wird, kann sich auch nur annähernd vorstellen, was man in einer solchen Zeit durchmacht. Erschüttert, erschrocken und schwach lehnte ich mich auf meinem Stuhl zurück und es brauchte all meine Disziplin, um mich für dieses Erleben zu öffnen. Es gelang auch nicht auf Anhieb, den mein Verstand versuchte sogleich, gegen all die schmerzhaften und traumatischen Erinnerungen mit Ablenkung anzugehen. Ich beobachtete Gedanken wie: „Naja, so ist halt das Leben", „kann man nichts machen", „ist ja schon lange her", „jetzt geht's mir gerade so gut, da will ich nicht drüber nachdenken"-allesamt Egomüll! Ja-es war lange her, ja-es war nicht zu ändern und ja-ich war jetzt nicht begeistert davon, in einen augenscheinlich so tiefen Schmerz einzutauchen. Doch wie immer würde der Weg zum Heilsein hindurch und keinesfalls drum herum führen. Nach einigen tiefen Atemzügen öffnete ich mein Herz, ließ es weit werden und sah mir die Erinnerungen an, mitsamt allen Emotionen, die sich wie kleine Kieselsteine festgesetzt hatten, als ich damals den Fluss des Schmerzes und der Trauer unterdrückt hatte, um mich und auch mein ungeborenes Kind, dass ich damals gerade wenige Wochen unter meinem Herzen trug, zu schützen. Hier war nun die Gelegenheit gekommen, das Thema reinzuwaschen und ich würde nicht davon laufen, sondern mich hingeben im Vertrauen auf die Gott gegebenen Selbstheilungskräfte meines Körpers und meiner Herzintelligenz. Es war Zeit.

Der Anruf kam in der Mittagszeit. Jede Sekunde dieses Tages hat sich unauslöschlich in mein Gedächtnis eingebrannt. Gerade hatte ich meine Erstgeborene gefüttert und wollte sie schlafen legen, als das Telefon klingelte. Ich nahm ab und am anderen Ende der Leitung meldete sich eine frühere Bekannte meiner Mutter, mit der sie eigentlich seit Jahren nicht mehr sprach. „Die Mama ist tot!", sagte sie sofort. Ich glaubte an einen üblen Scherz und fragte etwas verwirrt, woher sie das wissen wolle. Sie erklärte, dass sie im letzten Jahr wieder Kontakt mit meiner Mutter gehabt habe, nachdem diese sich von meinem Vater getrennt hatte. Und nun sei sie an diesem Morgen von einer Nachbarin meiner Mutter über deren Suizid auf dem Dachboden des Hauses informiert worden. Der Hausmeister hatte sie gefunden.

Da mir diese Frau äußerst unangenehm war durch die Misshandlung ihrer Kinder, die ich selbst als Kleinkind mit angesehen hatte, wenn meine Mutter und ich dort zu Besuch waren, war ich über diese Nachricht äußerst skeptisch. Meines Wissens nach befand sich meine Mutter in einer Psychiatrie. Doch ich hatte lange Zeit keinen Kontakt zu ihr gehabt, da sie nach ihrem Wohnortswechsel begonnen hatte, eine böse Saat gegen meinen Vater und mich zu säen. Unzählige Anzeigen bei der Polizei und üble Gerüchte waren zu ihrem Hobby geworden, um ihre Wut, die sie nun nicht mehr persönlich gegen uns richten konnte, auszudrücken. Für uns war dies nicht neu, so hatte sie immer agiert. Diesmal war sie jedoch zu weit gegangen und so hatte sich die komplette Familie von ihr losgesagt. Alles, was wir wussten, war, dass sie nach einem erneuten vorgetäuschten Suizidversuch in einer Psychiatrie untergebracht worden war. Uns hatte dies erleichtert, denn wir waren ihren Androhungen auf Suizid über die Jahre müde geworden und diesem Drama einfach nicht gewachsen.

An unzähligen Wochenenden, nach Alkoholgenuss und anschließendem Streit, hatte sie ein Seil genommen und sich stundenlang auf den Dachboden gesetzt. Oft war sie auch einfach tagelang verschwunden und wir Zuhause fast verrückt geworden, vor Sorge. Wenn ich an das jämmerliche Bild denke, das ich abgegeben hatte, wenn ich versuchte, sie vom Dachboden wegzuholen oder mich in ihre Arme schmiss, wenn sie nach einiger Zeit wieder zurück kam, zerriss es mir beinahe das Herz. Wir hatten Ängste ausgestanden, die man seinem ärgsten Feind nicht wünscht und ich kam am schwersten damit zurecht, da ich zu klein war, um zu verstehen, dass sie diese Dramen inszenierte, um etwas von meinem Vater zu erzwingen. Damals dachte ich einfach, ich sei nicht gut genug, um ihre Liebe für mich aufrecht zu erhalten. Als dann noch die Misshandlungen gegen mich hinzukamen, war mein Eigenbild vollends zerstört. Wenn sie mich so sehr hasste, dass sie mir all diese Dinge antat, dann konnte etwas mit mir nicht stimmen. Dessen war ich mir sicher.

Nun war zum ersten Mal Ruhe bei uns eingekehrt und wir hegten die Hoffnung, dass ihr die Psychologen helfen konnten. Wir blühten alle förmlich auf, denn es waren keine plötzlichen Wutattacken, in denen meine Mutter gerne mal mit Gegenständen warf oder mit Messern vor uns stand. Wir konnten zusammensitzen und unbeschwert sein. Gerade wenige Tage zuvor hatte ich erfahren, dass ich mit meinem zweiten Kind schwanger war und die Schatten der Vergangenheit lösten sich ganz langsam auf. Bis zu diesem Anruf!

Ich bedankte mich bei dieser Frau für den Anruf und legte auf. Mein Herz schlug mir bis zum Hals und Übelkeit erfasste mich. Eine Verwandte, die gerade zu Besuch war, fragte erschrocken, was denn passiert sei. Sehr kurz erklärte ich den Anruf und bat sie dann, auf mein Kind aufzupassen. Mein Vater half gerade bei Bekannten einige Straßen weiter und ich musste zu ihm. So schnell es ging, rannte ich die Straße hinauf. Mein Kopf rauschte und alles kam mir unwirklich vor. Als ich ankam und vor ihm stand, konnte ich nur noch weinen und brachte kein Wort heraus. Nach Luft ringend begann ich zu hyperventilieren und mein Vater packte mich entsetzt an den Schultern, um aus mir heraus zu bringen, was passiert sei. Halb wahnsinnig vor Schmerz und Entsetzen überbrachte ich ihm stockend die schreckliche Botschaft.

Er riss die Augen weit auf und schmiss seine Brille durch den Raum, als ein lautes „Nein!" aus seiner Kehle kam. Fest drückte er mich an sich, bis ich kaum noch atmen konnte. So standen wir umklammert und weinten, bis die Bewohnerin des Hauses hinzukam und ebenfalls wissen wollte, was passiert sei. Mein Vater berichtete ihr kurz von dem Unglück und nachdem sie sich vergewissert hatte, dass wir keinen Arzt brauchten, gingen wir nach Hause, um unter uns zu sein. Dort angekommen bat mich mein Vater, bei der zuständigen Polizeidienststelle anzurufen und nachzufragen, ob es tatsächlich wahr wäre, was diese Frau mir am Telefon berichtet hatte. Auch er konnte sich einfach nicht vorstellen, dass meine Mutter ihre jahrzehntelange Drohung in die Tat umgesetzt hatte. Also wählte ich die Nummer und fragte den Beamten am anderen Ende, ob er etwas von dem Suizid wüsste. Zur Antwort bekam ich, dass er mir, wenn es denn so sei, telefonisch keine Auskunft geben dürfte und man in einem solchen Fall einen Wagen schicken würde. Verwirrter als zuvor legte ich den Hörer auf. Im selben Moment hielt eine Zivilwagen vor unserer Haustür und ein Beamter trat ein, nachdem ich geöffnet hatte.

In der Küche legte er den Personalausweis meiner Mutter auf den Tisch und fragte, ob wir diese Frau kennen würden. Wir nickten stumm, während wir darauf starrten. Der Beamte erklärte emotionslos, dass man sie am Morgen erhängt auf dem Dachboden gefunden hatte. Die Spurensicherung hatte ergeben, dass es sich eindeutig um Suizid handelte. Wie ein ultraschneller Kurzfilm liefen in diesem Moment noch einmal alle Situationen aus meiner Kindheit, die mit den Suizidankündigungen meiner Mutter zu tun hatten, vor meinem geistigen Auge ab. Ich hörte die Schreie des kleinen Mädchens, das ich damals war, wenn ich wieder einmal befürchtete, meine Mutter würde sich töten. Und ich sah, wie ich ihre Misshandlungen über mich ergehen ließ in dem festen Glauben, dass, wenn ich nur still hielt, sie mich dann vielleicht nicht verlassen würde. Gleichzeitig vernahm ich das Ticken der Küchenuhr in dieser absoluten Stille.

Jetzt, wo sie Hilfe erhalten und die Chance auf eine Wende in ihrem Leben bestanden hatte, ausgerechnet jetzt hatte sie es wahr gemacht. Sie hatte den Tod gewählt und ich war fassungslos. Ich dachte an den Traum, den ich wenige Tage zuvor gehabt hatte und in dem ich mich in der Friedhofskapelle an ihrem Sarg stehen sah. Schweißgebadet war ich daraus erwacht und hatte meiner Familie und meiner damaligen Therapeutin davon berichtet. Alle hatten mich beruhigt mit dem Argument, dass es sich hierbei nicht um ein reelles Ereignis, sondern um eine Verlustangst handelte. Heute jedoch hatte dieser Traum eine völlig andere Bedeutung bekommen, die mir zeigte, dass das Band zwischen Mutter und Kind immer stark blieb, egal, wie die äußere Beziehung zueinander aussehen mochte.

Der Beamte bat uns, in die Wohnung meiner Mutter zu fahren, da die Haustür bei deren Eintreffen geöffnet gewesen war und eventuell dritte Gegenstände entwendet haben könnten. Eine Bekannte fuhr uns, da sich niemand von uns in der Lage dazu fühlte. Vor Ort trafen wir auf den Hausmeister, der völlig verzweifelt fragte, wie der jemals diesen Anblick wieder vergessen sollte. Er tat mir leid, denn niemand verdiente es, mit solchen Bildern für immer leben zu müssen.

In der Wohnung meiner Mutter fanden wir einen vollen Kühlschrank mit frisch eingekauften Lebensmitteln vor. Zigaretten auf Vorrat, eine vier Tage alte Frisörrechnung und unglaublich viele Medikamente gegen Depressionen und ähnliches. Nicht wies darauf hin, dass sie ihre Tat geplant hatte. Die Sofadecke war ausgebreitet, so, als wäre sie gerade aufgestanden. Man hatte sie in ihrem Schlafanzug gefunden und der genaue Todestag war unbekannt. Die Fernsehzeitung war zum Datum des vorgestrigen Tages aufgeschlagen und ich erinnerte mich, dass in der Nacht das Telefon dreimal geklingelt hatte. Gegen ein Uhr war ich deshalb aus dem Schlaf hochgeschreckt, die Treppen hinunter gelaufen und als ich abnahm, hatte niemand geantwortet. Das Spiel wiederholte sich noch zweimal, dann war Ruhe.

Das Telefon meiner Mutter stand neben dem Sofa und ich zögerte einen Augenblick mit klopfendem Herzen und Angstschweiß auf dem Körper, bevor ich den Hörer abnahm und die Wahlwiederholungstaste drückte. Es erschien das Datum der besagten Nacht und meine Knie wurden weich. Sie hatte also in dieser Nacht angerufen und nichts gesagt. Als ich meinem Vater davon berichtete, sagte er, dass sie sicherlich ihn hatte sprechen wollen. Die Kripo legte später diese Nacht als den Todestag fest, da die Ergebnisse der Leichenschau mit unseren Erklärungen übereinstimmten. Später betrat ich den Dachboden, warum, kann ich nicht mehr sagen. Nie werde ich den süßlichen Geruch vergessen, der noch immer durch die Sommertemperaturen in der Luft lag und mir Übelkeit verursachte. Starr blickte ich auf den Balken und den darunter stehenden umgedrehten Eimer, der meiner Mutter anscheinend als Tritt gedient hatte. Ich konnte es einfach nicht begreifen und fühlte mich jenseits jeder Realität. Auf dem Fußboden lagen noch die Gummihandschuhe der Spurensicherung und die Vorstellung, dass man an meiner Mutter mit ihnen herum hantiert hatte, war grausam.

Wir befanden uns in einem Alptraum aus Trauer und Verzweiflung. Doch das ganze Ausmaß dieser Tat wurde uns erst in den nächsten Tagen und Wochen bewusst, als einige Dorfbewohner und Arbeitskollegen meiner Mutter versuchten, uns die Schuld für ihren Tod zu geben. Wir erhielten anonyme Briefe von feigen Dummköpfen mit beleidigendem Inhalt und die Beerdigung war ein Spießrutenlauf mit erniedrigenden Zwischenrufen und hasserfüllten Blicken am Grab.

Heute weiß ich nicht mehr, wie wir diese Zeit überstanden haben. Man kann es diesen Menschen nicht einmal verübeln, denn sie kannten nur die Geschichten, die meine Mutter ihnen erzählt hatte, nicht aber ihr zweites Gesicht.

EIN UNVERHOFFTER WUNDVERBAND

„Heilung bedeutet, daß der Mensch erfährt, was ihn trägt, wenn alles andere aufhört, ihn zu tragen".

(Wolfram von Eschenbach)

Erst, als sich die Geburtstage meiner Eltern näherten, ließ meine Energie ein wenig nach oder verdichtete sich wieder. Denn diese Wunden waren natürlich erst von einer zarten Schicht Heilzellen bedeckt und somit noch durchlässig und empfindlich. Meinen Vater vermisste ich so sehr, dass ich körperliche Schmerzen empfand. Ich erinnerte mich daran, wie er mir an seinem letzten Geburtstag, während er aufgeregt sein Geschenk auspackte, sagte, dass ich die einzige sei, die wüsste, was er mochte. Damals hatte ich dem nicht viel beigemessen, heute wünschte ich, ich hätte meine Freude darüber zum Ausdruck gebracht. Ich dachte auch an den Erdbeerkuchen, von dem er genüsslich mehrere Stücke verschlang. Ganz einfach-ich war voller Schmerz. Der Geburtstag meiner Mutter wenige Tage später machte die Sache nicht unbedingt leichter, denn auch hier waren noch offene Stellen in der Wundheilung sichtbar.

Doch während ich früher noch unglaublich viel Wut bei dem Gedanken an sie gespürt hatte, war dort jetzt nur noch Liebe. Ich liebte sie. Das hatte ich mir nie offen eingestanden. Und jetzt, da ich auf meinem Weg so weit vorangekommen war und verstanden hatte, welche Umstände dazu geführt hatten, was für ein Mensch sie gewesen war, konnte ich diese Liebe bedingungslos zulassen. Und das tat verdammt weh!

Am Strand hatte ich einige Tage zuvor einen wunderschönen, großen weißen Stein gefunden. Oder er mich. Während ich ihn betrachtete, kam mir die Idee, dass ich an einer kleinen Kapelle, nicht unweit vom Club einen Gedenkstein für meine Eltern ablegen könnte. Es wäre ein schönes Ritual hier, in meiner neuen Welt und ich wollte ehren, was sie trotz aller widrigen Umstände in ihrem Leben geleistet hatten. So besorgte ich mir wasserfeste Stifte und bemalte diesen Stein mit tiefer Liebe zu meinen

Eltern. Auf dem Weg zu der kleinen Kapelle dachte ich an sie und wünschte, ich könnte die Zeit zurückdrehen. Ich schämte mich nicht dafür, trotz aller neuen Kenntnisse über die geistige Welt diesen Wunsch zu haben. Wie gern würde ich noch einmal mit meinem Vater tanzen, noch einmal die Gelegenheit haben, gemeinsam Weihnachten zu feiern. Es hatte einige Stunden gegeben, die wie ein normales Familienleben gewesen waren. Diese Stunden waren in meinem Herzen und das Kind in mir sehnte sich noch immer danach, mehr davon zu bekommen.

Ich begann zu weinen und nahm mein inneres Kind seit langer Zeit wieder einmal an die Hand, als ich den schmalen Pfad zu der wunderschönen weißen Kapelle entlang ging. Es war unveränderlich. Ich hatte keine Eltern mehr. So blieb mir nur, dieses innere Kind zu trösten und mit Erinnerungen an die wenigen friedlichen Stunden zu versorgen. Und mit dem Vertrauen darauf, dass all diese Ereignisse einen Sinn hatten, der sich uns eines Tages erschließen würde.

An der Kapelle, die ich schon einmal vorher besucht hatte, legte ich den Stein an einen besonderen Platz und mir fielen die vielen anderen auf, die dort abgelegt worden waren. Ich nahm mir die Zeit, die Namen und Sprüche darauf zu lesen und als ich sah, wie viele Menschen allein hier, an dieser winzigen Kapelle, um ihre

Lieben trauerten, wurde mir bewusst, dass ich nicht allein bin mit meinem Schmerz. Diese Steine sprachen alle von derselben Trauer, die auch ich empfand und irgendwie erkannte ich zum ersten Mal, dass dies einfach das Leben war. Jeder hatte seinen eigenen Weg zu beschreiten und viele davon waren ebenso schwer wie meiner gewesen. Ich hielt inne und betete dafür, dass all diese Menschen den gleichen Segen wie ich erfahren durften, um den größten Teil der Last bereits hier abzugeben und nicht weitertragen zu müssen.

Ein wenig erleichtert über die Erkenntnis, dass wir alle in irgendeiner Form, selbst im Gefühl der Trauer, miteinander verbunden waren, machte ich mich auf den Rückweg. Während ich von dem Pfad auf der Klippe entlang auf die kleine Insel, die wie ein schlafender Drache im Wasser lag und eine seltsam beruhigende Wirkung auf mich hatte, hinunterblickte, bemerkte ich, dass mein vorhin noch weinendes inneres Kind verschwunden war. Ich spürte ihm hinterher, doch in mir war alles ruhig. Wurden wir vielleicht erst wirklich erwachsen, wenn unsere Eltern gegangen waren? Musste ich erst realisieren, wie viel Trauer es auf der Welt noch gab? Ich beschloss, dass die unerfüllten Wünsche und Sehnsüchte des kleinen Mädchens in mir ihren Platz verdient hatten und es nun an mir war, diese in mir selbst zu erfüllen. Wie schnell ich allerdings zu einer Wundheilung kommen sollte, die alle meine Vorstellungen übertrafen, das war mir in diesem Augenblick noch nicht bewusst. Doch die geistige Welt hielt auch hier eine Überraschung für mich bereit.

Kurze Zeit später bekam ich Nachricht von meiner Cousine, die eigentlich die Tochter der Cousine meiner Mutter war. Wir hatten über die Jahre lockeren Kontakt gehalten, da wir in Deutschland einige Stunden voneinander entfernt wohnten und uns nur alle paar Jahre einmal gegenseitig besuchten. Diese Cousine hatte meinen Weg nach Korfu verfolgt und kündigte nun ihren Besuch gemeinsam mit ihrer Freundin an. Meine Freude darüber war groß, doch gleichzeitig bemerkte ich auch eine aufkommende Unruhe, die ich mir nicht erklären konnte. Ich ging dieser nicht weiter nach, sondern beschloss, die Dinge auf mich zukommen zu lassen. Meine Cousine hatte ich immer sehr gemocht und mich ihr aus irgendeinem Grund mehr verbunden gefühlt, als irgendeinem anderen Mitglied der Familie mütterlicherseits, von denen es ohnehin nicht viele gab.

Bereits am Tag ihrer Ankunft bemerkten andere Gäste, wie ähnlich wir uns in manchen Dingen waren. Nach dem ersten großen Hallo saßen wir zusammen und erzählten uns gegenseitig aus unserem Leben, als wir gesagt bekamen, dass wir nicht nur äußerlich Ähnlichkeit hätten, sondern auch viele unserer Gesten und die Gangart sich ähnelten. Was als Kompliment gemeint war, fand seinen Weg in die Tiefe meiner Zellerinnerungen und das unbestimmte ungute Gefühl machte sich erneut bemerkbar. Ich erschauderte förmlich, denn Ähnlichkeit mit meiner Cousine zu haben, bedeutete im Umkehrschluss, Ähnlichkeit mit meiner Mutter zu haben. Ein altbekannter, doch längst in Vergessenheit geratener Widerstand regte sich in mir. Und mit ihm Erinnerungsfetzen an Momente und Gedanken zu diesem Thema.

Eine dieser Erinnerungen trug mich zurück in meine Kindheit, als ich einmal ein Gespräch zwischen der Schwester meines Vaters und ihrem Mann mit anhörte. Sie hatten mich lachen gehört, ich hatte und habe ein lautes, herzliches Lachen, denn wie alle anderen Emotionen, lebe ich auch meine Fröhlichkeit offen aus. Es war ein einziger Satz: „Hör dir das mal an. Wie die Mutter. Furchtbar." Er tat so weh, dass ich mir damals eine stille Ecke suchte und weinte. Denn ich wollte nicht wie meine Mutter sein. Ausgerechnet wie die Frau, die mir so furchtbares antat. Nein, ich musste mein Lachen ändern. Und von dem Tag an lachte ich künstlich und unterdrückt, wenn Verwandte in der Nähe waren.

Ich kam zurück in die Gegenwart und nahm abwesend nickend am laufenden Gespräch teil, während ich darüber nachdachte, wie sehr man doch ein anderes Wesen mit einer einzigen Bemerkung kränken konnte und wie erstaunlich es war, dass eine so scheinbare Winzigkeit sich in einer ebenso winzigen Ecke unseres Körpers eine Zelle zum Abspeichern suchte. Nach außen lächelnd glitt ich in die nächste Information zu diesem Thema:

Jahre später, ich war gerade 18 geworden, feierte ich in unserer Stammgaststätte meinen Geburtstag und es war eine Zeit, in der meine Verwirrung und meine Traumatisierung nach außen hin als Oberflächlichkeit und Arroganz auftrat. Heute weiß ich, dass ich damals ein ebensolches Auftreten wie meine Mutter hatte. Und genau das sagte mir auch jemand an diesem Abend. „Du bist wie deine Mutter." Bang! Das hatte gesessen. Der arme Kerl wusste gar nicht, wie ihm geschah, denn er fand sich unversehens in einer langen Erklärung darüber wieder, dass ich auf gar keinen Fall auch nur die entfernteste Ähnlichkeit zu meiner Mutter aufwies! Ich spuckte Gift und Galle, denn seine Bemerkung hatte mich zutiefst verletzt. Was ich in Form von Stacheln zurückgab.

Noch immer saß ich mit meiner Cousine, ihrer Freundin und anderen Gästen am Tisch. Niemand bemerkte meine Zeitsprünge und so fragte ich in mich hinein nach weiteren Erinnerungen, die an diese Bemerkung gebunden waren. Umgehend fand ich mich in einem Gespräch mit meiner Schwester wieder, dass rund 15 Jahre zurück lag.

Damals hatte ich mich wegen meiner diffusen Ängste und ständigen Bauchschmerzen in eine psychosomatische Rehaklinik begeben, was zu der Zeit noch als unnormal und verpönt galt. Als ich an einem Wochenende meine Familie Zuhause besuchte, erzählte mir meine Schwester, dass sich mein Vater abfällig über diesen Weg geäußert hätte, indem er vor versammelter Familie den Kommentar: "Die ist wohl genau wie ihre Mutter.", von sich gab. Ich sprach meinen Vater nie darauf an, war jedoch tief getroffen, dass ich von meiner Familie, die es versäumt hatte, mich zu beschützen, nun auch noch gedemütigt wurde, weil ich mir Hilfe gesucht hatte. Wieder dieser Vergleich mit meiner Mutter, mit der ich doch so gerne überhaupt keine Ähnlichkeit haben wollte!

Der gegenwärtige Moment hatte mich wieder und ich war sprachlos über die Bilder, die ich gerade erhalten hatte. Nachdem wir uns später verabschiedet hatten und ich zurück in meinem Appartement war, setzte ich mich auf die Terrasse und lauschte dem Meer unter mir. Noch einmal ließ ich die Erinnerungen lebendig werden und stellte erstaunt fest, dass sie dieses ungute Gefühl ausgelöst hatten, dass mir zum ersten Mal nach der Ankündigung des Besuches aufgefallen war. Was haben wir für eine wunderbare Seele, dass sie genau in den richtigen Momenten ihren Mülleimer öffnete, um alte Last loszuwerden? Ehrfürchtig bedankte ich mich dafür bei der geistigen Welt und kommunizierte mit den Zellerinnerungen wie mit einem alten Freund. Gut gelaunt teilte ich mit, dass ich die Botschaft verstanden hatte und in den nächsten Tagen an der Löschung der negativen Glaubensmuster, die sich als ungebetene Gäste dort eingenistet hatten, arbeiten würde. Das ungute Gefühl in der Herzgegend verschwand sofort und somit wurde mir klar, dass sich diese verletzenden Erinnerungen auch genau dort abgesetzt hatten. Wie oft im

Leben hatte ich Bauchschmerzen oder andere Symptome gehabt, ohne erkennbaren Grund. Nun wusste ich, es gab IMMER Gründe und immer Chancen, diese heraus zu finden. Alles, was es brauchte, war die Kommunikation mit unserer Seele, dem Bauchgefühl, dem inneren Kind, Gott, oder was auch immer wir in uns Selbst anerkennen. Der göttlichen Intelligenz ist es völlig egal, was für einen Namen sie hat. Wichtig ist nur, DASS WIR MIT IHR, MIT UNS SELBST ins Gespräch kommen! Genau so, wie wir es als kleine Kinder jeden Tag getan haben! Bevor ich zu Bett ging, beschloss ich, den Widerstand gegen die Ähnlichkeit mit meiner Mutter aufzugeben. Ich betrachtete mich im Spiegel und konnte deutlich meine Mutter und meinen Vater darin erkennen. Und mich! Ja, ich ähnelte ihnen. Doch die Summe aus dieser Verbindung war ich. Und ich war völlig in Ordnung mit allen Anteilen, die man mir vererbt hatte. Die Verleugnung meiner Mutter in mir war hilfreich gewesen, denn sie hatte mich davor beschützt, es ihr tatsächlich gleicht zu tun und mich zu einer liebevollen Mutter werden lassen, die ihren Schmerz nicht an ihre Kinder weiter gab. Deshalb umarmte ich im Geiste liebevoll diese Schutzfunktion mitsamt der langen Speicherung in meiner Herzgegend. Doch es war eine Abschiedsumarmung, denn ich brauchte sie nicht länger.

All meine tiefsitzende Angst, so gewalttätig wie meine Mutter sein zu können, ließ ich nun gehen. Ich bat die geistige Welt, mir bei der Ablösung dieser alten Energie zu helfen. Denn wenn ich noch länger meine Mutter in mir ablehnte, lehnte ich am Ende auch noch länger MICH SELBST ab. Ich war ein Teil von ihr und ich richtete meinen Fokus in den nächsten Tagen bewusst auf das, was ich von ihr in mir trug und liebte. Denn erst durch diese Erfahrung wurde mir bewusst, dass es auch eine andere Seite der Medaille gab. Wo Schatten war, war auch Licht. Und ich gab dem Lachen, dass ich eindeutig wie sie lachte, dem kölschen Frohsinn, denn ich dankend als Erbe anerkannte, ihre Augen, die mir wunderbar standen und ihre Beine, deren Form sie den meinen vererbt hatte einen liebevollen Platz in meinem Herzen. Dort, wo vorher Schmerz festgesessen hatte, durfte jetzt die Schönheit ihres Erbes wohnen.

Kurz darauf schenkte mir meine Cousine, die von alldem nichts ahnte, einen Ring. Sie trug denselben und übergab mir meinen mit den Worten: „Jetzt haben wir etwas, das uns verbindet. Etwas Gleiches." Mein Herz weitete sich bis hinaus in Universum! Ich hatte einen weiteren Wundverband erhalten. Dieser VERBAND, unsere VERBINDUNG, hatte während unserer gemeinsamen Zeit auf Korfu Schmerz in Liebe verwandelt. Und sie hatte davon überhaupt nichts mitbekommen.

Ich bekam mehr, als nur diesen wunderschönen Ring. Ich bekam erneut Heilung in einem Maß, das ich mir niemals zu träumen gewagt hätte.

Und ich erhielt die Erkenntnis, dass ich meine Mutter liebe und ihre Anteile in mir willkommen heißen durfte! Die geistige Welt hatte mir einen so wunderbaren Menschen hierher geschickt, um mir erneut zu zeigen, dass Heilung immer und überall möglich ist und wir alles zur rechten Zeit erhalten!

Wir verbrachten noch einige herrliche Tage zusammen auf der Insel und unsere innige Verbundenheit bleibt weiter bestehen! Ich bin dem Himmel so dankbar für diesen Wund(er)verband!

Wenige Wochen später, als mein eigener Geburtstag nahte, den ich zum ersten Mal ohne meine Kinder oder meinen Lebensgefährten verbringen würde, machte ich mich auf zu der kleinen Kapelle, um ein wenig allein sein zu können. Ich verspürte erneut eine leichte Traurigkeit bei dem Gedanken an meine Eltern und schämte mich ein wenig dafür, da ich doch mit einem so wunderschönen Erlebnis Heilung auf einer sehr tiefen Ebene erhalten hatte. Als ich an einem Dornenbusch vorbei ging, fragte ich mich, ob ich selbst noch Dornen in meinem Herzen trug, die diese noch immer subtil vorhandene Traurigkeit erklären könnten. Meine Gedanken gingen zurück zu all den Geburtstagen, an die ich mich erinnern konnte. Bilder und Stimmen zogen an mir vorbei und ich stellte enttäuscht fest, dass es nicht einen vollkommen unbelasteten Geburtstag gegeben hatte. Mein Vater hatte oft nicht dabei sein können, da er außerhalb gearbeitet hatte und meine Mutter hatte sich zwar Mühe gegeben, an diesen Tagen zumindest nicht gewalttätig zu sein, jedoch hatte ich ihre Halbherzigkeit und die Unlust, mir einen schönen Tag zu bereiten, immer spüren können. Ich betrauerte die vielen verpassten Chancen als Familie und irgendwie auch mich selbst. Würde diese Traurigkeit denn nie ein Ende haben?

Als ich am Ende des Grats angekommen war und vor der zauberhaften Kapelle stand, um mir den Stein, den ich vor einigen Wochen hier abgelegt hatte, betrachten wollte, fand ich ihn nicht. Mein Magen wurde etwas flau und leicht gehetzt ging ich um das Gebäude herum, um ihn zwischen den vielen anderen zu suchen. Doch er war nicht mehr da! Den Tränen nahe fragte ich mich, wer denn einen Gedenkstein entfernen würde. Es schien mir unmöglich hier, an diesem friedlichen Ort. Wut stieg in mir auf und in diesem Moment hielt ich erstaunt inne. Warum war das Fehlen dieses Steines bloß so schrecklich für mich? Hatte ich nicht gerade noch daran gedacht, dass meine Eltern sich mit meinen Geburtstagen nicht besonders viel Mühe gegeben hatten?

Und dann sah ich ihn-den Dorn, der noch immer in meinem Herzen feststeckte, in einer sehr tiefen Schicht. Hätte er eine Aufschrift, so lautete diese: Wiedergutmachung! Erschrocken setzte ich mich in den winzigen Raum der Kapelle und betrachtete diesen Dorn eingehend. Nachdem ich all die Rachegedanken erfolgreich abgelegt hatte, fand ich letztendlich doch noch diesen Rest an Hoffnung auf Wiedergutmachung in mir. Und mit ihr einen weiteren Anteil meines inneren Kindes, das wartend daneben saß. Es war unglaublich, wie viele davon sich in mir verborgen hatten und ich fühlte sofort aufrichtige Dankbarkeit dafür, dass sie alle sich nach und nach zeigten. Es war Zeit, mir einzugestehen, dass ich in diesem Leben niemals einen weiteren Geburtstag mit meinen Eltern haben würde. Es schien paradox, doch es gab diesen Teil in mir, der irgendwie darauf wartete, etwas zurückzubekommen. Doch die, von denen dieses Kind das forderte, waren nicht mehr hier! Wenn ich diesen Stachel nicht zog, würde das Gefühl dazu auch nie enden.

Mittlerweile fiel mir die Arbeit mit dem inneren Kind so leicht wie Haare kämmen und ich schloss, während ich unter dem Bild der Mutter Maria mit dem Christus saß, meine Augen, um das kleine Kind von dem Dorn fort und auf meinen Schoß zu ziehen. Es war fantastisch, denn ich konnte fühlen, was ich gefühlt hatte in dem Alter dieses kleinen Mädchens. All ihre Enttäuschung darüber, dass ihr Papa nicht da war, sie morgens schon von ihrer Mutter angeschrien worden war, als sie zu früh in der Küche erschien und ihre Geschenke alle gesehen hatte, die unverpackt auf dem Tisch standen. Eine wahre Flut an Erinnerungen kam mir entgegen, während sich die Kleine in Gedanken Trost suchend an mich schmiegte. Leise erklärte ich, dass ihre Eltern gern anders gehandelt hätten, wenn es ihnen möglich gewesen wäre und dass sie völlig unschuldig an den familiären Umständen gewesen war. Und dass fortan jeder Geburtstag so gestaltet werden würde, wir es uns gefiel!

Deutlich konnte ich das weiche, weißblonde Haar der Kleinen spüren und ich drückte sie innerlich so fest an mich, wie ich nur konnte, um ihr zu zeigen, dass ich für sie da war. Alles, was dieses Kind von damals gebraucht hätte, konnte ich ihm nun geben. Und im Gegenzug durfte es mir nach und nach auch die letzten geheimen Verletzungen anvertrauen, die es noch verborgen hielt. Aus Angst, aus Scham, aus Verzweiflung und Unverständnis. Ich war nun erwachsen und würde das kleine Mädchen, das teilweise noch so lebendig in mir war, nie wieder zurücklassen!

Nachdem ich noch eine Weile dieses Gefühl der Geborgenheit, die ich nun mir selbst geben konnte, genossen hatte, verließ ich den stillen Gebetsraum und trat nach draußen. Ich wusste nun, warum

das Fehlen des Steines mir so zugesetzt hatte. Mit all meiner
Liebe zu meinen Eltern, die ich ungebrochen für sie empfand,
hatte ich ihn bemalt und gleichzeitig damit den noch festsitzenden
Dorn der Hoffnung auf Wiedergutmachung gelockert. Als ich
schon auf dem Rückweg war, fiel mein Blick nochmals auf die
Stelle, an der ich den Stein abgelegt hatte. Und ich stockte.
Dort lag er doch, ich konnte deutlich aus diesem Blickwinkel die
besondere Form erkennen. Mein Herz hüpfte vor Freude kurz
heftig und mit einem Satz war ich an der besagten Stelle, um den
Stein aufzunehmen. Doch-er war weiß! Ich traute meinen Augen
kaum und begann erneut zu zweifeln, ob dies wirklich der
Gedenkstein war. Doch an der Unterseite konnte ich noch einen
winzigen Rest Farbe erkennen, kaum sichtbar. Es war mir ein
Rätsel, wie er wieder hatte weiß werden können. Die Stifte, die ich
benutzt hatte, waren wasserfest und extra für diesen Zweck
gemacht. Und nun sah es aus, als hätte ich ihn nie bemalt und
beschriftet.

Wie konnte dies sein? Ich hatte keine Erklärung und legte ihn
höchst erstaunt wieder ab, während ich seine Reinheit, sein Weiß
und die Sauberkeit bewunderte. Obwohl es nicht geregnet hatte,
war er blitzeblank. Ich nahm es als Zeichen für mich. Dafür, dass
auch mein „beschriftetes" Herz, meine Vergangenheit, wieder
strahlend werden konnte. In dem ich alles so akzeptierte, wie es nun

einmal war. Diese Dinge waren passiert. Doch dies war vor langer Zeit und ich lebte JETZT! Ich durfte vorwärts gehen und alle den Segen genießen, den die geistige Welt für mich bereit hielt!

Auf dem Rückweg entdeckte ich einen Stein in Herzform, den ich auf dem Hinweg übersehen haben musste und fing an zu lachen. Vorher hatte ich den Dornenbusch wahrgenommen, nun lag mitten auf dem Weg dieses schöne Herz. Wie sehr bewies dies einmal mehr, dass wir unsere Realität selbst gestalten, die Freiheit haben, unser Bewusstsein auf Positives oder Negatives zu richten. Auf dem Hinweg war ich im Verstand, in der Vergangenheit unterwegs gewesen und hatte Dornen gefunden. Jetzt war ich im Herzen unterwegs, in meinem Fühlen und fand-Liebe!

Nun freute ich mich darauf, in wenigen Tagen wieder einmal geboren zu werden und wusste, es würde wunderbar!

EIN KLANG

So erlebte ich fortan eine neue Realität, die, die hinter dem Schleier unserer Scheinwelt existiert und war immer weniger überrascht von den alltäglichen Wundern, die mir wiederfuhren. Mir wurde bewusst, dass diese Welt einfach immer existiert hatte und ich mich durch mein Gefühl des Getrenntseins lediglich selbst scheinbar von ihr abgeschnitten hatte. Doch es war ein Irrtum, ein anerzogener, gesellschaftlicher Irrtum, der uns ganz einfach von Kindesbeinen an einprogrammiert wird. Der Fehlglaube, das Anerkennen von lediglich materiellen Dingen, die wir sehen und anfassen können, ist von der Gesellschaft gewollt, damit wir möglichst klein gehalten werden und folgsam funktionieren können. Entdecken wir, was wir wirklich sind, ist nichts mehr unmöglich. Dann sind wir im Paradies angelangt, hier auf Erden. Und dies ist letztendlich unsere Bestimmung, unser Geburtsrecht. Die Entdeckung der Tatsache, dass wir geistige Wesen sind, ist weder neu noch zweifelhaft. Wissenschaft und Quantenphysik stimmen heute darin überein, dass wir zu über 90% aus Energie bestehen und wir Schöpfer sind, mit unendlichem Zugriff auf das göttliche Potential. Es kommt uns nur so lange abstrus vor, bis wir beginnen, aus unserer Programmierung auszusteigen und

Mit der Zeit wurde es zur täglichen Gewohnheit, mit der geistigen Welt in Kontakt zu sein. Ich begann eine weitere energetische

Ausbildung, die mir helfen sollte, diese Verbindung nach meinem Bedürfnis herzustellen oder auch geschlossen zu halten. Denn es kann durchaus verwirrend sein, wenn man mit Freunden zusammen sitzt und ein geistiges Wesen aus dem Nichts auftaucht, um einem etwas zu übermitteln. Ich möchte dann einfach meinen Freunden zuhören und im Alltag zuhause sein. Die Ausbildung, die ich während eines kurzen Aufenthaltes in Deutschland bei Sarah begann, eröffnete mir einmal mehr Zugänge und Techniken, die ich wunderbar in mein neues Erleben integrieren konnte.

An einem unserer Ausbildungstage erfragten wir unser spirituelles Komitee, welches und während unseres gesamtes Lebens begleitet und unterstützt, ob wir uns dessen bewusst sind, oder nicht. Ich lag entspannt auf der Behandlungsliege, während eine andere Teilnehmerin die Mitglieder dieses Kommitees bei mir ermittelte. Meine Augen waren geschlossen, als ich plötzlich bemerkte, dass es an einer Seite der Liege hell und warm wurde. Ich öffnete die Augen und traute selbigen nicht. In helles Licht getaucht nahm ich dort gleich eine ganze Reihe geistiger Wesen wahr, die sich versammelt hatten und mich liebevoll betrachteten. Wie immer bei diesen Begegnungen liefen mir Freudentränen übers Gesicht. Doch ich sagte nichts, denn hier hatte ich Gelegenheit, meinem immer noch während dieser Erlebnisse verwirrten Verstand zu beweisen, dass diese Welt parallel zu unserer ebenso real existierte. Ich wollte gerade Sarah rufen, um sie zu fragen, ob auch sie etwas wahrnahm, als die Teilnehmerin, die die Mitglieder bei mir ermittelte, verzweifelt preis gab, dass sie nicht weiter kam. Sie sah mich an und erklärte, dass unvermittelt alles still geworden sei und sie an sich zweifelte. Lächelnd sah ich sie an und antwortete, dass alles in Ordnung sei. Sie war genau in dem Moment unterbrochen worden, als ich die Präsenz dieser wunderbaren Geschöpfe wahrgenommen hatte. Also rief ich nach Sarah und fragte, ob sie ebenfalls etwas sehen konnte. Sie war kaum in der Nähe, als sie ebenfalls diese liebevolle Präsenz spürte und zwar genau dort, wo auch ich sie sah.

Erleichtert ließ ich mich auf die Liege zurückfallen und dankte diesen Wesen für ihr Erscheinen. Ich hatte diese kurze Bestätigung einfach gebraucht, um meinen Verstand zur Ruhe zu bringen. Erneut schloss ich die Augen und ließ mich ein in diese göttliche Gegenwart, die mein Innerstes mit tiefem Frieden und Ehrfurcht erfüllte. Die Außenwelt nahm ich nicht mehr war, ich fühlte mich getragen von dieser Liebe und dem Licht um mich herum.

SEELENBEBEN

„Ich bin gegangen, nur einen kleinen Schritt und gar nicht mal weit.

Und wenn Du dorthin kommst,

wo ich jetzt bin, wirst Du dich fragen,

warum Du geweint hast."

Gerade, als ich am scheinbar schwersten Kapitel schrieb, über den Suizid meiner Mutter und mich den damit aufkommenden Erinnerungen stellte, geschah das Unfassbare:

Wieder bekam ich einen Anruf.

Wieder hatte sich jemand, den ich liebte, das Leben genommen!

Mein eigenes Leben hatte nach vielen Jahren der gefühlten Talfahrt endlich Fahrt in Richtung Gipfel aufgenommen. Diese wunderschöne Insel Korfu mit ihrer heilenden Energie war eindeutig mein Seelenort und meine Arbeit begann, Früchte zu tragen. Täglich buchten wunderbare Menschen Einzelsitzungen und die Gruppenmeditation mit der holographischen Delphintherapie war erfolgreicher, als ich es mir je zu träumen gewagt hatte. Ich fühlte mich zentriert, vollkommen in meiner Mitte und war mir bewusst, welches Geschenk ich mir selbst mit meiner damaligen Bauchentscheidung, auf gut Glück diese Insel zu besuchen, gemacht hatte. Das Vertrauen, dass ich in das Leben und das Universum gesetzt hatte, als ich mit dem nötigsten im Gepäck zum ersten Mal im Leben überhaupt alleine eine so weite Fahrt auf mich genommen hatte, war mehr als belohnt worden.

Die Menschen, die sich hilfesuchend an mich wandten, gingen leicht und begeistert aus den Sitzungen heraus und das Feedback, das ich erhielt, stärkte meine Zuversicht, dass all mein Leid, das ich in 20 Jahren eigener Therapie und verschiedenster alternativen Heilmethoden transformiert hatte, letztendlich einen Sinn ergab: Ich konnte mein Wissen um die Möglichkeit der Heilung, selbst nach schwersten Traumata, weitergeben. Mehr noch: meine Klienten vertrauten mir, wie sie sagten, weil ich authentisch war. Ich WUSSTE, wovon sie sprachen und hatte einst gefühlt, was sie nun fühlten. In meiner täglichen Meditation dankte ich meiner höheren Führung, meinem Selbst, demütig für all diese wunderbaren Frauen und Männer, die meinen Weg kreuzten und deren Hände ich für eine Weile halten durfte. Mein Herz quoll über vor Glück ob der unendlichen Weisheit der Quelle, des All-Eins, das uns alle lenkt auf unserem Weg, wenn wir denn nur darum bitten. Demut erfasste mich, wenn mir bewusst wurde, welche Möglichkeiten uns die große Göttlichkeit zur Verfügung stellte, damit wir zu ihr zurückfanden. Um letztendlich festzustellen, dass wir nie von ihr getrennt waren, sondern in der Illusion der Trennung gelebt und somit unendliches Leid und Schmerz erfahren hatten. Ja, ich war glücklich, angekommen, zurückgekommen in das Zuhause unserer aller Seelen-der Quelle.

Ich war im Fluss!

Und dann kam dieser Anruf.

Dann kam das Beben.

Meine Schwester hatte sich erhängt.

Der Anruf kam an einem Mittwoch. Es war mein freier Tag und gerade war ich in der Stadt angekommen, um dort mit Freunden den Nachmittag zu verbringen. Ausgerechnet meine Tochter musste mir diese Botschaft überbringen, wo ich doch so sehr bemüht gewesen war, meine Kinder niemals in die wirre Energie meiner Herkunftsfamilie zu verwickeln. Eine weitere Illusion, wie sich später herausstellte.

Entsetzt und mit spürbarer Angst und Unsicherheit über meine Reaktion, teilte sie mir mit, dass ein Brief vom Gericht gekommen sei, in dem man mir den Tod meiner Schwester mittteilte. Es war August und sie war bereits Ende April verstorben. Woran, stand dort nicht geschrieben, doch ich wusste es sofort. Sie hatte sich das Leben genommen. Dieses Wissen erhielt ich in dem Moment nicht aus meinem Verstand, es kam aus der Quelle. Unvermittelt und glasklar. Ein Automatismus schaltete sich umgehend ein und ich beruhigte meine Tochter, damit sie aus der Angst um mich herauskam. Mit ruhiger Stimme sagte ich ihr, dass ich sie in wenigen Minuten zurückrufen würde und beendete das Gespräch. Erst dann schrie ich. Es schoß aus mir heraus und ich begann laut zu weinen. Mein Körper zitterte unkontrolliert und sofort kamen mir meine Freunde zur Hilfe. Ohne etwas erklären zu müssen, wurde ich einfach gehalten. Intuitiv war ihnen natürlich klar, dass etwas Schreckliches passiert sein musste und sie waren einfach für mich da.

Die unterschiedlichsten Gedanken schossen mir in den Kopf, ich bemerkte, wie mein Verstand begann, die Kontrolle zu übernehmen. „Es kann nicht wahr sein. Es muss eine Verwechslung vorliegen." Und dann immer wieder ihr Name. Wie ein Echo schallte er zusammen mit einem verzweifelten NEIN durch meinen Kopf. Mein Herz hatte sich zusammengezogen und ich nahm noch wahr, wie meine Verbindung zur Quelle abriss, dass ich mich entfernte von meinem als sicher eingeschätzten Vertrauen in die Göttlichkeit, zurückkatapultiert wurde in meinen Verstand und meinen Körper. Weg von der Verbindung zu meinem Herzen und meiner Seele.

Alles bebte!

Alles schmerzte!

Meine Seelenverbindung war offline und ich begann, wie ein Roboter zu funktionieren.

Nachdem ich meine Tochter zurückgerufen und ruhig mit ihr die weiteren Schritte besprochen hatte, bedankte und verabschiedete ich mich von meinen wunderbaren griechischen Freunden, die mich so liebevoll und stärkend erstversorgt hatten und machte mich auf den Heimweg. Wie ich die Fahrt von etwa 45 Minuten bis dahin verbrachte, weiß ich heute nicht mehr. Im Nachhinein kann ich hier wieder einmal nur Dankbarkeit empfinden, denn dass ich sicher und heile am Ziel ankam, habe ich diesem unglaublichen Schutz, der uns immer zur Verfügung gestellt wird, zu verdanken.

In meinem Appartement angekommen war mir klar, dass ich nach Deutschland zurück musste. Meine Kinder brauchten mich. Und ich brauchte sie. Und ich musste die Nachlassangelegenheiten klären. Zu meiner Trauer, die ich noch nicht bewusst wahr nahm und die sich dennoch wie ein schwarzer Schleier über mich gelegt hatte, kam die Angst um meinen Job und meine Arbeit mit den Gästen, die mir so wichtig geworden und ans Herz gewachsen war. Zur Hochsaison meine Kollegen im Stich zu lassen ließ mich noch mehr verkrampfen, denn die Energie im Hotel war keine besonders gute und ich ahnte intuitiv, dass auch hier irgendetwas auf mich zukommen würde. In welchem Ausmaß und was das letztendlich für mich bedeuten würde, konnte ich zu diesem Zeitpunkt nicht erahnen.

Also besprach ich alles Nötige mit der Hotelleitung und war sogleich entsetzt über die Kälte und Gleichgültigkeit, die mir hier entgegenschlug. Eigentlich war mehr als klar, dass dies nicht mein Platz war und ich für Menschen arbeitete, die alles andere als spirituell waren. Dennoch waren die Gäste wundervoll und ich schluckte meine Erkenntnis einfach hinunter, um sie unverdaut mit all dem anderen Kummer vorerst zu ignorieren. Ich hatte einfach nicht die Kraft, hier für irgendetwas Klärendes noch Energie aufzubringen, denn ein ungutes Gefühl sagte mir, dass ich meine Ressourcen für die nächste Zeit weise enteilen müsste, um den Verlust meiner Schwester verarbeiten zu können. Hier griff ein Bewusstsein, das ich mir über so viele Jahre erarbeitet hatte und schützte mich davor, den Verstand zu verlieren. Der Roboter, mein Verstand, war gut geschult worden und ich wickelte alles Notwendige so schnell wie möglich ab. Am nächsten Tag bereits würde mein Flug nach Deutschland gehen. Obwohl ich gelähmt und abgeschnitten von meinem Herzen war, nahm ich sehr deutlich zur Kenntnis, wie meine Kollegen und die Hotelleitung mit mir umgingen. Es faszinierte mich, wie sehr ich mittlerweile in der Lage war, meinen inneren Beobachter aktiv zu halten, während alles andere auf Automatik geschaltet zu sein schien.

Einige Mitglieder des Hotelteams waren wunderbar herzlich und gaben mir so viel Unterstützung und Umarmungen, wie sie aufbringen konnten. Dankbar nahm ich dieses Geschenk an. Die restliche Gefühlskälte Anderer nahm ich bewusst wahr und verstand, dass sie in sich einfach so verkümmert waren, dass ja nicht einmal sich selbst lieben konnten. Es war ihr Problem, dass auf menschlicher Ebene nichts zu geben hatten, nicht meines.

Mit diesem Wissen und etwas erstaunt darüber, dass ich diese Tatsache gerade jetzt erst wirklich wahrnahm, verließ ich schweren Herzens für eine Woche, die ich Urlaub bekommen hatte, diese wundervolle Insel mit all den Herzensmenschen, die ich so sehr liebte. Im Flugzeug weinte ich hemmungslos, denn alles in mir sträubte sich dagegen, mich der Wahrheit über diese erneute Katastrophe in meinem Leben, stellen zu müssen. Doch niemand konnte diesen Weg für mich gehen. Es war meiner!

SPINNENNETZE

„Den ohne Wurzeln wird der Wind davontragen!"

(unbekannt)

In Deutschland angekommen wartete ich am Bahnhof auf den Zug, der mich in meine Heimatstadt bringen sollte. Da es auf Korfu unsagbar heiß gewesen war, trug ich ein kurzes Sommerkleid. Nach nur wenigen Minuten wurde ich von mehreren Männern in einer Gruppe angesprochen, in einer Sprache, die ich überhaupt nicht verstand. Verwirrt versuchte ich zu erkennen, was sie eigentlich von mir wollten und sagte einige Male vorsichtshalber laut „Nein", als ein anderer Mann hinzukam und die Gruppe mit den Worten: „Habt ihr nicht gehört, dass sie Nein gesagt hat!" auflöste. Sofort gab er sich mir gegenüber als Zivilbeamter zu erkennen und riet mir, etwas über mein Kleid zu ziehen. Ich sah an mir hinunter. Es war zwar ein kurzes Kleid, dennoch ein einfaches sogenanntes Hängerchen, dass ich für wenig aufreizend hielt. Dennoch tat ich, wie mir geheißen und fragte den Beamten nach den Hintergründen für seinen Ratschlag. Ich erhielt eine umfassende Auskunft darüber, dass ca. 30 zivile Polizisten am Bremer Bahnhof und in den Zügen für die Sicherheit von Frauen sorgte, da es seit dem Flüchtlingsstrom vermehrt zu sexuellen Übergriffen gekommen war. Auch, dass man junge Mädchen entführt hatte, was man einer Schlepperbande zuschrieb.

Ich war entsetzt!

Der Beamte versprach, bei mir zu bleiben, bis mein Zug käme und wir unterhielten uns weiter über dieses für mich unbekannte Thema. Auch darüber, wie sehr von offizieller Seite versucht wurde, den Mantel des Schweigens über diese Vorfälle zu decken, damit man kein Öl ins braune Feuer gieße. Es waren schließlich nicht die Flüchtlinge, die diese Taten begangen, sondern die Beigabe, die unkontrolliert ins Land floss.

Wie wichtig dieses Thema in den kommenden Monaten noch durch die Vorfälle der Silvesternacht in Köln und auch für mich persönlich werden würde, ahnte ich in diesem Moment am Bremer Bahnhof nicht einmal ansatzweise. Alles, was ich wusste war, dass ich in eine merkwürdig klebrige Energie zurückkam, die mir in meiner jetzigen Situation alles andere als gut tun würde. Auf Korfu kannte ich keine Angst vor Übergriffen oder sexuellen Belästigungen. Niemand hatte mich auch nur ein einziges Mal gegen meinen Willen angefasst oder versucht, zu etwas zu nötigen. Diese Tatsache wurde mir gerade in diesem Moment erst vollkommen bewusst. Vergewaltigungen kamen an meinem Seelenort einfach nicht vor. Dort herrschten eisige Gesetze, wenn es zu solchen Vorfällen kommen sollte und ganz davon abgesehen, waren die Griechen zwar hinter dem Rock her, wie der Teufel hinter der Seele, doch taten sie dies auf eine äußerst charmante, etwas bübische Art und niemals mit Gewalt. Das wäre vollkommen gegen ihre Natur.

Einmal mehr wünschte ich mir, ich wäre nicht in diese Situation geraten, das Schicksal hätte nicht noch einmal zugeschlagen und Angst kroch in mir hoch, dieser Energie in meinem Heimatland nicht gewachsen sein zu können. Ich konnte es kaum erwarten, diese eine

Woche hinter mich zu bringen und zurück auf die Sonneninsel zu fliegen.

Doch alles sollte vollkommen anders kommen und wenn mir in diesem Moment der Rückkehr nach Deutschland jemand gesagt hätte, was in den nächsten Monaten auf mich warten würde, ich hätte schlicht und einfach aufgegeben, denn diese Aufgabe hätte ich mir nicht zugetraut!

Als ich endlich in der Wohnung meiner Tochter angekommen war, begann ich mich ein wenig zu entspannen. Die Gegenwart meiner Kinder tat mir gut und ich merkte, wie froh sie waren, mich unversehrt zu empfangen. Ich spürte, dass der Suizid meiner Schwester eine große Angst um mich in ihnen ausgelöst hatte und diese Tatsache machte mir das Herz noch schwerer. Dass ich dieses Familienpaket zu tragen hatte, war eine Sache. Doch das meine Kinder daran mittragen sollten, konnte und wollte ich nicht akzeptieren. Zu sehr war ich seit ihrer Geburt darum bemüht gewesen, sie aus diesem Sumpf herauszuhalten, war mit ihnen in einen anderen Ort gezogen, damit sie nicht mit diesem Stempel, unter dem ich als Kind so gelitten hatte, aufwachsen mussten. Auch mit diesem Thema sollte ich in den kommenden Monaten konfrontiert werden, denn es ist eine Illusion, wenn wir glauben, dass unsere Kinder vor dem Familiensystem, dass wir hinter uns lassen wollen, geschützt seien. Im Gegenteil. Es gilt zu akzeptieren, dass auch sie ihren Seelenplan haben und genau deshalb in unser Leben gekommen sind. Sie sind ein Teil des morphischen Feldes, in dem wir leben und wenn auch nur deshalb, damit wir versuchen, diese ungesunden Familienstrukturen zu entwirren, zu erlösen.

Denn wenn wir zu wenig in der Selbstliebe sind, um uns heilen zu wollen, so lieben wir doch unsere Kinder in einem Maße, dass uns als Motor dienen kann, ganz in die Heilung zu gehen.

In meiner persönlichen Entwicklung hat meine frühe Schwangerschaft dazu geführt, mit 19 Jahren bereits nach einem Therapieplatz zu suchen, da ich mit den ersten Schwangerschaftshormonen einen solchen Mutterinstinkt entwickelte, dass ich meine Kinder um jeden Preis vor meinen damals noch anhaftenden Energien aus Missbrauch und Ohnmacht schützen wollte. Natürlich hatte ich zu der Zeit noch lange nicht das Bewusstsein, das ich heute habe. Aber etwas in mir war bereits wach und ich handelte instinktiv richtig, als ich meine bevorstehende Mutterschaft zum Motor meiner Heilung machte. Nur, wenn wir uns selbst heilen, können die Menschen, die wir lieben und für die wir verantwortlich sind, ebenfalls heil sein! Heute bin ich meinen beiden wunderbaren Töchtern unendlich dankbar, dass sie sich für ein Leben mit mir entschieden haben, denn dies bedeutete auch für sie ein großes Maß an Wachstum. Und das war bestimmt nicht immer leicht!

Während meiner Woche in Deutschland konnte ich bei weitem nicht so viel regeln, wie ich mir vorgenommen hatte. Denn in Gegenwart meiner Kinder begann ich mich zu entspannen und diese Entspannung brachte meine Trauer ein erstes Mal ein wenig zum Vorschein. Und es war ein gigantisches Ausmaß, das hier an die Oberfläche kam. Ich fühlte mich paralysiert, wie das Kaninchen vor der Schlange. Unfähig, mich in irgendeine Richtung zu bewegen. Seit 5 Jahren hatte ich keinen Fernseher mehr gehabt, jetzt lag ich fast den ganzen Tag auf dem Sofa meiner Tochter und sah sinnleere Serien. Alles schien wie Wolken am Himmel an mir vorbeizuziehen. Ich war vollkommen erschöpft und verweigerte insgeheim die Auseinandersetzung mit dem Tod meiner Schwester. Im Grunde war ihr Tod auch hier nicht real, denn sie hatte seit Jahren mit niemandem außer mir noch Kontakt gehabt. Zum Glück auch nicht mit meinen Kindern, denn das sorgte dafür, dass sie zwar schockiert waren über die Art ihres Todes, jedoch mangels inniger Bindung nicht allzu sehr trauerten. Was sie wirklich belastete war, dass ich einen solchen Tod ein zweites Mal zu verkraften hatte. Doch ich sagte ihnen, dass ich gut damit umgehen könne und sie in keinster Weise Sorge für mich tragen sollten. Ich wusste, dass dies leere Worte waren, die nur aus meiner Verantwortung als Mutter gegenüber meinen Kindern aus mir hervorkamen. Und meine Töchter spürten zu diesem Zeitpunkt wahrscheinlich schon besser als ich, in welchem Schockzustand ich mich tatsächlich befand. Sie sorgten sich völlig zu Recht. Nur war ich die einzige, die dies nicht realisierte.

Nachts lag ich lange wach und versuchte zu verstehen, warum ich nicht gefühlt hatte, dass meine Schwester tot war. Wie konnte es sein, dass ich 3 Monate nichts von ihr hörte und mir keine Sorgen machte? Zu der altbekannten Angst, die ich abgelegt hatte, als ich nach Korfu ging und die jetzt mein Herz erneut fest umklammerte, kam ein Fels von Schuldgefühlen hinzu, die mir die Kehle zuschnürten. Es brauchte eine Weile, bis ich mich traute, in meinen Whatsapp Nachrichten zu überprüfen, wann ich eigentlich den letzten Kontakt mit Heike gehabt hatte. Zu groß war die Angst, dass ich, wie damals bei meiner Mutter, verzweifeln würde an dem Gefühl, dass ich allein die Schuld an ihrem Tod trug. Natürlich sagte ich mir immer wieder, dass dies Unsinn sei und ich mich unmöglich verantwortlich zu fühlen hätte, für die Suizide meiner Mutter und meiner Schwester. Doch auch, wenn ich mir dies täglich vor Augen hielt, so wusste ich doch, dass ich innerlich wieder einmal die volle Verantwortung für die Katastrophen in meiner Familie übernommen hatte.

Als ich endlich meine Nachrichten überprüfte, stellte ich fest, dass ich Heike zuletzt an ihrem Geburtstag geschrieben hatte, um ihr zu gratulieren.

„Alles Liebe zum Geburtstag, Schwesterchen.“

Und dann las ich ihre Antwort:

„Danke. Aber 50 ist nicht gut. Gar nicht gut.“

Ich weiß noch, dass ich damals dachte:„Du liebe Güte, sie hört sich an, wie Mama. Dabei wollte sie doch nie so sein und hat sich über Mamas Probleme mit dem Älterwerden immer aufgeregt.“

Doch ich wollte mich nicht auf eine Diskussion mit ihr einlassen. Ich wusste, dass ich mit keinen noch so positiven Argumenten gegen die chronisch negative Einstellung meiner Schwester ankommen konnte. Es hatte viele Jahre gedauert, Tränen der Enttäuschung und Energie gekostet, bis ich zu dieser Einsicht gelangt war. Als Kind hatte ich meine große Schwester vergöttert. Alles, was sie sagte und tat, war mir heilig. Sie war fast 10 Jahre älter und es war deshalb nur natürlich, dass sie mir als Vorbild diente. Besonders, da unsere Mutter diese Funktion nicht erfüllen konnte. Sie war jedoch für mich nie ein Mutterersatz, da meine Schwester schon immer emotional unzugänglich war. Sie hatte nach der Scheidung meiner Mutter von

Heikes Vater eine Mauer um sich errichtet, die niemand je wirklich hatte einreißen können. Später erzählte sie mir oft, dass sie sehr eifersüchtig auf mich war, denn ich war immer das niedliche und angepasste Kind gewesen und sie die Rebellin.

Diese Rollen kehrten sich um, als ich zum Teenager heranwuchs. Denn im Gegensatz zu meiner Schwester, die ihr Abitur und ein Studium von ihrem Vater finanziert bekam, verweigerte mir mein Vater diesen Werdegang. Als ich mich nach dem Realschulabschluss auf dem Gymnasium anmeldete, verbot er mir schlichtweg diesen Wunsch, da ich zeitgleich eine Zusage von der Bundespost für eine Ausbildung erhalten hatte. Damals konnte ich dieses Verhalten meines Vaters überhaupt nicht nachvollziehen, heute weiß ich, dass ich damit etwas zwischen ihm und seinem Vater wiedergutmachen sollte. Nur eine weitere tragische Verstrickung, die aufzeigte, wie krank dieses Familiensystem war. Mein Großvater leitete einst die Post in seinem Dorf und war von meinem Vater sehr enttäuscht, da er einen anderen Weg gegangen war. Nun fuhr mein Vater mit mir zu meinen Großeltern und verkündete stolz, dass ich zur Post gehen würde. Was für ein Opfer, dass er da brachte. Mich!

Da ich kreuzunglücklich mit dieser Situation war, beschloss ich, nicht zur Post zu gehen und mutierte zur Rebellin. Wenn ich mein Abitur nicht bekam, dann würde ich auch sicher nicht den Kopf für alte Familienfehden hinhalten. So bewarb ich mich kurzerhand noch auf eine andere Stelle und sagte heimlich bei der Post ab. Mein Vater war sehr enttäuscht, sagte aber nichts. Heute denke ich, er hat damals eingesehen, dass ich nicht wieder gut machen konnte, was zwischen ihm und seinem Vater geschehen war.

Somit war ich fortan das schwarze Schaf der Familie und meine Schwester, die ihr BWL Studium absolvierte, rückte auf meinen Platz. Eifersucht spürte ich dennoch nicht, denn ich hielt uns weiterhin für Verbündete im Kampf gegen die Übergriffe meiner Mutter. Dass meine Schwester viele meiner Geheimnisse an meine Mutter verriet, die ich ihr anvertraute, bemerkte ich erst sehr spät. Dieses Aufwachen war hart und die Enttäuschung groß. Ich hatte ein völlig falsches Bild von unserer geschwisterlichen Beziehung gehabt und als sich diese Illusion auflöste, verlor ich vollends den Halt. Ich fühlte mich verraten und hatte den letzten Anker in dieser Familie verloren. Aus heutiger Sicht weiß ich natürlich, dass sie nie ein Anker hatte sein können. Denn auch sie war einfach nur ein Kind, dass versuchte, in dieser Familie zu überleben. Da sie allerdings nie dem körperlichen Missbrauch durch meine Mutter ausgesetzt gewesen war, hatte ich dies schlichtweg einfach nicht realisiert.

Wir sprachen für viele Jahre kein Wort miteinander und ich vermisste sie sehr. Doch ich wusste auch, dass das, was ich vermisste, nie wirklich existiert hatte. Wenn wir jemals wieder Kontakt haben würden , mussten wir unsere Beziehung zueinander aufarbeiten. Und so rief ich sie nach 5 Jahren irgendwann an und sie freute sich wirklich sehr. Wir trafen uns für eine lange Zeit regelmäßig und führten lange Gespräche über unsere Kindheit. Gegenseitig baten wir uns um Verzeihung für die Verletzungen, die wir einander bewusst und unbewusst zugefügt hatten und verstanden uns besser als je zuvor.

Doch wir hatten die Rechnung ohne das zerstörerische Bewusstsein unserer Herkunftsfamilie gemacht!

Das Verhältnis zu meinem Vater, der auch für meine Schwester eine wichtige Bezugsperson war, verkümmerte nach dem Tod meiner Mutter durch seine neue Beziehung nahezu jämmerlich. Wir spürten beide, dass wir nicht wirklich erwünscht waren in unserem ehemaligen Zuhause. Zumindest nicht von seiner neuen Lebensgefährtin, die Intrigen gegen uns sponn, die eher in eine Seifenoper passten, als in die Realität. Mein Vater war noch immer nicht in seiner männlichen Kraft und hatte dem kaum etwas entgegen zu setzen. Geburtstage oder andere Feierlichkeiten waren der reinste Spießrutenlauf und jeder war froh, wieder gehen zu können. Gleichzeitig sehnten sowohl meine Schwester als auch ich uns nach einem Familienleben mit meinem Vater. Es war ein Teufelskreis.

Wir waren zwei hilflose Kinder in erwachsenen Körpern auf der Suche nach etwas, das wir nie haben würden: eine heile Familie!

Das Buhlen um die Zuneigung meines Vaters hatte zur Folge, dass meine Schwester eines Tages wieder in ihr Muster verfiel und etwas ausplauderte, das unter uns hatte bleiben sollen. Wieder fühlte ich mich verraten und wieder brach der Kontakt ab. Durch die vielen Therapien, die ich durchlaufen hatte, war ich mittlerweile in der Lage, diese Strukturen viel besser zu erkennen und auch zu wissen, dass sie einfach aus ihrer Situation heraus nicht anders handeln konnte.

Deshalb nahm ich den Kontakt alsbald wieder auf, sagte ihr jedoch, dass ich aus den Umständen heraus einen innerlichen Abstand halten wolle und ihr nicht das Vertrauen entgegenbringen konnte, dass ich einst zu ihr hatte. Von nun an erfuhr sie nur noch belanglose Dinge aus meinem Leben und ich weiß nicht, wem dies mehr weh tat. Ihr oder mir. Doch wenn ich Heilung wollte, musste ich mich auf emotionaler Ebene von meiner Familie fer halten und akzeptieren, dass sie mir nicht geben konnten, was ich so sehnsüchtig suchte.

Irgendwann brach meine Schwester den Kontakt zu meinem Vater dann ab. Sie erklärte, sie könne die Intrigen der neuen Lebensgefährtin und die Schwäche meines Vaters nicht länger ertragen. Von nun an trafen wir uns in unregelmäßigen Abständen und nachdem eines Tages ihr Vater verstorben war, wurden diese Treffen für mich zur Qual. Sie hielt stundenlange Monologe über unsere Kindheit und wie schrecklich das alles gewesen sei, verteilte Schuldtüten und versicherte mir, dass unser Leben niemals gut werden würde, da wir mit all diesen Erinnerungen und dem Suizid meiner Mutter leben mussten. Sie hasste meine Mutter dafür und schimpfte darüber, dass sie sich feige aus dem Leben geschlichen habe, ohne dass wir die Möglichkeit gehabt hätten, sie zur Rechenschaft zu ziehen für die Qualen, die sie uns bereitet hat.

Da ich bereits ein anderes Bewusstsein für alle diese Vorfälle und eine völlig neue Sicht auf unsere Kindheit hatte, durch die Therapien und meine eigenen mühsame Verarbeitung der Erlebnisse, kamen ihre Argumente nicht mehr bei mir an. Nahezu bei jedem Treffen bat ich sie, einen Therapeuten aufzusuchen, um einen Weg in die Heilung zu finden. Doch sie lehnte dies vehement ab. Sie sei einfach zu intelligent für eine Therapie und könne sich die Fachbücher selbst besorgen und sich alleine heilen. Ich hielt dies für äußerst gefährlich, kam aber nicht im entferntesten auf den Gedanken, dass sie sich eines Tages auch das Leben nehmen würde, da sie meine Mutter dafür so sehr verurteilte und schließlich wusste, wie sehr die Zurückgebliebenen unter dieser Tat leiden würden.

Nach jedem Treffen ging es mir schlechter, denn ich nahm immer mehr Wut und Hass bei Heike wahr. Sie sprach oft in einem zischenden Ton über unsere Eltern oder ihren Vater und ich versicherte ihr, dass ich auch hin und wieder wütend war, wenn Erinnerungen mich einholten. Doch ich versuchte auch, ihr klar zu machen, dass diese Wut ein Ventil brauchte, denn anderenfalls würde sie einem am Ende nur selbst schaden. Doch all meine Worte drangen überhaupt nicht zu ihr durch. Ihre Mauer war nur noch dicker geworden und als sie mich immer wieder darauf hinwies, dass auch mein Leben aus ihrer Sicht niemals gut werden würde, zog ich unsere Treffen immer weiter auseinander. Ich hatte gelernt, dass ich Menschen nicht ändern konnte und ich nicht verantwortlich dafür war, dass meine Familienmitglieder den Schritt in die Heilung nicht gehen, sondern im Opferdasein verharren wollten.

So beschränkte sich unser Kontakt bald auf gelegentliche Nachrichten über das Handy und auch diese waren allesamt negativ von ihrer Seite. Irgendwann fand ich mal ein altes Foto von ihr und unserer Cousine, auf dem sie beide sehr klein und wirklich niedlich waren. Als ich es ihr schickte mit den Worten, dass dies doch eine schöne Erinnerung sei und nicht alles schlecht gewesen war, bekam ich zur Antwort, dass auch dieses Bild nur eine Farce wäre. In diesem Moment begriff ich, dass ich sie verloren hatte.

Und so antwortete ich ihr an ihrem letzten Geburtstag: „Du musst jeden Tag aufs neue genießen. Anders geht es nicht. Wir haben noch ein Leben und können es annehmen. Irgendwie hoffte ich, sie damit erreichen zu können, denn ihr Profilspruch war: „Carpe diem".

Doch sie antwortete mir nicht.

Ich ahnte nicht, dass sie sich nur 3 Wochen später in ihrer Wohnung auf die gleiche Weise das Leben nehmen würde, wie unsere Mutter und dass sie ebenfalls 3 Tage allein dort liegen würde, bis Nachbarn die Polizei riefen und man sie fand.

„Genau wie bei Mama"!

Dieser Satz ging mir für die nächsten Monate täglich mehrfach durch den Kopf und ich registrierte, dass mein Verstand verzweifelt versuchte, eine Erklärung für dieses Drama zu finden. Doch es gibt keine Erklärung, man findet keine Antwort auf das Warum. Und obwohl ich all diese Phasen bereits nach dem Tod meiner Mutter durchlebt hatte, gab es mit noch so viel Logik kein Entrinnen aus der Dunkelheit, die mich überfiel. Es schien, als würde alles, woran ich so hart gearbeitet hatte, all meine Überzeugungen, meine Strategien, meine Spiritualität, einfach verschwinden in diesem schwarzen Nichts. Als würde alles Gute von mir weggesogen und ich blieb zurück in einer Art Vakuum.

In einem schwarzen Nichts!

Doch noch versuchte ich, mich an meinem Leben auf Korfu festzuklammern und sagte mir ständig, dass ich Deutschland bald wieder verlassen würde und damit auch diesen jämmerlichen Zustand, in den ich im Begriff war, hinab zu gleiten. Ich dachte an meine Arbeit dort und es überkam mich ein flaues Gefühl bei dem Gedanken, dass ich vielleicht nicht mehr energetisch würde arbeiten dürfen in dem Zustand, in dem ich mich befand. Immer wieder fragte ich mich, ob es noch eine saubere und verantwortungsbewusste Arbeit sein könne. Doch schnell schob ich diese Gedanken beiseite. Ein zum Scheitern verurteilter Versuch, der Energie meiner Familie gegenüberzutreten und somit letztendlich auch meiner eigenen. Sie war ein Teil von mir. Ein großer Teil sogar! Eine schwarze, schwer lastende Wolke, die immer wieder ihren Weg zu mir finden würde, wenn ich mich nicht mitten hinein begeben und mein energetisches Erbe annehmen und aufarbeiten würde. Doch ich war müde. Müde von den Jahren der Therapie, den vielen Hochs und Tiefs. So hart hatte ich versucht, diesem Erbe zu entkommen und doch holte es mich gerade in den Momenten, in denen ich mich sicher fühlte auf meinem Weg, mit aller Wucht wieder ein.

Die Einzelsitzungen und Workshops, die ich gegeben hatte, gingen mir durch den Sinn. Deren Inhalt benötigte ich gerade so sehr selbst: die Verbindung mit der Quelle. Ich wurde immer unsicherer, ob ich derweil die Kraft hätte, nach dieser Woche in Deutschland auf Korfu wieder anknüpfen zu können an meine neue Energie. Heute weiß ich, dass ich die Antwort längst kannte. Es war ein klares NEIN!

Das Leben hatte mir eine Aufforderung geschickt. Eine Aufforderung zum erneuten Innehalten. Doch damals fühlte ich mich vom Schicksal einfach betrogen. Bockig, wie ein Kleinkind, stellte ich mich den Kräften des Universums, dem Wunsch der Quelle und somit letztendlich meinem eigenen Wunsch, den ich als Seele lange vor meiner Geburt beschlossen hatte, in den Weg! Ich verweigerte die Teilnahme an meinem eigenen Lebensweg, an meiner eigenen Erlösung aus dieser Not. Und machte sie damit umso größer.

Doch die Kräfte, die uns in dieses Leben gebracht haben, sind größer als unser menschliches Ego und lassen sich nicht betrügen! Das Universum suchte sich einfach einen anderen Weg, um mir ein Innehalten zu ermöglichen.

Einen Tag, bevor ich zurückfliegen (oder besser: zurückflieHen) wollte, erhielt ich eine derart unverschämte und verletzende Nachricht von der Clubleitung, für die ich auf Korfu tätig war, dass es mir abermals den Boden unter den Füssen wegriss. Man unterstellte mir Dinge, die ich so nicht gesagt hatte und ich war mehr als enttäuscht über diese Vorgehensweise und die Art, wie ich behandelt wurde in einer Zeit, in der man Trauernde eigentlich unterstützen sollte. Es war aber auch der Schmerz über das Zerbrechen des Vertrauensverhältnisses, das ich zu diesen Menschen aufgebaut hatte und ebenfalls Wut über meinen unermüdlichen Arbeitseinsatz dort. Ich arbeitete dort nicht nur, es stellte mein Leben dar, einen großen Teil meines Seins auf Korfu.

Entsetzt und zutiefst enttäuscht beschloss ich, nicht mehr für diese Menschen zu arbeiten, obgleich sie den Wunsch äußerten, die Saison zusammen zu beenden. Natürlich würden sie so schnell mitten in der Saison keinen Ersatz für mich finden. Doch ich wusste, ich würde meinen Stresslevel in ungeahnte Dimensionen treiben, wenn ich je auch nur wieder einen Fuß in dieses Hotel setzen würde. Im Grunde hatte ich mich schon seit Monaten selbst betrogen und auch in diesem Bereich meines Lebens einfach die Augen verschlossen. Es gab dort eine Menge Probleme und ich hatte die eigentlich klare Situation, in der ich dort arbeitete schlichtweg aus Angst um meine finanzielle Situation ignoriert. Tatsächlich spiegelte das Klima im Hotel und die Leitung einen Teil meiner Herkunftsfamilie wider und anstatt kurzerhand nach einem anderen

Platz vor Saisonbeginn zu suchen, verfiel ich dem Irrglauben, dass ich dieses Feld bekommen hatte, um mir selbst zu zeigen, dass ich mit diesen Energien heute anders umgehen konnte als früher in meiner Kindheit. Es wäre allerdings besser gewesen, einfach zu gehen und damit zu zeigen, dass ich Verstrickungen erkennen und mich selbst besser schützen konnte als noch vor einigen Jahren. Diese Tatsache wurde mir jedoch erst einige Monate später bewusst. Jetzt hatte die Quelle einfach dafür gesorgt, dass ich eine Entscheidung treffen musste und ich traf sie zu Gunsten meines inneren Friedens. An diesem Abend vor meinem Abflug nach Korfu, wurde mir für einen kurzen Moment bereits bewusst, dass mein Platz jetzt erstmal wieder in Deutschland sein würde. Das Universum hatte mir nach dem Tod meines Vaters eine kurze, wunderschöne und ereignisreiche Verschnaufpause auf dieser wunderschönen Insel eingeräumt, damit ich bereit sein würde für die Wucht, mit der mich der Suizid meiner Schwester zu Boden reißen würde. Denn in diesem Aufprall lag auch die Chance, meine familiären Verstrickungen endlich zu entwirren und am Ende heilsam aufzulösen, um ein befreites Leben führen zu können. Doch trotz dieses klaren Momentes war meine Opferbewusstsein zu groß, um im Vertrauen auf die Führung der Quelle zu bleiben. Noch wollte ich einfach nur flüchten.

So flog ich zurück, zog bei Freunden ein und suchte nach einer Lösung für meine nun hinzugekommenen finanziellen Probleme. Denn da ich nicht an meinen Arbeitsplatz zurückgekehrt war, gab es auch keine Entlohnung. Das Geld wurde einfach einbehalten. Chancen auf einen offiziellen Weg zu meinem Geld zu kommen, gab es nicht. Ein Teil der Krise Griechenlands, wie ich nach mehreren Versuchen bei Ämtern betrübt feststellen musste. Einmal mehr fühlte ich mich vom Schicksal betrogen und hatte keinen Blick mehr dafür, dass mir von anderer Seite allerdings sofort Arbeit angeboten wurde und die ich sofort dankend annahm. Innerlich fühlte ich mich allerdings degradiert, denn ich arbeitete jetzt mit Freunden zusammen, die in anderen Clubs kochten und schnitt fortan Gemüse. Was für ein Segen, denn ich hatte doch bereits erkannt, dass ich energetisch nicht sauber würde arbeiten können und das Universum ließ mir exakt zukommen, was ich jetzt brauchte: stupide Arbeit, die weder Verantwortung noch großen Einsatz forderte für wirklich gute Entlohnung. Doch mein Opferdasein hatte mich im eisernen Griff und mein Schöpferbewusstsein köchelte auf Sparflamme vor sich hin.

Aus dieser inneren Haltung heraus konnte nichts wirklich positives mehr entstehen und ich war im Grunde auch nicht mehr wirklich anwesend. Ich stand ganz einfach unter Schock und ließ diese Tatsache aus Angst vor den daraus resultierenden Gedanken nicht in mein Bewusstsein hochkommen. Ich hatte Angst zu fallen und dieses Mal nicht wieder aufstehen zu können. Große Angst. Todesangst!

So war es überhaupt nicht verwunderlich, dass sich die sogenannten Freunde, die mir anfangs wie selbstverständlich ein Bett im Zimmer ihrer Kinder zur Verfügung gestellt und lediglich anteilig Strom und Wasser in Rechnung stellten, plötzlich als Geschäftsleute entpuppten, die darauf aus waren, ihre eigene finanzielle Misere mit mir zu verbessern. Nach 4 Wochen verlangten sie eine Summe von mir, die ich überhaupt nicht aufbringen konnte. Wieder wurde ich ent-täuscht und fühlte mich verraten. Denn ich diesen 4 Wochen hatte ich das Haus aus Dankbarkeit sauber gehalten, wirklich gutes Essen aus der Küche, in der ich arbeitete mitgebracht, auf ihre

Kinder aufgepasst und mein Auto eine Woche kostenlos zur Verfügung gestellt, als ihres in der Werkstatt war. Fassungslosigkeit über die Kette von Unglück machte sich breit und gleichzeitig kündigten sich in Deutschland große Probleme mit dem Nachlass meiner Schwester an. Deren Exmann hatte sich angeboten, die Wohnung dort aufzulösen und sich um die wichtigsten Angelegenheiten zusammen mit meinen Kindern zu kümmern. Heraus kam jedoch nur, dass er Wertgegenstände an sich nahm, in den Unterlagen meiner Schwester überprüfte, wie viel Geld noch vorhanden sei und meine Töchter dann hilflos mit dem Rest zurückließ.

All das kam zeitgleich wie eine riesige Lawine auf mich zu und schien mich unter sich begraben zu wollen. Also setzte ich mich an einem heißen Sommerabend ans Meer und fragte in den Sonnenuntergang hinein, was um Himmels Willen ich jetzt eigentlich machen sollte. Ich hielt Zwiesprache mit der Quelle und sagte, dass ich den Weg, den sie für mich vorgesehen hatten nicht mehr sehen konnte. Dass ich Angst hatte und nicht glauben konnte, dass ich Korfu verlassen sollte. Dass ich Angst hatte und mich betäubt fühlte. Ich bat ganz einfach um Hilfe!

Zum ersten Mal seit Wochen bekam ich ein wenig Klarheit und wusste, dass ich nach Hause fahren sollte. Dass meine Kinder mich brauchten, dass ich meine Kinder brauchte und letztendlich, dass ich mich meinem Schicksal stellen musste. Ein weiteres Ignorieren würde in eine nicht abschätzbare Katastrophe führen. Und so packte ich innerhalb von einer halben Stunde meine nötigsten Sachen ins Auto, ließ den Rest bei einer guten Freundin, die ein wenig entfernt wohnte, gab den Menschen, bei denen ich gewohnt hatte, ihr gefordertes Geld und machte mich mit gerade genug Geld für die

Fähre nach Italien nach einer letzten Nacht auf meiner geliebten Insel bei anderen Bekannten auf den Heimweg. Noch hatte ich keine Ahnung, wie ich in 2 Tagen von Italien aus ohne Geld meinen Tank füllen können würde. Ich fühlte mich ausgelaugt, müde, leer und hatte im Gepäck einen geplatzten Traum!

Auf der Fähre nach Igumenitsa, von wo aus die Autofähren nach Italien starten, fuhren wir entlang der Küste Korfus. Ich sah noch einmal die wunderschöne Altstadt mit ihren Festungen und mein Herz wurde mir bleischwer. Es war mir vollkommen klar, dass dies ein Abschied für lange Zeit werden würde. Noch einmal saugte ich diese herrlich klare Luft tief in meine Lungen, lauschte den griechisch sprechenden Menschen um mich herum und genoss mein Lieblingsgebäck mit einem eiskalten Frappe. Es war Anfang Oktober, doch noch immer Hochsommer in Griechenland. Traurig stand ich an der Reling und starrte auf das himmelblaue Wasser und die Gischt, die die kleine Fähre erzeugte. Was würde mich erwarten in Deutschland? Wie sollte ich auf lange Sicht dort wieder zurecht kommen in einem so gänzlich anderen Leben als das unkonventionelle in so großer Freiheit und mit überwiegend herzensguten und weltoffenen Menschen, welches ich hier geführt hatte? Ich dachte an all die neuen, liebgewonnenen Freunde, die ich hier zurücklassen musste. An die wunderbaren Musiker, deren Auftritte mich nach langen Arbeitstagen trotzdem hatten tanzen lassen, weil sie einfach unglaublich gut spielten. An die langen Gespräche über Gott und die Welt. An das gute Essen, zu dem ich so oft eingeladen war. An die vielen Umarmungen und kleinen Geschenke, die ich von meinen Klienten erhalten hatte. Steine, Ketten, Briefchen. So viel Austausch von Liebe hatte ich nie zuvor erlebt. Alles schien so viel leichter zu gehen auf dieser Lichtinsel. Vor allem im zwischenmenschlichen Bereich. Obwohl ich meine Heimat auch liebte, so wusste ich doch sehr genau, dass die Menschen, von denen ich fortan wieder umgeben war, doch weitestgehend verschlossen lebten und mir graute davor, mich dieser Lebensart wieder anpassen zu müssen.

Ich dachte auch an die Männer, denen ich begegnet war und die mich in irgendeiner Weise auf meinem Heilungsweg vorangebracht hatten. Entweder, weil sie mir spiegelten, was ich auf keinen Fall mehr wollte, oder, weil sie mich lehrten, dass mein Körper makellos und wunderschön war, indem sie mich liebevoll behandelten und begehrten. So viel hatte ich erlebt, was mich heil gemacht hatte. Doch jetzt konnte ich all das nicht mehr spüren. Mein Herz war erneut gebrochen.

Auf dem Festland musste ich bis zum anderen Tag auf eine Fähre nach Italien warten und ich versuchte, mich in den umliegenden Tavernen zu entspannen, um gestärkt die lange Rückreise antreten zu können. Ich bat einen Freund in Deutschland um finanzielle Hilfe und hatte das Geld am nächsten Tag auf meinem Konto. So wusste ich zumindest schon mal, dass ich meinen Tank füllen konnte. Nach Abzug des Fährtickets hatte ich noch 40 Euro für 2 Tage, bis ich in Deutschland sein würde. Angesichts dieser Tatsache war mir mächtig flau im Magen, denn die 1500 Kilometer von Italien nach Hause mussten nun ohne Zwischenfälle ablaufen. Sonst hätte ich ein weiteres Problem. Als ich am nächsten Tag mein Auto unter Deck geparkt und mein Lager aufgeschlagen hatte, setzte ich mich an die Reling und ließ meinen Blick aufs Meer hinaus gleiten. Ich erinnerte mich an die Überfahrt vor 2 Jahren, als ich ebenfalls mit gebrochenem Herzen nach dem Tod meines Vaters und dem Ende meiner langjährigen Beziehung in die entgegengesetzte Richtung auf dem Weg in ein neues Leben war. Damals hatte ich keine Angst empfunden. Nur Erleichterung darüber, dass ich all das nun für eine Weile hinter mir lassen konnte. Dass daraus 2 Jahre werden würden, hätte ich zu dem Zeitpunkt niemals vermutet. Erst recht nicht, dass mich das Universum so rundum mit allem versorgen würde. Was war es doch für ein Geschenk gewesen! Ein letztes Mal spürte ich diese starke Verbindung zu mir selbst, die ich auf meiner Reise gefunden hatte, bevor ich vollkommen von Angst und Trauer verschluckt wurde.

Als ich die Fähre in Italien verließ, brach mir der Angstschweiß aus allen Poren. Wie sollte ich in meinem völlig übermüdeten und kraftlosen Zustand diese lange Rückreise überstehen? All meine körperlichen Symptome, die ich vor langer Zeit bereits im Zusammenhang mit meiner damaligen Angststörung gehabt hatte, waren zurück. Mein Hals war wie zugeschnürt, die Hände feucht, die Knie weich. Ich hatte das Gefühl, schlecht atmen zu können. Viele Male musste ich rechts ran fahren, um mich zu sammeln und es kostete mich meine letzten Kraftreserven, diese unzähligen Stunden im Auto zu verbringen und mich darauf zu konzentrieren, meinen Wagen sicher Richtung Heimat zu lenken. Wie sehr ich mir wünschte, es würde einfach jemand kommen und mich retten. Deutlich konnte ich meine Bedürftigkeit nach männlicher Kraft spüren, die ich mein Leben lang herbeigesehnt hatte. Doch es gab niemanden, der mir zur Hilfe eilen würde. Wieder einmal musste ich diese Herausforderung alleine meistern. Und ich war so müde davon!

Immer wieder sagte ich mir, dass ich mich sicherer fühlen würde, wenn ich erstmal in Österreich sei. Dort sprach man meine Sprache und ich konnte zur Not zu einem Arzt gebracht werden. Während mir dieses mantramäßig durch den Kopf ging, fragte sich ein anderer Teil von mir, wieso ich meinte, einen Arzt zu brauchen. Wusste ich doch genau, dass mein körperlicher Zustand meiner Angst entsprang. Ein Arzt würde mir auch nicht helfen können und dieses Karussell aus wirren Gedanken begleitete mich die gesamte Rückfahrt. Auf dem Brenner hielt ich an, um ein wenig zu schlafen. Wenn man das Schlaf nennen konnte. Überall sah ich nur noch Gefahr. Keine Spur mehr von Mut und Zuversicht oder gar Vertrauen in das Leben. Die letzten 2 Jahre schienen wie weggewischt. Ich fühlte mich erstarrt, ähnlich einem Insekt im Spinnennetz, unfähig, sich zu aus dieser aussichtslosen Lage zu befreien.

Natürlich verfuhr ich mich trotz Navi mehrere Male, was mich rückblickend überhaupt nicht verwundert. Dass ich heile zu Hause ankam, war letztendlich das größte Wunder. Denn auch in Österreich oder später in Bayern fühlte ich mich kein bisschen sicherer. Ich kam in ein paar gefährliche Verkehrssituationen, die ich Gott sei Dank heile überstand und nach 22 Stunden im Auto kam ich nachts endlich in heimische Gefilde. Es waren noch 45 Minuten bis zur Haustür meiner Tochter und ich fing an, mir in einer Art Singsang zu versichern, dass ich dieses letzte Stück auch noch schaffen konnte. Ich hatte nur 2 Stunden geschlafen und war einer Ohnmacht sehr nahe. Die Tankuhr zeigte an, dass ich es mit etwas Glück gerade so schaffen konnte, ohne liegen zu bleiben und mein Herz schlug mir bis zum Hals. Ich hatte meinen Töchtern nicht gesagt, dass ich auf dem Rückweg war, weil ich sie nicht unnötig sorgen wollte. Also stellte ich mir nun immer und immer wieder vor, wie sehr sich meine Jüngste gleich freuen würde, mich zu sehen. Dieser Gedanke hielt mich aufrecht und ließ mich die körperlichen Symptome einfach verdrängen. Als ich meinen Wagen endlich geparkt hatte und an der Tür meiner Tochter klingelte, fühlte ich mich zum ersten Mal wieder etwas sicherer. Und als sie in meinen Armen vor Freude weinte, vergaß ich den Stress der letzten Stunden und wusste, dass ich das Richtige getan hatte. Mein Platz war jetzt bei meiner Familie!

HERZSCHRUMPFEN

„Versteinerte Herzen sind Spuren der Trauer!"

(Klaus Ender)

Nach wenigen Wochen zurück in meiner Heimat erkannte ich mich selbst kaum wieder. Obwohl ich mich geborgen fühlte im Kreise meiner Töchter und der wenigen sehr guten Freunde, die ich hier hatte, spürte ich eine unbändige Sehnsucht nach meinem Seelenort Korfu. Wenn ich auf dem Sofa lag, dachte ich daran, dass ich jetzt eigentlich einen Strandspaziergang zum Sonnenuntergang machen würde, wenn ich dort sei. Das wunderbar entspannende Geräusch der Brandung fehlte mir, der Weitblick auf das scheinbar nicht enden wollende Meer, das Sternenzelt, das mich jede Nacht, bevor ich zu Bett ging, getröstet und mir die Unendlichkeit des Universums vor Augen gehalten hatte. Und vor allem die Sonne, die selbst an den schlimmsten Regentagen im Winter auf dieser Insel immer mal zum Vorschein kam. Deutschland kam mir grau, kalt und herzlos vor. Ich sackte jeden Tag ein wenig mehr in mich zusammen.

Die Quelle antwortete mir auf meine Wahrnehmung und ich erhielt mehr von den Dingen, die mich in meiner negativen Sicht bestätigten. Es stellte sich heraus, dass mein Anwalt, den ich bereits im August mit den Erbschaftsangelegenheiten beauftragt hatte, überhaupt noch nicht tätig geworden war. Noch immer war ein Nachlasspfleger des Amtsgerichtes ob fehlenden Testamentes meiner Schwester tätig und dieser kostete täglich Geld. Ich fühlte mich nicht in der Lage, mich mit diesem Thema wirklich auseinanderzusetzen und hinzu kam, dass ich diesen Anwalt persönlich kannte und keinen Streit mit ihm wollte. Also glaubte ich seinen Darstellungen, dass die Verzögerung nur durch die Mitarbeiter des Gerichts verschuldet sei und übte mich in Geduld. Mein Kampfgeist war nach den anstrengenden letzten Monaten sowieso verschwunden und ich glaubte zu diesem Zeitpunkt, dass ich keine Handlungsfähigkeit mehr besaß. Die Ohnmacht meines Opferdaseins hatte mich zurückerobert.

Meine Lähmung hielt an, ohne dass ich mir dessen wirklich bewusst wurde. Nach wenigen Wochen fühlte ich mich, als hätte es die Zeit auf Korfu nie gegeben. Mein Gewahrsein schrumpfte täglich und ich ließ es einfach geschehen, unfähig, diesen Prozess zu stoppen. Mein altes Leben hatte mich zurück und in einigen wenigen Momenten hörte ich eine innere Stimme flüstern:"Macht das Leben noch einen Sinn, wenn sich die Dramen ständig wiederholen, obwohl du so viele Jahre hart an dir gearbeitet hast?" Ich war nicht mehr in der Lage zu unterscheiden, ob dies wirklich meine Stimme oder die meines Egos war. Mein Vertrauen in eine höhere Führung war verschwunden. Korfu war halt ein Traum gewesen, dachte ich oft und redete mir ein, dass meine Schwester recht gehabt hatte und wir diesen dunklen Energien unserer Herkunftsfamilie niemals würden entfliehen können. Ich fragte mich oft, ob dies der Grund für ihren letzten Schritt gewesen sei. Es wollte mir einfach nicht in den Sinn, dass gerade sie, die Suizide so sehr verurteilt hatte, diesen Weg aus dem Leben gewählt hatte. Sehr genau wusste ich, dass ich auf das Warum nie eine Antwort erhalten würde und dennoch kreiste mein Verstand täglich um genau diese Frage. Der Kripobeamte, der den Fall meiner Schwester bearbeitete, sagte mir, man habe ein Kündigungsschreiben bei ihr gefunden. Sie hatte ihren Arbeitsplatz am Tag ihres Todes verloren. Für ihn war dies der Auslöser. Doch ich wusste, es steckte weitaus mehr dahinter.

Geld war immer ein wichtiges Thema für meine Schwester gewesen. Ihr gesamtes Streben ging der finanziellen Freiheit entgegen und sie sagte mir einmal, sie habe nur deshalb ein Studium absolviert, um ein Leben in Wohlstand zu genießen. Ich hatte nie verstanden, was sie meinte, denn arm waren meine Eltern nicht gewesen. Wohl aber ging es in den wöchentlichen Auseinandersetzungen meiner Eltern ebenfalls immer um das Thema Geld. Ich hatte allerdings von klein auf nur den Mangel an Liebe wahrgenommen und verstand deshalb vielleicht die Intention meiner Schwester nicht. Viele Jahre warf sie mir vor, dass ich mich für die Armut entschieden hätte, weil ich Kinder bekommen hatte. Ich war damals sehr verletzt und versuchte ihr klarzumachen, wie reich ich mich fühlte, wenn ich an all die schönen Erinnerungen meiner Mutterschaft dachte und dass ein Leben ohne Kinder für mich nicht lebenswert gewesen wäre. Natürlich hatte ich als Alleinerziehende am Existenzminimum gelebt. Allerdings nur finanziell.

Wie schwer das Thema für sie wog, hätte ich aber schon ein paar Jahre zuvor viel deutlicher wahrnehmen können. Als ihr Vater verstarb, hinterließ er ihr eine größere Summe, die wohl ein jeder gefeiert hätte. Sie aber sagte mir, es sei eine Belastung, denn eigentlich wollte sie von ihm überhaupt nichts annehmen. Als ich ihr sagte, dass es vielleicht seine Art gewesen sei, sie zu versorgen, da er es mit Liebe nicht konnte, lachte sie verächtlich. Ich mied das Thema fortan und 2 Jahre später erzählte sie mir, sie habe das gesamte Geld verprasst und fühlte sich leerer als zuvor. Zu diesem Zeitpunkt hoffte ich, sie würde verstehen, dass man auch mit viel Geld sehr arm sein konnte. Doch in ihr bewegte sich nichts mehr. Nichts und niemand konnte sie mehr erreichen.

Und nun war sie tot. Einfach gegangen. Oder wie sie über meine Mutter gesagt hatte: „Sie hat sich feige davon geschlichen!" War dies die Wahrheit? Ich dachte oft über diese beiden wichtigen Frauen in meinem Leben nach und ein Satz, den mir mein Arzt eines Tages sagte, als ich mit meinen altbekannten Angstsymptomen bei ihm im Sprechzimmer saß, verdeutlichte mir etwas, dass ich vorher nie bewusst wahrgenommen hatte: „Der Suizid Ihrer Schwester zeigt, dass sie Ihrer Mutter wohl näher war, als ihr bewusst gewesen ist." Er hatte damit bei mir einen Stein ins Rollen gebracht, der mir auf seinem Weg durch meine Erinnerungen klar werden ließ, wie ähnlich sie die beiden im Grunde gewesen waren. Wir hatten beide immer große Angst davor gehabt, unserer Mutter ähnlich zu sein. Doch während ich durch viele Therapien und dadurch wachsendem Bewusstsein gelernt hatte, dass es durchaus Dinge gab, die ich an meiner Mutter geliebt hatte und diese im Nachhinein zu schätzen lernte, verlor sich meine Schwester in dem Kampf gegen ihr Erbgut und lehnte strikt alles ab, was sie irgendwie mit Mama verband. Dass sie dadurch auch sich selbst ablehnte, dass wollte sie nicht akzeptieren.

Nun stand ich alleine vor den Scherben, die einst meine Familie ausgemacht hatten und wusste nicht mehr weiter. Doch obwohl ich mir vorkam, als hätte ich mich in der Dunkelheit dieses erneuten Schicksalsschlags verirrt, wusste ich, dass ich nur wieder ins Licht kommen würde, wenn ich akzeptierte, was geschehen war. Mehr noch: ich musste diesen Schmerz umarmen, ihn als Teil meines Lebens willkommen heißen, wenn ich frei sein und mich aus der Opferrolle entfernen wollte. Es war, als würde abermals ein Teil von mir, mich selbst beobachten. Und ich versuchte, diesen Beobachter in mir wachzuhalten.

Doch vorerst hielt mich meine Bedürftigkeit nach Schutz und Sicherheit in einem Tief gefangen, das neben den finanziellen Katastrophen im Zusammenhang mit dem Erbe meiner Schwester und alten „Schulden" aus dem Nachlass meines Vaters, die plötzlich 3 Jahre nach seinem Tod an die Oberfläche kamen, zu einer weiteren Retraumatisierung führen sollte. Ich hatte eine solche Sehnsucht nach jemandem, der mich in dieser schweren Zeit hielt und liebte, dass ich mich in einem Datingportal anmeldete. Es war eine Flucht vor dem Sich stellen müssen hin zu dem Traum von Dornröschen. Irgendwo musste es doch jemanden geben, der mich aus dieser Lage würde retten können. Jemanden, der mir gute Gefühle vermittelte, mich einfach aus dieser schwarzen Welt in seine Arme entführen konnte und mich vergessen ließ, welches Leid ich gerade fühlte. Ich war total darauf fixiert und verfiel dem Irrglauben, dass ich mich meinem Schicksal erst stellen konnte, wenn ich jemanden hätte, der mich mit seiner männlichen Kraft hindurch führen würde. Meine Unabhängigkeit der letzten 2 Jahre, alles, was ich mir hart erarbeitet und erkämpft hatte, wurde weggespült von dieser unbändigen Angst, allein vor dieser

Katastrophe zu stehen, die mich ereilt hatte. Leider war mir nichts davon in irgendeiner Form bewusst. Ich handelte aus den tiefsten Wurzeln meiner alten Ängste heraus und glaubte, nur so überleben zu können. Und das Universum antwortete mir darauf. Klar und deutlich, in dem es mir Männer schickte, die mich ausnutzen oder benutzen wollten. Doch ich überhörte die Antworten. Ignorierte die Warnungen. Mein inneres, nach Liebe hungerndes Kind war aktiv, die erwachsene Marina hatte sich in den Nebel des Vergessens verabschiedet und so den Weg für zerschmetterndes Erlebnis geebnet, das mich fast mein Leben gekostet hätte.

DER ROTE DRACHE

„Wiederholung ist ein Starrkrampf der Seele!"

(unbekannt)

Während meiner letzten Therapie vor einigen Jahren, in der es speziell um die sexuellen Misshandlungen meiner Kindheit ging, die ich erst im Alter von 35 Jahren bewusst erinnerte, ging es irgendwann darum, dieser Angstwolke, die noch viel unbewusstes Trauma Material beinhaltete, eine Form oder einen Namen zu geben, damit ich damit arbeiten konnte. Damals fiel mir ein roter Playmobil Drache in die Hände, den ich spontan als absolut geeignet zum Bild für diese Angst machte. Von nun an konnte ich, wenn ich über diese stetige unterschwellige Bedrohung sprach, vom roten Drachen sprechen, was es erheblich leichter machte, mit den noch nicht klar erinnerten Traumatisierungen umzugehen. Damals kehrte innerlich eine große innere Ruhe ein und ich fühlte mich nicht mehr ständig von dem Gedanken verfolgt, wirklich jedes Erlebnis aus meiner Kindheit erinnern zu müssen. Der rote Drache hatte sich schlafen gelegt, als ich ihm einen Namen gab und damit einfach nur anerkannte, dass er im Sinne dieser Erlebnisse überhaupt existierte. Dies war ein Meilenstein auf meinem Weg in die Heilung, denn diese unbewussten Erinnerungen an unaussprechliche Dinge, die wir als Kind nicht verarbeiten konnten, rotieren in uns und machen uns das Leben schwer, bis sie einfach nur gesehen und als TAT-sache akzeptiert werden. Dann beruhigen wir diese wild um sich schlagenden Emotionen in uns und können unsere Energie fortan dem Hier und Jetzt widmen. Während meiner gesamten Zeit auf Korfu hatte ich nicht einmal mehr diese alte Bedrohung gespürt. Zurück in Deutschland war sie zum ersten Mal wieder aufgetreten am Bahnhof in Bremen, als diese Männer in einer kleinen Gruppe auf mich zugekommen waren. Doch da ich dort Hilfe bekam, hatte sich mein roter Drache schnell wieder schlafen gelegt. Bis er sich nur einige Monate später zu seiner vollen Größe aufrichtete und mir Feuer speiend gegenüber stand.

Dieses Onlinedating war derart erfolglos, dass ein gesunder Menschenverstand eigentlich sofort wieder die Finger davon gelassen hätte. Nur war ich derzeit nicht wirklich bei Verstand, sondern in Nöten und da ich dem Universum damit einen unglaublichen Mangel in meinem Leben übermittelte, erhielt ich noch mehr davon. Wir bekommen tatsächlich immer mehr von dem, was wir aussenden. Doch das sollte mir erst einige Monate später vollkommen bewusst werden. Ich datete, was das Zeug hielt. Allerdings meistens nur einmal, immer enttäuscht von dem, was die Männerwelt so zu bieten hatte. Ich fiel auch auf einen Betrüger herein, der der sogenannten „Ghana-Mafia" angehörte und letztendlich Handyverträge auf meinen Namen abschloss. Da ich zum Glück noch früh genug die Polizei einschaltete, hatte das ganze kein Nachspiel für mich. Anstatt nun nach mehreren Misserfolgen aufzugeben, hielt ich mich an diesen Strohhalm geklammert, der mir helfen sollte, nicht zu ertrinken. Und datete kurz darauf noch einmal. Mit fatalen Folgen.

Dieses Date, das natürlich in einem öffentlichen Lokal stattfand, so viel Verstand war mir immerhin gegeben, war tatsächlich eines der wenigen, dass in mir den Wunsch weckte, diesen Mann wiederzusehen. Und umgekehrt erging es ihm genauso. Wir schrieben uns jeden Tag und obwohl ich keine Schmetterlinge im Bauch hatte, nahm ich seine Einladung zu einem Kochabend am Folgewochenende in seiner Wohnung an. Ich hatte weder eine dunkle Vorahnung, noch verspürte ich Angst, was auch eine Folge der Sicherheit war, die ich in dieser Hinsicht auf Korfu erlebt hatte, wo es schlichtweg keine Gewalt gegen Frauen gab. Also machte ich mich am darauffolgenden Freitag auf den Weg in die etwas entfernt gelegene Stadt, in der dieser Mann lebte, um gemeinsam zu kochen und sich besser kennen zu lernen. Wir redeten, aßen gemeinsam und sahen uns eine DVD an und der Abend verlief zunächst vollkommen normal. Als ich es mir auf dem Sofa etwas bequem gemacht hatte und meinen Blick im Wohnzimmer umher schweifen ließ, erstarrte ich kurz, als ein übergroßes Bild direkt hinter mir an der Wand erblickte: ein roter, bösartig dreinblickender und feuerspeiender Drache hing dort direkt über meinem Kopf an der Wand! Meine Augen blieben daran haften und in Bruchteilen von Sekunden zogen alle Informationen, die in meinem Inneren zum Thema „Roter Drache" abgespeichert waren, wie ein Film an mir vorbei. Mein Magen zog sich zusammen und ich ermahnte mich, nicht albern zu werden. Dies war nur ein Bild. Mein Verstand wollte mir anscheinend einen Streich spielen, dachte ich. Mein Gegenüber folgte meinem Blick und fragte, ob ich das Bild mögen würde. Ich nickte abwesend und beschloss dann, ihm ein wenig von meiner Vergangenheit zu erzählen. Nicht zu viel, gerade genug, um sicher zu gehen, dass er meine Botschaft verstand. Denn ich hatte ihm bereits im Vorfeld versichert, dass ich noch nicht zu irgendwelchen sexuellen Handlungen bereit sein würde. Es ging hier für mich vorerst nur darum, sich besser kennen zu lernen. Er versprach, mich auf keinen Fall zu irgendetwas zu drängen und mein Bauch beruhigte sich wieder. Ich begann, mich sicher zu fühlen und ignorierte das Ungetier, das hinter mir an der Wand hing und gleichzeitig in meinem Inneren aus seinem Schlaf erwacht war. Ich wollte mir diese Chance auf ein wenig Liebe, die sich hier vielleicht anbahnte, auf keinen Fall von meiner Vergangenheit ruinieren lassen! Wir redeten bis spät in die Nacht und er bot mir spontan an, bei ihm zu übernachten. Ich zögerte einen Moment, war jedoch tatsächlich so übermüdet, dass ich die 1-stündige Rückfahrt gern auf den Morgen verlegen wollte. Da er noch sehr munter war, schlug er vor, dass ich das Schlafzimmer nehmen und er auf der Couch übernachten würde. Ich verspürte nach unserer langen Unterhaltung kein ungutes Gefühl mehr und zog mich in sein Bett zurück. Er kam noch einmal herein, um Gute Nacht zu sagen und mich zuzudecken. Diese Geste gefiel mir so sehr, dass meine Hoffnung auf eine Beziehung wuchs.

Einige Zeit später hörte ich aus dem Wohnzimmer laute Schreie, die aus einem Film stammen mussten. Als ich zu sehr in meinem Schlaf gestört war, ging ich herüber und bat ihn, den Fernseher vielleicht etwas leiser zu stellen. Mein Blick blieb am Bildschirm haften. Was ich sah, bereitete mir Übelkeit. Es war eine Frau zu sehen, die einen Mann kastrierte und auf unvorstellbare Weise quälte. Ich sah fragend zu meinem Bekannten und er erklärte, dass die Frau vergewaltigt worden sei und jetzt auf Rache aus wäre. Ich antwortete nur kurz, dass Rache keine wirkliche Lösung sei und ging wieder schlafen. Obwohl ich es nicht mochte, dass mein neuer Bekannter derartige Gewaltexzesse ansah, machte ich mir immer noch keine Sorgen und legte mich wieder schlafen. Ich nahm mir vor, am nächsten Morgen noch einmal mit ihm darüber zu sprechen.

Wie lange ich schon geschlafen hatte, weiß ich nicht. Ich erschrak fürchterlich, als ich einen ruckartigen Schmerz zwischen meinen Beinen verspürte. Bevor ich richtig wach wurde und realisieren konnte, was gerade geschehen war, lag er schon auf mir, seine Hand fest auf mein Schambein gepresst. Was dann geschah, war eine Höllenfahrt für mich, die mich völlig geschockt und bewegungsunfähig zurückließ. Ich war nicht in der Lage zu erfassen, was mir geschehen war. Ich lag danach einfach nur still und wartete, dass er einschlief, um so schnell wie möglich diese Wohnung verlassen zu können. Doch als er endlich laut und gleichmäßig schnarchte und ich leise versuchte, mich aus seiner Umklammerung zu befreien, wachte er sofort auf und verstärkte seinen Griff. Mir wurde eiskalt, denn ich wusste, Flucht war keine Option. So lag ich stundenlang angewidert, mit Schmerzen und starker Übelkeit neben diesem Monster, in die Dunkelheit starrend.

Als endlich der nächste Morgen angebrochen war, gab ich vor, großen Hunger zu haben und ein Frühstück zubereiten zu wollen. Das Monster nickte wohlwollend, begleitete allerdings jeden meiner Schritte. Nur vor der Badezimmertür wartete er. Er bedrohte mich nicht verbal, doch die nonverbale Bedrohung war von enormer Kraft und ich überlegte mir jedes Wort sehr genau. Wie Tiger schlichen wir umeinander herum. Er betatschte mich ständig, verbot mir, mich anzuziehen und ließ sich bedienen wie ein Pascha. Es war unglaublich surreal für mich und ich funktionierte nur mit dem Gedanken im Hinterkopf, dass er mich würde gehen lassen, wenn ich tat, was er sagte. So nahm er sich auch noch einmal, wovon er glaubte, es würde ihm zustehen und ich ließ es stumm über mich ergehen. Dann kam mir die Idee, ihm eine Geschichte einer angeblichen Verabredung mit einer Freundin aufzutischen, die auf mich warten würde und der ich gesagt hatte, wo ich sei. Er glaubte mir, wollte aber, dass ich so lange noch mit ihm auf dem Sofa liegen würde, bis ich wirklich losfahren müsste. Ich tat, als wäre das kein Problem und legte mich zu ihm. Er nahm noch einige weitere abartige sexuelle Handlungen an mir vor und ich spielte weiter mit, denn die Angst vor einer Eskalation der Aggressionen dieses Mannes, war groß. Ich hatte keine Ahnung, zu was er fähig sein würde. Und ich wollte nur hier weg.

Es dauerte eine weitere halbe Stunde, bis er mich endlich gehen ließ und der Weg von der Wohnungstür zur Haustür erschien mir unendlich weit. Ich wusste, wenn ich erstmal auf der Straße wäre, wäre ich in Sicherheit. Dann ließ er schließlich meinen Arm los und ich ging mit langsamen Schritten auf die Eingangstür zu und die 200m zu meinem Auto. Ich lud meine Tasche in den Kofferraum, setzte mich auf den Fahrersitz und verschloss den Wagen sofort von innen, in der Angst, dass er mir hinterherlaufen könnte. Dann ließ ich den Wagen an und steuerte ihn wie hypnotisiert aus der Stadt heraus. Erst nach dem Ortsschild begriff ich, dass ich in Sicherheit war und ein Ruck ging durch meinen Körper. Ich schrie und weinte, ließ allen Druck, Schmerz, die Angst und Verzweiflung und auch die Trauer über das, was er mit mir gemacht hatte, hinaus. Fast den ganzen Rückweg brauchte ich, um mich einigermaßen zu sammeln und mir über das Ausmaß über das Martyrium der letzten Stunden bewusst zu werden. Alles zog noch einmal wie ein Film an mir vorüber und erste Zusammenhänge tauchten vor meinem inneren Auge auf. Ich hatte eindeutige Signale aus meinem Unterbewusstsein erhalten, doch mein Gehirn hatte diese einfach nicht als wahr anerkannt. Es schien, als sei eine wichtige Schutzfunktion, die ich durch den Missbrauch in meiner Kindheit nicht entwickelt hatte, trotz jahrelanger Therapie noch immer nicht nutzbar. Tiefste Verzweiflung machte sich in mir breit. Wieder dachte ich an meine Schwester und ihre Überzeugung, dass unser Leben nicht lebenswert sei, aufgrund unserer Kindheit. Und jetzt, auf dem Rückweg von dieser letzten großen Enttäuschung, nicht nur über diesen Mann, sondern vor allem über mich selbst, begann ich ihr zu glauben. Vielleicht würde es tatsächlich nie gut werden und immer wieder musste ich derartige Dinge erleben, weil man meinen Willen als Kind gebrochen hatte. Ich begann am ganzen Körper unkontrolliert zu zittern und Ohnmacht stieg in mir auf, ich fuhr in einen Feldweg und versuchte, mich zu beruhigen. Ich fühlte mich unendlich verloren und hatte einmal mehr das Gefühl, dass ich nicht in diese Welt gehörte. Schluchzend saß ich in meinem Wagen auf diesem abgelegenen Feldweg und versuchte, gegen die unendliche Traurigkeit in mir anzukämpfen. „Ich kann nicht mehr, ich kann nicht mehr", wiederholte ich klagend. „Alles scheint umsonst gewesen zu sein. Ich fühle mich so einsam."

„Lass es einfach zu", ging es mir plötzlich durch den Kopf. Ich horchte auf, in mich hinein. Da regte sich etwas. Wie ein kleiner

Lichtpunkt, der von weit her auf mich zukam. Sehr langsam, doch mit einer unglaublich liebevollen Präsenz. Meine Tränen versiegten langsam. Ja, ich wusste doch im Grunde sehr genau, dass ich dieses Licht in mir hatte. Dass wir ALLE dieses Licht in uns trugen. Einen tiefen Atemzug nehmend richtete ich meine Konzentration auf diese Präsenz in mir und mit einem mal wurde ich mir meiner gesamten Möglichkeiten bewusst. Alles, was ich über Trauma und Heilung davon gelernt hatte und selbst lehrte, war innerhalb von Sekunden zurück in meinem Bewusstsein. Wie die Sonne nach einem heftigen Unwetter traten meine Kenntnisse und Wahrheiten in mein Blickfeld und ich fragte mich sofort, warum ich all dies für eine so lange Zeit nicht gesehen, gefühlt hatte. Als hätte jemand den Pauseknopf gedrückt, hatte ich seit Nachricht vom Tod meiner Schwester sofort alles neue Wissen abgegeben und war wortwörtlich hinübergegangen in mein altes Bewusstseinsfeld, dass mich täglich hatte schwächer und ohnmächtiger werden lassen.

„Lass es einfach zu"! Natürlich, ich war vor meinen Gefühlen davon gelaufen. Hatte mich dem Schmerz des Verlustes um meine geliebte Schwester nicht gestellt. Zuerst hatte ich versucht, alles aus spiritueller Sicht zu durchleuchten, zu akzeptieren, dass wir Seelenpläne haben und nicht gemerkt, dass ich in eine Falle getappt war. Denn ich hatte den menschlichen Aspekt völlig außer Acht gelassen, gedacht, dass ich spirituell weit genug gewachsen war, um diesen Schmerz nicht mehr als solchen bewerten zu müssen. „Was für ein Bullshit", schoss es mir durch den Kopf. Natürlich glaubte ich fest daran, dass wir Seelenpläne haben, wenn wir geboren werden und dass unser gesamtes Leben unserem seelischen Wachstum dient, die sich aus der Quelle heraus erfahren möchte. Aber wie im alles in der Welt konnte ich den menschlichen Aspekt so ausblenden? Wir sind eine Seele, die einen Körper bewohnt, ja. Aber genau das ist doch der Punkt. Wir sind MENSCHLICHE WESEN! Wir SOLLEN fühlen, um uns weiter zu entwickeln und genau hier hatte ich mich vor mir selbst verschlossen, hatte mir Wachstum verwehrt, weil ich diesen Schmerz nicht noch einmal fühlen wollte. Doch warum erfuhr ich denn einen solch großen Schmerz durch den Tod meiner Schwester noch einmal? Weil diese Erfahrung nach dem Tod meiner Mutter und meines Vaters noch nicht geheilt war!

DIE HEILUNG VON SCHMERZ FÜHRT DURCH DEN SCHMERZ!!!

Ich erhielt am laufenden Band Wiederholungen, um weiter voran zu schreiten auf meinem Heilungsweg! So klar wie die aufgehende Sonne lag plötzlich die Lösung vor mir! Ich musste den Schmerz umarmen, in ihn eintauchen, ihn annehmen, so weh es auch tun würde. Das war ein großer Schritt und ich wusste, ich würde das aufgrund des gerade Geschehenen nicht alleine schaffen. Aber ich hatte zwei Wiederholungen. Tod und Vergewaltigung. „Wiederholung", ging es mir durch den Kopf. Ich hatte mir etwas WIEDER-geholt. JETZT war die Gelegenheit, diesen Schmerz endgültig zu heilen!

Noch etwas schwach, dennoch mit wesentlich mehr Zuversicht und Selbstvertrauen, erarbeitete ich mir ein Notfallprogramm, um erstmal diesen Tag überstehen und mich sammeln zu können. Keinesfalls wollte ich diesen lichten Moment ungenutzt verstreichen lassen, wusste aber, dass ich zunächst ärztliche Versorgung benötigte. „Versorge jetzt deine körperlichen Wunden, damit zu Kräften kommst, dann mach dich an die seelische Wundversorgung", sprach ich mit mir selbst und da ich einmal wieder in Kontakt mit diesem SELBST war, spielte ich mir während der Weiterfahrt das Lied „Wie schön du bist" vor und sang dabei unter erneuten Tränen meinem inneren Kind ein erstes Heilungslied! Mich selbst zu trösten, war eine Gabe, die ich mir bereits sehr früh angeeignet hatte, damals, als ich niemandem erzählen konnte, was mir widerfuhr oder mir im schlimmsten Fall einfach nicht geglaubt worden war. Ich hatte es jedoch nie als Geschenk betrachtet, sondern mich immer nach Trost und Anerkennung von außen gesehnt. Jetzt plötzlich, nach diesem erneuten furchtbaren Erlebnis, als ich laut ausgesprochen hatte, dass ich nicht mehr konnte, fühlte ich mich mit dieser Gabe der Selbsttröstung gesegnet. Ich spaltete diesen so stark verletzten Anteil von mir nicht mehr ab, um dem Schmerz zu entgehen, sondern umarmte ihn, sprach ihm Trost und Mut zu. Und aus dieser Haltung heraus war ich in der Lage, in die Notaufnahme zu fahren und mich versorgen zu lassen. Denn ich hatte keine Angst mehr, dass mir niemand Glauben schenken würde. Das tat ich selbst! Ich spürte einfach nicht das Bedürfnis danach, dass mir jemand bestätigen musste, was ich gerade an Schmerzen erlebte und fühlte. Mein wichtigster Zeuge war ICH! Denn auch nur ich selbst würde diesen Heilungsprozess beschreiten. Vielleicht mit etwas Unterstützung von Ärzten oder Psychologen. Doch wahrhaft heil zu werden, konnte ich mir nur selbst schenken.

So stoppte ich wenig später vor der Notaufnahme meinen Wagen und meldete mich ruhig und gefasst an der Rezeption des Krankenhauses an. Man schickte mich zur gynäkologischen Abteilung und dort sagte ich lediglich, dass ich starke Unterleibsschmerzen hätte. Ich wurde ins Wartezimmer gesetzt und nutzte die Zeit dort, um weiter meinen Zustand zu erforschen. Natürlich stand ich noch unter Schock. Doch ich nahm diese

Tatsache einfach nur wahr und akzeptierte, dass dies auch noch eine Weile anhalten würde. Ich spürte auch in meinen Körper hinein und hielt den inneren tröstenden Dialog mit meinem verletzten Anteil aufrecht. Kurz darauf kam eine Schwester auf mich zu und sah mich durchdringend an. „Irgendetwas stimmt doch mit Ihnen nicht, hab ich recht?", fragte sie mitfühlend. Ich nickte nur und sie bat mich, ihr sofort zu folgen. Sie führte mich in ein etwas abgelegenes Zimmer und breitete einfach nur ihre Arme aus. Eine Einladung, die ich in solchen Situationen nie gehabt hatte und ich ließ mich einfach fallen. Zunächst etwas zögerlich, doch dann schossen die gesamte Anspannung, meine Trauer, mein Schmerz und meine Angst in Form eines heftigen Zitter- und Weinkrampfes aus mir heraus. Und diese wunderbare Schwester tat das einzig richtige und wichtige, was eine Frau und jedes andere Opfer von Gewalttaten in so einem Moment braucht: ohne Fragen zu stellen, hielt sie mich einfach fest und streichelte mir den Kopf. Wir standen eine gefühlte Ewigkeit so da und erst, als meine Tränen langsam versiegten und ich wieder fester auf den Beinen stand, löste sie sich ein Stück und fragte, ob sie mich jetzt versorgen dürfte. Ich nickte zustimmend und ganz vorsichtig begann sie, meinen Körper abzutasten und mir Fragen nach den Verletzungen zu stellen. Nachdem sie sich ein erstes Bild verschafft hatte, versorgte sie mich mit wohltuenden Kühlakkus an den wunden Stellen und erklärte mir, dass sie eine Ärztin und die Polizei hinzuziehen müsse. Der Ärztin stimmte ich zu, doch die Polizei lehnte ich strikt ab. Ich war mir überhaupt noch nicht im klaren darüber, ob ich eine Anzeige erstatten wollte, denn ich wusste nur zu gut, wie hoch die Chancen waren, einen solchen Prozess zu gewinnen. Noch dazu empfand ich keinerlei Hass gegen den Täter, sondern lediglich Mitleid. Er würde wahrscheinlich nie erfahren, wie es wäre, wirklich geliebt zu werden und eine Sexualität getragen von

Wärme, Zuneigung und wirklicher Lust zu erleben. Dies war keine paradoxe Reaktion auf den Schock, sondern die Folge meiner jahrelangen Auseinandersetzung mit dem Thema Missbrauch. Nur mit der Erkenntnis, dass Täter zu dem werden, was sie sind, weil sie vorher Opfer waren, hatte ich meiner Mutter und all den nachfolgenden übergriffigen Menschen auf meinem Weg, vergeben können. Und diese Vergebung war ein großer Teil meines Heilungsprozesses geworden. Ich hatte so lange gebraucht, um WIRKLICH aus tiefstem Herzen und in voller Wahrheit vergeben zu können, dass ich nun keinerlei Hass empfinden konnte. Auch wenn ich wusste, dass Außenstehende dies merkwürdig finden würden.

So haderte ich mit mir, als mir die Schwester und die Ärztin nun erklärten, dass es ihre Pflicht sei, bei diesen Verletzungen die Polizei einzuschalten und ich stimmte letztendlich zu, als sie mit dem Argument aufboten, dass dieser Mann schließlich auch andere Frauen verletzen könnte, wenn man ihn nicht stoppte. Diesen Aspekt hatte ich nicht bedacht und wusste, er beinhaltete eine Verantwortung anderen Frauen gegenüber, der ich mich nicht entziehen wollte. Schließlich wusste ich sehr genau, wie furchtbar sexuelle Übergriffe waren und unter welchen lebenslangen Folgen Betroffenen litten. Nicht immer führen die Wege in die Heilung und alles in allem brauchte dieser Mann tatsächlich Konsequenzen, um sein Verhalten einzustellen oder bestenfalls verändern zu wollen. Und es ging auch um die Anerkennung meiner Verletzungen, die schmerzhafte Realität waren und derer ich mich auch mit meiner neuen inneren Ordnung nicht entziehen konnte und durfte. Genau das hatte ich als Kind tun müssen, die Tat und die damit einhergehenden seelischen und körperlichen Verletzungen verleugnen. Aus Angst, aus Scham und weil ich niemanden hatte, dem ich mich anvertrauen konnte. Dieses damals überlebenswichtige Verhalten hatte ja gerade zu meiner jahrelangen Traumatisierung geführt, denn unsere Verletzungen erzeugen so lange einen Höllenlärm in uns, bis wir sie anerkennen und bezeugen, dass sie stattgefunden haben.

All dies ging mir durch den Kopf in diesem Zimmer der Gynäkologie, während ich mit Kühlakkus am ganzen Körper auf die Polizei wartete, die kurz darauf in Form von zwei männlichen Beamten durch die Tür herein kamen. Sofort bauten sie sich vor mir auf und fragten in völlig unpersönlichem Ton, was passiert sei und wie der Täter heiße. Nun wurde ich wütend und begann zu weinen. Mein ganzes Vertrauen in den gerade stattfindenden heilsamen Prozess durch die fürsorgliche Behandlung des Krankenhauspersonals geriet ins Wanken. Die Schwester reagierte sofort und schickte beide Männer wieder hinaus. Als ich mich etwas beruhigt hatte, erklärte ich, dass einer der Beamten wieder hereinkommen könne, um mich zu befragen. Aber ruhig und ohne mich zu bedrängen. Ich war mittelmäßig entsetzt über eine derart plumpe Vorgehensweise. Im Gespräch mit dem Beamten ging es im Grunde für ihn nur darum, dass ich den Namen nannte und er sofort losfahren könnte, um ihn zu verhaften. Völlig verwirrt entgegnete ich, dass ich erst einmal wissen wollen würde, was denn die Polizei konkret danach für mich tun könnte, denn es war ja unwahrscheinlich, dass der Täter in Haft blieb, bis es eventuell mal einen Prozess geben würde. Und meine Angst vor Rache war groß. Noch einmal wollte ich ihm ganz sicher nicht in die Hände geraten und ich wusste sehr genau, dass mich niemand beschützen konnte. Deshalb erbat ich mir eine Bedenkzeit, um ganz sicher zu sein, dass ich genug Ressourcen hätte, die folgenden Monate mit allen dazugehörenden Aussagen und anderen wichtigen Schritten, überstehen zu können, ohne noch mehr Schaden zu nehmen. Zunächst brauchte ich psychologische Unterstützung, die mir dieser Beamte ganz sicher nicht würde geben können.

Enttäuscht verließ er den Raum und ich fühlte mich schlecht, da ich seinem Wunsch nach sofortigem Handeln nicht nachgekommen war. Ohnmacht breitete sich in mir aus, denn irgendwas lief hier gerade gehörig schief. Natürlich wollte ich andere Frauen vor solchen Männern beschützen. Doch zum einen war ich noch nicht einmal ärztlich versorgt und zum anderen musste ich zunächst erstmal wieder zu Kräften kommen, mich sammeln, psychologisch betreuen lassen und gut abwägen, welche Schritte jetzt die richtigen wären. Ich war mir vollkommen im Klaren darüber, dass ich in diesem Zustand keine guten Entscheidungen würde treffen können. Und so einigten wir uns darauf, dass ich mich einer Spurensicherung unterziehen und am nächsten Tag mit einem weiblichen Beamten alles Weitere besprechen würde. Und ich hatte richtig entschieden! Denn die Spurenuntersuchung und gynäkologische Untersuchung kosteten mich meine letzten Kräfte. Auch wenn sich die Ärztin alle Mühe gab, vorsichtig zu sein, so war es doch äußerst erniedrigend, Fotos von meinem nackten Körper machen zu lassen!

Als ich endlich nach Hause konnte, war mein einziger Wunsch, so lange wie möglich heiß zu duschen. Nicht, weil ich mich beschmutzt fühlte. Natürlich wollte ich von diesem Mann nichts mehr an mir haben und verspürte noch immer Ekel und Übelkeit. Doch während ich mich vorsichtig einseifte und das Brennen an meinen wunden Körperstellen spürte, machte ich mir bewusst, dass ich nicht beschmutzt war. Dieses Gefühl hatte ich als Kind immer verspürt, als ich noch mir selbst die Schuld für die Vorfälle gegeben hatte. Das hatte sich verändert. Auch hier fühlte ich die Heilung, fühlte den Teil in mir, den niemand jemals würde beschmutzen können außer mir selbst. Und das würde ich mir nie wieder antun! Mein Körper war verletzt, ja. Mein Geist verwirrt, natürlich. Meine Seele erschüttert, ohne Frage. All das musste beweint und verarbeitet werden. Doch ich konzentrierte mich auf den Diamanten in mir, den Kern meines Seins, von dem ich wusste, dass er immer rein blieb, immer strahlend gewesen war in all den Jahren meiner Dunkelheit. Dieser Diamant, den wir alle in uns trugen, der nur verdeckt werden konnte, vernebelt von Schmerz, Leid und unheilsamen Erfahrungen, die wir in unserem Leben machen. Der jedoch niemals auch nur einen Kratzer abbekam und sein Strahlen immer behielt!

Diesen Diamanten hatte ich auf meiner langen Suche nach Heilung vor gar nicht allzu langer Zeit entdeckt, ihn freigelegt, aus einer tiefen Schicht von Schlamm und dem Sumpf meiner Kindheit! Er war mein Kern, meine Verbindung zur Quelle, aus der wir kommen und in die wir eines Tages zurückkehren. Seine Entdeckung war meine Rückverbindung mit mir selbst und auch, wenn heute wieder etwas Schlamm dazugekommen war, so wusste ich doch mit einer wärmenden Gewissheit, dass mir diese Verbindung nicht mehr abhanden kommen konnte und ich auch diese Schicht wieder abbauen würde, um heil zu sein!

Dennoch fühlte ich mich einsam, als ich mich kurz darauf schlafen legte. Verloren und zurückgelassen von den Menschen, die einst meine Familie waren. Schutzlos und ausgeliefert. Ich wusste, es war paradox, denn ich war mein ganzes Leben lang ohne Schutz von meiner Familie gewesen und hatte immer selbst auf mich acht geben müssen. Eine bleierne Müdigkeit überkam mich und düstere Gedanken über meine Zukunft machten sich in meinem Inneren auf den Weg, meine Seele in Finsternis einzuhüllen. Der Rote Drache auf dem Bild aus der Wohnung kam mir in den Sinn. Warum hatte ich nicht auf mein Bauchgefühlt gehört und diese Warnung ernst genommen? Nun hatte ich eine weitere „Baustelle" zu meinen bereits vorhandenen und mein Herz zog sich zusammen bei dem Gedanken daran, wie viel Kraft es mich kosten würde, aus diesem Tal wieder herauszufinden. Immer wieder hörte ich die Worte meiner Schwester wie ein Echo in meinem Kopf: „Unser Leben wird nie gut werden!" Ich fragte mich, ob dies auch ihre letzten Gedanken gewesen waren, bevor sie sich entschied, aus dem Leben zu gehen. Große Sehnsucht überkam mich danach, mit ihr zu sprechen, sie zu sehen, einfach in ihrer Nähe zu sein. Ebenso, wie nach meinem Vater. Es schnitt mir das Herz in zwei Teile, so einsam fühlte ich mich. Die Tatsache, dass ich beide nie wieder sehen würde und sie innerhalb so kurzer Zeit einfach aus meinem Leben gerissen worden waren, schwächte meine Lebensenergie in einem beängstigenden Maße. Und gleichzeitig verstand ich dies nicht. Denn auch, wenn sie noch hier wären, könnten sie mir keine Hilfe sein. Ich hätte ihnen noch nicht einmal von dem Gewaltakt, den ich gerade erfahren hatte, erzählt. Denn das hatten wir so gut wie nie getan. Es hatte im Laufe der Jahre immer wieder Versuche meinerseits und auch durch meine Schwester gegeben, sich gegenseitig von den unfassbaren Erlebnissen zu erzählen, doch wir konnten uns gegenseitig nicht tragen. Und am Ende auch nicht ertragen. Jeder für sich war bereits so belastet, dass keine Kraft mehr übrig war, die man einander hätte geben können.

Und so fragte ich mich, wonach ich mich hier wirklich sehnte. Wonach sehnten sich mein Herz und meine Seele, wenn ich um meine Familie weinte? Ich hatte darauf vorerst keine Antwort!

Ich rollte mich in meiner Decke ein, wie ich es als Kind getan hatte und ebenso folgte ich einem Ritual aus dieser Zeit, in dem ich Gott um Hilfe bat. „Herr, ich fühle mich so einsam, verängstigt und fremd in dieser Welt. Bitte, zeig mir den Weg, denn ich kann ihn nicht mehr sehen." Natürlich hatte ich als Kind andere Worte verwendet, doch die Wirkung war die gleiche. Fast sofort beruhigte ich mich im Vertrauen darauf, dass die Quelle mir antworten würde. Auch, wenn ich mich von ihr abgeschnitten fühlte. Es war einfach ein tiefes Wissen in mir darüber vorhanden, dass ich auch diesmal nicht an dem Erlebten verzweifeln, sondern daran wachsen würde. Auch, wenn mir nicht im Entferntesten klar war, auf welche Weise. „Du musst vertrauen", wiederholte ich, bis ich irgendwann endlich in einen unruhigen Schlaf fiel.

NIMM DEIN HERZ IN DIE HAND

„Stilles Vertrauen heilet das Herz!"

(Friedrich Wilhelm Gotter)

Zugegebener Maßen und auch verständlicher Weise fiel es mir in der nächsten Zeit noch schwer, im Vertrauen zu bleiben. Ich fühlte mich, als wäre ich auf einem schwankenden Schiff unterwegs, immer kurz davor, über Bord zu gehen und in den Tiefen des Meeres einfach zu versinken. Doch meine Versuche, mit der Quelle in mir in Kontakt zu kommen, machten sich bemerkbar. Ich hatte wieder

Träume von Delphinen. Diese wunderbaren Energiewesen, mit denen ich während meiner Zeit auf Korfu so heilende Erlebnisse gehabt hatte, tauchten nachts in mein Feld ein und legten sich mit ihrer Liebe wie Balsam auf meine Wunden. Fast schämte ich mich ein wenig dafür, dass ich sie völlig aus meinem Bewusstsein verbannt hatte. Doch in meinem Unterbewusstsein waren sie Gott sei Dank fest verankert und ich erhielt wertvolle Hinweise zu meinen Ressourcen.

Ermutigt und dankbar nahm ich mein Herz in die Hand und beschloss, mir erneut Hilfe in Form einer Therapie zu holen. Ich musste diesen Weg nicht alleine gehen, denn ich hatte kraftvolle Ressourcen und Werkzeuge aus den vergangenen Jahren, die ich nutzen konnte. Mir wurde klar, dass ich durch den Schmerz meine alte Brille hervorgeholt hatte, durch die ich auf die Geschehnisse lediglich als Opfer sah. Mein Bewusstsein war geschrumpft auf ein kindliches Maß, ich aber war jetzt erwachsen und konnte wählen. Und so wählte ich die Sicht aus der Schöpferposition. Was konnte ich aus all dem Erlebten der letzten Monate SCHÖPFEN? Wo war das Neue? Was konnte jetzt ENTSTEHEN und was gab es zu lernen? Denn wenn ich weiter in der Opferrolle verharren würde, konnte kein Wachstum für meine Seele daraus entstehen, sondern ich würde weiter im Sumpf der Vergangenheit waten. Und den kannte ich schon. Den wollte ich nicht mehr!

Einmal rückverbunden und aufgeladen durch meine nächtlichen Botschaften, machte ich mich daran, Hilfe einzuholen. Zu allererst kontaktierte ich meine Therapeutin, die ich vor meiner Zeit auf Korfu bereits als wertvolle Wegbegleiterin schätzen gelernt hatte. Nur sie kam für mich in Frage, denn ihr Bewusstsein ging weit über die gängige Praxis der Psychotherapie hinaus und ich hatte mit ihr beachtlich große Schritte in Richtung Heilung gemacht. Natürlich wusste ich, dass sie eigentlich auf lange Sicht hinaus ausgebucht war. Doch das Universum kennt keine Grenzen und so ergab sich der glückliche Umstand, dass ich Termine bei ihr erhalten konnte.

Wir stiegen sofort in aktuellen Themen ein. Es war ein Segen, so vertraut mit jemandem zu sein, sich verstanden zu fühlen und nicht von vorn beginnen zu müssen. Die letzten Ereignisse und sich daraus ergebenden Zusammenhänge mit meiner Familienenergie ließen auch meine Therapeutin zunächst einmal tief Atem holen. Und gerade dadurch wurde mir die Schwere der letzten Monate mit aller Macht bewusst und ich spürte einen so starken Schmerz in mir aufsteigen, dass es mich fast umwarf. Es ist ein gewaltiger Unterschied, ob ich allein mit meinen Gedanken sitze oder einem Zeugen davon berichte. Doch zum Glück liegt auch gerade hier die Heilung. Dann, wenn wir unseren Schmerz bezeugen lassen, wird er gesehen. Er darf aus unserem Inneren nach außen treten und wird dort anerkannt. Es ist jedoch von äußerster Wichtigkeit, dass dieser Zeuge von uns weise gewählt wird. Denn wenn wir unser Leid den Menschen anvertrauen, die denkbar ungeeignet dafür sind, damit nicht umgehen können oder es gar als Lüge abtun, dann zieht sich dieser Schmerzkörper zurück in unser Inneres und verharrt dort schlimmstenfalls unser ganzes Leben. Jedoch ruht er nicht, sondern richtet permanent Schaden an. Meistens gerade im Sinne von Wiederholungen der Ereignisse, damit wir ihn endlich anerkennen und ans Licht bringen. Nur dort kann er heilen. Und aus diesem Grund halte ich es für unumgänglich, sich Hilfe zu holen von Menschen, die damit gut umgehen und uns liebevoll begleiten können.

Die folgenden Monate waren Fluch und Segen zugleich. Denn obwohl ich durch die Stunden mit meiner Therapeutin meine Schmerzschatten, die tief verborgen in mir gewartet und zu diesen Wiederholungen traumatischer Erlebnisse geführt hatten, im Licht betrachten konnte, waren genau diese alten Muster und Prägungen auch mein größtes Hindernis. Es schien mir, als spielte ich eine lange Partie Schach gegen mich selbst. Mein erwachsenes Ich, das im Hier und Jetzt mit klarem Verstand agierte und analysierte, trat gegen mein kindliches Ich an, das noch immer so voller Schmerz, Schuld und Scham zusammengerollt in einer Ecke meines Unterbewusstseins verschreckt kauerte. In vielen Sitzungen, in denen wir sehr nah an dieses Kind herankamen, konnte ich erstaunt feststellen, wie die unbewussten Sabotageprogramme in mir diesen Kontakt verhindern wollten. Zuerst machte mich diese Tatsache furchtbar wütend und ich war enttäuscht von mir selbst. Schließlich war ich in den letzten Jahren so weit gekommen und es sollte mit meinem Wissen, meinen Ausbildungen, ein leichtes für mich sein, diese Programme zu löschen.

Dann, eines nachts, wurde mir bewusst, dass ich dieses Verhalten nur als Sabotageprogramm wahr nahm, es allerdings nichts anderes war, als ein Schutz. Das Kind von damals hatte nie die Möglichkeit erhalten, sich jemandem anzuvertrauen. Und wenn es diesen Versuch doch einmal unternommen hatte, dann wurde es entweder danach ausgelacht, verraten oder gar dafür verprügelt. Und IMMER als Lügner dargestellt. Und in solchen Fällen von schwerem Missbrauch und so großer Not, fährt unser Bewusstsein ein Schutzprogramm, das all diesen Schmerz, die Bilder, die Schuld-und Schamgefühle in kleine Schachteln verpackt und in der dunkelsten Kammer unseres Inneren versteckt. Meine Therapeutin sagte es mir noch ein wenig klarer: es hat mir als Kind das Überleben gesichert. Denn meine Mutter war so krank, dass sie eine Lebensgefahr für mich darstellte.

Und mit diesem Satz kamen dann lang verborgene Erinnerungen an Momente in meinem damaligen Zuhause, an denen das Kind, das ich damals war, nur überlebt hat, weil es leugnete, dass überhaupt etwas geschehen war. Ich erinnerte mich, dass meine Mutter, wenn sie wieder klar war, mir einredete, dass ja nichts vorgefallen wäre. Sie redete eigentlich in solchen Momenten mit sich selbst, jedoch wartete sie am Ende ihrer Monologe immer auf meine Zustimmung. Mein Weg in Heilung würde, was mir ja bereits bekannt war, nur weitergehen, wenn ich den Schmerz von damals zuließ. Wenn ich anerkannte, dass es kein Ende dieses Weges geben würde, denn dazu hatte ich zu viele Jahre in meiner Familie verbracht mit permanenter Traumatisierung. Es ist ein großer Unterschied, ob jemand einmal angegriffen wird oder fast täglich über Jahrzehnte. Eine einmalige Traumatisierung muss nicht einmal zwangsläufig Spuren hinterlassen, besonders, wenn wir dabei schon erwachsen sind. Und hier lag mein Denkfehler. Ich war davon ausgegangen, dass ich die Vergewaltigung einfach würde wegstecken können, zumal ich auch einfach kein Opfer mehr sein wollte. Ich gab mir unbewusst die Schuld für diesen Vorfall, dachte, ich hätte es mit meinem Wissen und meinem Bewusstsein erkennen und verhindern müssen. Dass es sich hierbei um alte Energien handelte, die mir eine Wiederholung präsentierten, wollte ich zunächst unter keinen Umständen akzeptieren. Und genau damit stand ich meiner Heilung immens im Weg.

Ich wollte kein Opfer mehr sein. Und wenn ich eine normale Kindheit gehabt hätte, in der ich meinen Schmerz, meine

Erfahrungen hätte ausleben dürfen und bestenfalls getröstet worden wäre, dann wäre ich auch nicht noch einmal zum Opfer geworden. Das Kind in mir wollte die Anerkennung als Opfer. Die Anerkennung der in Schachteln steckenden Gefühle von Schmerz und Leid, Scham und Schuld, Ohnmacht und Hilflosigkeit. Dieses Kind brauchte keine Analysen meines Verstandes. Auch keine Verknüpfungen der Zusammenhänge. Dieses kleine so lebendige Mädchen von damals wollte gesehen werden. Getröstet. Geliebt. Und obgleich ich all das bereits wusste und auch schon lange praktiziert hatte, so wurde mir aufgrund der neuerlichen Ereignisse deutlich bewusst, dass es nicht genügte, einmal im Jahr in Kommunikation mit diesem Kind zu treten, dass es nicht ausreichte, einmal tröstend dagewesen zu sein, in dieser dunklen Ecke mit den vielen Schachteln. Endlich erkannte ich vor mir selbst an, dass es eine permanente innere Kommunikation brauchen würde, vielleicht lebenslang, um diesem Kind von damals das Vertrauen zu schenken, dass es nie erlernt hatte. Vertrauen ins Leben und vor allem in sich selbst.

Gleichzeitig wurde ich auch aufgefordert, mich endgültig für die Wahrheit der Existenz der feinstofflichen Welt zu entscheiden. Nach dem Tod meiner Schwester war ich dieser Welt völlig entglitten, hatte alle Türen zugeschlagen, weil ich wütend darüber war, dass sie sich entschieden hatte, zu gehen. Und ich hatte nichts gespürt. Kein warnender Traum wie damals bei meiner Mutter. Kein einziges Zeichen, dass sie diese Pläne geschmiedet hatte. Ich war enttäuscht von meiner Verbindung zur geistigen Welt, war mir und ihnen vor, nichts getan zu haben und verlor vollkommen das Vertrauen in meine bisherige Arbeit. Doch in diesen Monaten war es überhaupt nicht mehr zu leugnen, dass alles Energie ist. Und zwar an erster

Stelle, vor allem anderen. Und diese Energie folgt immer der Aufmerksamkeit. Und so musste ich mir die schmerzliche Frage stellen, ob meine Aufmerksamkeit in irgendeiner Form bei meiner Schwester gewesen war. Hatte ich überhaupt eine Verbindung zu ihr gehabt, sodass mir eine Warnung in irgendeiner Form hätte begegnen können?

Die Antwort kam unvermittelt eines Morgens während einer Sitzung bei meiner lieben Therapeutin. Und sie lautete: Nein! Und sie tat weh. Schrecklich weh. Überwältigt von einer immensen Schmerz- und Schuldwelle brach ich in Tränen aus, während ich mir eingestand, dass ich keinen engeren Kontakt mehr zu meiner Schwester hatte pflegen wollen. Die Gründe dafür waren vielfältig und vor allem völlig angebracht. Ich hatte alles versucht, ihr zu helfen. Und dabei nur Hass und Ohnmacht geerntet, was eine Wiederholung der Situation mit meiner Mutter gewesen war. Und deshalb hatte ich vor einigen Jahren klar beschlossen, den Kontakt auf ein Minimum zu beschränken. Sie wollte keine Hilfe. Nicht von mir und nicht von einem Psychologen. Heute glaube ich, dass es schon lange entschieden war, wie sie aus dieser Welt gehen würde. Und ich wusste schon genau so lange, dass ich sie verloren hatte. Die Schuldgefühle, die ich ihres Todes wegen hatte, waren unberechtigt und einfach sehr alt. Ich weinte in dieser Stunde nicht nur den Schmerz über ihren Verlust heraus, sondern auch den Druck, den ich seit Kindertagen verspürt hatte, diese Familie zusammenzuhalten.

Das Kind von damals hatte natürlich unbewusst immer gespürt, dass meine Mutter und auch meine Schwester suizidgefährdet waren. So lange ich denken konnte, hatte Mama damit gedroht, sich das Leben zu nehmen. Immer wieder, wenn die Dinge zwischen meinen Eltern nicht so liefen, wie sie sich das wünschte. Ich sehe mich heute noch zusammen mit ihr auf dem Dachboden meines ehemaligen Elternhauses stehen. Sie mit einem Seil in der Hand und ich weinend und flehend davor. Und am nächsten Tag taten alle, als sei nichts vorgefallen. Daran hätte ich zerbrechen können. So, wie meine Schwester. Sie hat es nicht geschafft und ich werde für den Rest meines Lebens um diese Tatsache und um sie trauern. So, wie um meinen Vater, der es auch nicht geschafft hat und an seinem gebrochenen Herzen zu früh sterben musste. So, wie um meine Mutter, denn mein erwachsenes Ich weiß zum Glück, dass sie einfach sehr krank war. Sie wäre mit Sicherheit gern eine gute Mutter gewesen. Alle drei, wie auch der Rest meiner Familie, haben sich nie Hilfe von außen geholt. Es wäre zu beschämend für sie gewesen, was ein trauriges Resultat unserer Gesellschaft ist, die psychische Erkrankungen bzw. Traumata erst langsam anzuerkennen beginnt. Viele Jahre musste ich mit der Häme meiner Familie leben, weil ich bereits früh eine Therapie begonnen hatte. Und zwar dann, als ich ausgezogen und nicht mehr befürchten musste, dafür bestraft zu werden.

Noch heute bekomme ich von verschiedenen Familienmitgliedern äußerst gemeine Spitzen dahingehend, dass es sich nicht gehören würde, irgendwo außerhalb der Familie, und sei es auch ein Therapeut, etwas über die schlimmen Ereignisse zu erzählen. Sie werden nie verstehen, dass dies die einzige Lösung gewesen wäre, all das Leid, dass jeder einzelne von uns erfahren hat, abzuwenden. Für sie war und ist es einfacher, mich zu meiden und zu verurteilen. Und ich bin darüber nicht einmal entsetzt, denn ich weiß, dass auch hier die Programme wirken, die meiner eigenen Heilung lange und immer wieder im Weg standen. Sie schützen sich. Und das muss ich akzeptieren. Auch, wenn ich mir gewünscht hätte, sie wären diesen Weg mit mir gegangen. Um selbst zu heilen, anstatt sich mit Alkohol- und anderen Süchten zu betäuben.

Doch in dieser Stunde, in der ich meine Trauer über all das heraus geweint habe, ließ ich auch das Bedürfnis meines inneren Kindes los, den Retter der Familie zu spielen. Kinder machen das unbewusst, denn es soll ihr Überleben innerhalb der Gemeinschaft sichern. Sie versuchen immer zusammenzuhalten, was auseinanderzubrechen droht, weil sie ihre eigenen Existenz damit bedroht sehen. Das sollten wir uns als Erwachsene immer wieder bewusst machen. Kinder übernehmen freiwillig und aus Liebe Aufgaben, die ihnen gar nicht obliegen und denen sie auch nicht gewachsen sein, wenn die Familienstruktur krank ist. Das Leid und die Folgen daraus können unermesslich sein.

Ich habe meinen Frieden damit gemacht, dass ich in diesem Leben nie so etwas wie eine stärkende Familie kennen lernen darf. Obgleich mich dazu immer wieder Trauer überkommen wird, doch das darf sein. Ich werde es nicht mehr in einer Schachtel verstecken. Was mir bleibt ist die Zuversicht, dass ich meinen eigenen Kindern diesen Weg erspart habe, indem ich sie früh aus der Familie entfernt und mit ihnen weit genug weg ein anderes Leben geführt habe als das, dass sie in dieser Struktur erwartet hätte. Allein für diese beiden Schätze war es die jahrelange oft schmerzhafte Therapie wert. Ich denke, ich habe ihr Erbe damit positiv verändern können. Und letztendlich mich selbst auf einen Weg gebracht, der Wachstum bedeutete und die Liebe in mir freigesetzt hat, die sonst vielleicht für immer verborgen geblieben wäre.

Und das Leben ist es so unendlich wert, geliebt zu werden!

NACHWORT

„Du kannst Dir inneren Frieden und Glückseligkeit nicht herstellen.

Sie sind deine wahre Natur.

Sie bleiben übrig, wenn du all das aufgibst, was dich leiden lässt!"

(Buddha)

Das Schreiben der letzen Kapitel seit dem tragischen Tod meiner Schwester, war mühsam und gleichzeitig befreiend. Ich habe nicht nur ihren Abschied verarbeiten müssen, der begleitet war von sich ewig hinziehenden Nachlassangelegenheiten, sondern auch die Vergewaltigung vor nunmehr fast einem Jahr. Was ich mit unserem Rechtssystem erlebt habe, bräuchte noch einmal ein eigenes Buch. Allein, dass nach so langer Zeit noch keine Verhandlung angesetzt worden ist, spricht Bände.

Nachdem ich bei der Polizei einen Strafantrag gestellt hatte, mit dem Hintergrund des Schutzes anderer Frauen vor der Gewalt dieses Mannes, habe ich 6 Mal aussagen müssen. Polizei, Anwalt, Ärzte, Gerichtspsychologen usw.! Während der Gewalttäter nur einmal ausgesagt hat.

Im Zuge meines Heilweges bin ich letztendlich vor kurzem zu der Überzeugung gekommen, dass ich diesen Weg über das Gericht nicht weitergehen werde. Und zwar aus Liebe zu mir selbst. Ich habe endlich gelernt, dass ich mir nicht alles gefallen lassen muss, auch oder schon gar nicht von einem Rechtssystem, dem es nicht gelingt, Opfer wirklich verhältnismäßig zu behandeln. Und weil ich endgültig aus dem Opfer/Täterspiel aussteigen wollte. Es gelingt mir nicht mehr, mit dem Bewusstsein, dass ich heute habe, dieses Spiel mitzuspielen. Dieser Mann, der mir das damals angetan hat, ist nicht als Vergewaltiger geboren worden. Auch er hat eine Geschichte. Es wäre wünschenswert gewesen, wenn er ein Auflage in Form einer Therapie erhalten hätte. Denn nur so wird er jemals die Chance auf die Erfahrung von liebevoller Sexualität erhalten. Indem er sich mit sich selbst auseinandersetzen muss. Eine Gefängnisstrafe hätte meiner Meinung nach überhaupt nichts gebracht, außer, dass sich seine Wut gesteigert hätte.

Damit rechtfertige ich in keinster Weise, was er getan hat oder heiße es gar gut. Im Gegenteil. Doch es gibt eben nicht nur schwarz oder weiß, gut oder böse. Aus einem derartigen Denksystem sollte sich die Gesellschaft endlich hervorheben. Es fällt uns Menschen entschieden zu leicht, über andere zu urteilen. Ich für meinen Teil habe gelernt, dass ich kein Urteil brauche. Nicht von einem Gericht noch von irgendjemandem sonst. Durch die Arbeit und Kommunikation mit meinem inneren Kind habe ich endlich verstanden, dass ich mir selbst der beste Zeuge bin. ICH weiß, was ich erlebt habe und ich allein weiß, was es mit mir gemacht hat, wie es sich auswirkt. Und somit kann auch nur ich allein mir helfen, dass zu verstehen und zu verarbeiten. Einen Schuldspruch von einem Richter über meinen Peiniger brauche ich dazu nicht. Einen guten

Therapeuten hingegen kann ich jedem nur empfehlen. Es ist ein Segen, jemanden zu haben, der einem Brücken zum Heilweg bauen kann!

Doch auch hier ist Vorsicht geboten, denn viele Therapien retraumatisieren, anstatt zu helfen. Das Trauma wird nicht vergehen, wenn wir unsere Geschichte ewig wiederkäuen. Genau das ist gerade nach Gewalterlebnissen oft der Fall, siehe Häufigkeit der Aussagen des Opfers/Täters. Ich finde es auch nach wie vor angemessen, solche Taten zur Anzeige zu bringen, damit es bekannt ist. Jedoch ist der weitere Verlauf solcher Prozesse nicht förderlich für die Heilung, sondern hält das Opfer in seiner Rolle gefangen. Und genau deshalb habe ich mich in einem offenen Brief an die Staatsanwaltschaft aus diesem Geschehen herausgenommen.

Auch, wenn es in diesem Buch darum geht, vom Opferdasein in das Schöpferbewusstsein zu gelangen, so möchte ich doch auch festhalten, dass wir in der Dualität leben. Dass heißt für mich, dass wir hier auf der Erde immer wieder solche Rollenverteilungen finden werden. Außer, es erlangt über Nacht jeder einzelne einen Quantensprung des Bewusstseins. Das wäre wünschenswert, ist jedoch aufgrund der Vielfältigkeit der Bevölkerung nicht zu erwarten. Ebenso verhält es sich mit Krieg und Frieden. Wenn man zurückschaut in der Geschichte, dürfte einem schon klar sein, dass es immer die John Lennons und immer die Kriegstreiber geben wird. Es sind WIEDERHOLUNGEN und meiner Meinung nach Gelegenheiten, die uns Menschen hier gegeben werden, um zu wachsen.

Wir sind, und davon bin ich Gott sei Dank mittlerweile aufgrund meiner eigenen Erfahrungen zutiefst überzeugt, Seelen, geistige

Wesen, die einen Körper bewohnen. Energie war immer zuerst da, die Materie, also auch unsere Körper, werden durch Energie erschaffen. Dies ist zum Glück keine Esoterik mehr, denn die Quantenphysik hat sich hier dem uralten Wissen in den letzten Jahren deutlich angenähert. Die Seele will lernen, will wachsen, sich erfahren. Diese Erfahrungen werden eingespeist in das universelle Bewusstsein, aus dem wiederum jede andere Seele Informationen abrufen kann. Speisen nun viele Seelen aus ihrer menschlichen Erfahrung heraus Leid in dieses Bewusstsein ein, wird sich dieses auch auf andere Menschen auswirken. Genauso verhält es sich aber mit Erfahrungen von Glück und vor allem den Lernerfahrungen hinsichtlich eines veränderten oder erweiterten Bewusstseins.

Wir sind vom Schöpfer mit dem freien Willen ausgestattet worden. Nichts von dem, was wir an Leid erfahren, ist gottgewollt. Unser Grundbewusstsein ist Liebe. Damit werden wir geboren. Jedes Baby ist nichts anderes als pure göttliche Liebe. Erst die Prägungen und Erfahrungen in unserer Familie und später im Leben bringen entweder diese Liebe zum wachsen oder sie wird verschüttet. Es liegt an jedem einzelnen von uns, ob wir beschließen, in unseren Mitmenschen die Liebe zu entdecken oder Schmerz zuzufügen.

Ich möchte mit diesem Buch zeigen, dass Liebe auch nach tiefstem Leid und scheinbar endlosem Schmerz noch immer in uns ist und nur darauf wartet, wieder geboren zu werden! In uns allen sind Schatten und Licht gleichermaßen Zuhause, niemand, auch nicht die, die vermeintlich völlig erleuchtet sind, sind ohne Dunkelheit. Es kann gar nicht anders sein, denn dies ist das Gesetz der Polarität. Für mich geht es darum, beides in Balance zu bringen. Und das wird nur gelingen, wenn wir akzeptieren, was in uns ist. Voll und ganz. Ohne Kompromisse!

Willkommen in Dir!

Wenn Du bei diesem Nachwort angekommen bist, dann hast du einen tiefen Blick in meine Seele erhalten. Du hast Dinge über mich gelesen, die Dich vielleicht erschüttert haben, doch Du hast auch wahrgenommen, wie viel Heilung ich erfahren durfte.

Dass Du Dich für dieses Buch entschieden hast, hat auch mit Dir selbst zu tun. Mit Deiner eigenen Suche nach Heilung, nach deiner Bestimmung, deinem wahren Sein. In diesem Fall hoffe ich, dass ich Dir etwas geben konnte, dass Du erkannt hast, dass da mehr ist, als Dein Leid und der beschwerliche Weg, den Du gegangen bist oder noch gehst!

Heilung ist zu jeder Zeit möglich, wenn DU dich dafür entscheidest! Mit voller Verantwortung und aufmerksamer Wachsamkeit. Du bist nicht alleine auf deinem Pfad, ich gehe ihn mit Dir! Denn wenn wir uns selbst heilen, heilen wir das Kollektiv und alle, die mit uns sind auch ein Stück weit!

Entscheide dich für das Leben. Für Dich! Für Deine Wünsche, Sehnsüchte, Träume....für den Frieden, der Du bist!

Es hat mich eine Menge Mut gekostet, dieses Buch zu schreiben und zu veröffentlichen. Meine Sicht der Dinge ist nicht die, der Allgemeinheit und ich habe auch erlebt, dass ich heftig kritisiert wurde für meine Offenheit. Und ich umarme diese Kritik, denn ich weiß, dass ich bei diesen Menschen einen Nerv getroffen habe, der ihre eigenen Verletzungen anrührt, die sie sich nicht ansehen wollen. Und auch das ist in Ordnung. Nicht jeder ist jetzt und hier schon dazu bereit, sich den eigenen Dämonen zu stellen. Doch ich habe großes Vertrauen darin, dass mein Weg anderen Betroffenen Mut machen wird, den ersten Schritt zu tun. Für euch ist dieses Buch!

Findet euren Frieden und die Liebe, die ihr seid!

Herzlichst, Marina

<u>ANHANG</u>

Hier findet ihr verschiedene Gebete und Meditationen, die ihr je nach Gefühl für euch nutzen könnt. Hört auf euer Herz und vertraut darauf, dass es immer und zu jeder Zeit weiß, was gut für euch ist! Ich persönlich bete oder meditiere gern vor dem Schlafen gehen, um zur Ruhe zu kommen und meine Wünsche mit in die Nachtwelt zu nehmen. Doch fühlt euch frei, dies zu jeder Tageszeit, die euch gut tut, durchzuführen!

Viel Erfolg beim Ausprobieren!

<u>Buddhistisches Friedensgebet</u>

Mögen die leiderfüllten Wesen in allen Seinsbereichen unverzüglich von ihren Schmerzen befreit werden.

Mögen die Furchtsamen von Angst erlöst und die Verfangenen von ihren Verstrickungen befreit werden.

Mögen die Entmachteten Kraft finden und alle Wesen einander wohlgesonnen sein.

Mögen alle, die haltlos in der furchterregenden Wildnis der Welt der Erscheinungsformen wandern, die Kinder, die Alten, die Schutzlosen, von den göttlichen Wohltätern behütet werden und ihre ursprüngliche Buddha-Natur auf der Stelle erkennen!

Kommunikation mit deinem inneren Kind

Dies ist ein kraftvolles Werkzeug, um mit dem Kind, das Du einst warst, wieder in Kontakt zu kommen. Es ist immer noch da und wartet darauf, dass es sich Dir zeigen darf. Mit all seinen Verletzungen und Kränkungen aber auch mit seinem Spieltrieb und der unbändigen Lebensfreude, die uns allen angeboren ist und welche wir viel zu oft zurückhalten mussten.

Finde für die ersten Kontakte am besten einen stillen Platz, damit Du Sicherheit in dieser Verbindung spüren kannst. Wenn Du einen guten Herzkontakt hergestellt hast, wird die Kommunikation mit dem Kind immer leichter und kann spielerisch in den Alltag integriert werden. Zum Beispiel bei Unsicherheit in einem Gespräch, bei Streitereien mit dem Partner, im Spiel mit deinen eigenen Kindern.

Dein inneres Kind wird sich freuen, mit Dir im Kontakt zu sein. Es können Tränen fließen, die damals nicht fließen durften, du kannst albern sein, wo man es dir damals verboten hat.

In jedem Fall aber findet Heilung statt!

Sei kreativ, probier Dich aus! Finde Dich!

„Ich bin (Name) und ich bin (Jahre) alt. Und ich lade dich, kleine/kleiner (Name), dazu ein, zu mir zu kommen. Mit deinen Sorgen, deinen Nöten, deinen Schmerzen und auch deiner Freude. Jetzt und heute, hier bei mir, darfst du alles sein, was du möchtest. Damals konnte ich noch nicht für dich da sein und auf dich Acht geben. Doch heute bin ich erwachsen und verspreche dir, dass ich von ganzem Herzen für dich den Raum halte, in dem du dich öffnen und zeigen kannst. Ich versichere dir, dass ich darauf achte, dass uns niemals mehr jemand so verletzt, wie damals. JETZT kann ich das, vertrau mir!"

Achte darauf, was sich zeigt und folge einfach deiner Intuition. Du kannst nichts falsch machen, denn es ist DEIN inneres Kind!

„Ich danke Dir dafür, dass Du Dich mir zeigst, kleine/kleiner (Name) und freue mich auf unseren nächsten Kontakt!"

Schließe immer in dieser oder deiner eigenen Form den Kontakt wieder ab und versichere deinem inneren Kind, dass Du von jetzt an für es da sein wirst! Und staune, was sich verändert!

Gebet zur Heilung der Ahnenlinie

Als äußerst kraftvoll habe ich dieses Gebet erlebt, dass eine Fürbitte der Liebe und Befreiung der Ahnen ist. Wenn Du das Gefühl hast, oder sicher weißt, dass es Probleme in Deiner Ahnenlinie gibt, dann ist eine Familienaufstellung ein guter Weg. In Deinem Alltag kannst Du diese Worte zur Hilfe nehmen:

Ich bete und bitte zum Universum (Gott, Buddha, Christus….), dass meine Ahnenlinie geheilt wird von (nimm das Thema, an dem Du arbeitest oder von dem Du meinst, es sei jetzt gerade relevant) und sich alle negativen Anhaftungen, die sich daraus ergeben haben, in der Liebe und dem Licht des Universums (Gott, etc.pp.) auflösen und transformiert werden.

Ich konzentriere mich mit all meiner Kraft auf die Liebe in meiner Ahnenlinie und all ihrer Angehörigen, damit diese freigesetzt wird und ungehindert fließen kann.

Ich habe Vertrauen in die göttliche Präsenz und die göttliche Liebe und weiß, dass meine Gebete mit überflutender Liebe zu all meinen familiären Verbindungen beantwortet werden und sich diese Liebe auf all meine Lebensbereiche auswirken wird!

Ich danke dem Universum aus der Tiefe meines Herzens.

Amen (du kannst auch „so sei es" wählen)

Bitte beachtet, dass es sich hier um kleine Auszüge aus meiner Arbeit handelt, die lediglich zum Schnuppern und Experimentieren gedacht sind. Nichts davon ersetzt eine Therapie im herkömmlichen Sinne!

Herstellung und Verlag:
BoD-Books on Demand, Norderstedt
ISBN: 978-3-7448-3794-1

Hilfreiche Adressen:

Nachfolgend spreche ich einige Empfehlungen aus von Seminaranbietern, die ich selbst ausprobiert habe und für bemerkenswert gut befunden habe:

Seelenreisen

Silvia Ehl

Silvia.Ehl@gmx.de

mobil: 0157/30302406

www.seelenreisen.eu

Matrix-Quantenheilung

Armin Burkard Kiy

www.quantenheilung-lernen.info

Lichtinsel Hameln

Sarah Steffen

Erichstr. 2

31785 Hameln

www.lichtinsel-hameln.de

ICH SAGE DANKE

vor allem an meine Kinder, Sophie und Valerie, ihr seid mein Leben, meine Liebe, meine Lehrer. Ich bin dankbar, dass ihr euer Leben mit mir teilt.

Danke Armin, für deine Freundschaft und Unterstützung seit 30 Jahren.

Danke Andi, mein Fels in der Brandung.

Danke Nicole, du bist meine Seelenschwester.

Danke Dr. Claudia Geller-Wollentin für Wachstum, dass ich mir nie hätte träumen lassen und die gemeinsam erlebten Wunder.

Danke Sarah, für deine zeitweilige Unterstützung und den Kontakt zur Welt der Delphine.

Danke an meine Zweifler, an die, die mich verrieten und mich in Dunkelheit zurückließen . Ohne euch hätte ich nicht nach dem Licht in mir gesucht.

Danke an die universelle Intelligenz, die Quelle allen Seins, für die Erkenntnis, dass alles in uns liegt.

Und Danke an alle, die mich auf meinem Weg eine Weile begleitet, mir Mut gemacht haben und die ich hier leider nicht alle namentlich erwähnen kann.

Ich trage euch alle im Herzen.

ÜBER DIE AUTORIN

Marina Nortmeier, Jahrgang 1974, lebt nach ihrem Aufenthalt auf der ionischen Insel Korfu zur Zeit wieder in Hameln.

Nach Ausbildungen in den Bereichen Physiotherapie, Pharmazie und Geriatrie führte ihr Weg sie aufgrund ihrer spirituellen Erfahrungen zum energetischen Heilen.

Ihr Schwerpunkt liegt hierbei neben der Quanten-und Matrixheilung und der Arbeit mit dem inneren Kind in der Heilung des weiblichen Schoßes.

Regelmäßig finden zu diesem Thema Seminare in Deutschland und auf Korfu statt.